HERMES

在古希腊神话中，赫尔墨斯是宙斯和迈亚之子，奥林波斯众神的信使，道路与边界之神，睡眠与梦想之神，死者的向导，演说者、商人、小偷、旅者和牧人的保护神——解释学（Hermeneutic）一词便来自赫尔墨斯（Hermes）之名。

CAMBRIDGE

西方传统 经典与解释
Classici et Commentarii

HERMES
德意志古典法学丛编
黄涛 吴彦◉主编

[以]阿维纳瑞（Avineri S.）◉著

黑格尔的现代国家理论

Hegel's Theory of the Modern State

朱学平 王兴赛 / 译

知识产权出版社
全国百佳图书出版单位

……哲学也是这样,是把握在思想中的它的时代。

黑格尔,《法哲学》序言

缘　　起

自严复译泰西政法诸书至本世纪四十年代，汉语学界中的有识之士深感与西学相遇乃汉语思想史无前例的重大事变，孜孜以求西学堂奥，凭着个人的禀赋和志趣选译西学经典，翻译大家辈出。可以理解的是，其时学界对西方思想统绪的认识刚刚起步，选择西学经典难免带有相当的随意性。

五十年代后期，新中国政府规范西学经典译业，整编四十年代遗稿，统一制订新的选题计划，几十年来寸累铢积，至八十年代中期形成振裘挈领的“汉译世界学术名著”体系。虽然开牖后学之功万不容没，这套名著体系的设计仍受当时学界的教条主义限制。“思想不外乎义理和制度两端”（康有为语），涉及义理和制度的西方思想典籍未有译成汉语的，实际未在少数。

八十年代中期，新一代学人感到通盘重新考虑“西学名著”清单的迫切性，创设“现代西方学术文库”。虽然从迻译现代西方经典入手，这一学术战略实际基于悉心疏理西学传统流变、逐渐重建西方思想汉译典籍系统的长远考虑，翻译之举若非因历史偶然而中断，势必向古典西学方向推进。

九十年代以来，西学翻译又蔚然成风，丛书迭出，名目繁多。不过，正如科学不等于技术，思想也不等于科学。无论学界迻译了多少新兴学科，仍似乎与清末以来汉语思想致力认识西方思想大传统这一未竟前业不大相干。晚近十余年来，欧美学界重新翻译和解释古典思想经典成就斐然，汉语学界仅仅务竞新奇，仅限时下“主义”流变以求适时，西学研究终不免以支庶续大统。

西方思想经典即便都译成了汉语，不等于汉语学界有了解读能力。西学典籍的汉译历史虽然仅仅百年，积累已经不菲，学界的读解似乎仍然在吃夹生饭——甚至吃生米，消化不了。翻译西方学界诠释西学经典的论著，充分利用西方学界整理旧故的稳妥成就，於庚续清末以来学界理解西方思想传统的未尽之业意义重大。译界并非不热心翻译西方学界的研究论著，甚至不乏庞大译丛之举。显而易见的是，这类翻译的选题基本上停留在通史或评传阶段，未能向有解释深度的细读方面迈进。设计这套“西方传统：经典与解释”，旨在推进学界对西方思想大传统的深度理解。选题除顾及诸多亟待填补的研究空白（包括一些经典著作的翻译），尤其注重选择思想大家和笃行纯学的思想史家对经典的解读。

编、译者深感汉语思想与西方接榫的历史重负含义深远，亦知译业安有不百年积之而可一朝有成。

刘小枫

2000年10月于北京

“德意志古典法学丛编”出版说明

十九世纪下半期以降，实证主义和历史主义催生了法学的专业化和技术化，法学视野日趋狭窄。在二十世纪的法律思想中，实证法学、社会法学、经济分析法学占据了法学的大半江山，现代法学十分“自觉地”排除有关制度与德行的思考，规范主义振振有辞，鄙夷有关法理之学的哲理思考，法学最终沦为律师的技艺。

德意志古典法学有关政法之理的思考极其深刻，其对共同体秩序的反思，对制度之品质的思考，足以令专业化的法律人汗颜。德意志古典法学想要揭示一切社会现象的本质，揭示人类的本真的政治存在，它将制度设计与共同体的美好生活关联起来，为反思社会现象提供基本尺度和范式。不仅如此，现代法学中的大部分观念及概念，早已在德意志古典作品中埋下伏笔。

德意志古典法学哲学化色彩成分极重，而非当今有板有眼之学术论文。凡此种种，均给阅读和理解带来了巨大困难。长期以来，对于隐藏在德意志古典大家作品中的政治法理，学人们仅停留于引证片段字句，未能有深入细致之钻研。本丛编不从意识形态的宏大叙事入手，亦不从流行的概念体系入手，而从德意志古典作品中政治法理的疏释入手，讲述政法学问和道理，引导有关政治法理之独立思考。

政法之理如人生之理，离不开深刻的哲学反思，诚如个人向往美好的人生，一个社会、一个国家亦会向往美好的共同体生活。尤其是在亟亟于变革的当下中国，我们完全有必要反顾德意志古典政法思想的印迹。

古典文明研究工作坊
西方经典编译部丁组
2012 年 9 月

英文版序

[vii] 自黑格尔1831年去世后，其政治哲学一直都是热议的焦点。“青年”黑格尔派出现于正统的“老年”黑格尔派的传统之侧，指出了黑格尔体系所固有的一些令人惊异的模糊性和可能性，卡尔·罗森克兰茨（Karl Rosenkranz）与鲁道夫·海谋（Rudolf Haym）就黑格尔哲学的政治含义所发生的争论也是如此。此后，几乎每一种色调的政治哲学都会有代表人物出来声称，他们自认为他们对黑格尔主义进行合法解释或者推衍的根据。社会主义者，如莫泽斯·赫斯（Moses Hess）、卡尔·马克思和费迪南·拉萨尔（Ferdinand Lassalle），以这样或者那样的方式把他们的哲学与黑格尔联系起来，自由主义者，如格林（T. H. Green）、鲍桑葵（Bernard Bosanquet）和克罗齐（Benedetto Croce），以及法西斯主义者，如乔万尼·詹蒂莱（Giovanni Gentile），亦如出一辙；虽然非常有趣，但人们很难想出一个能够称之为黑格尔主义者的相对杰出的保守思想家。第二次世界大战期间，一名英国评论家认为，黑格尔坚持“强权即

公理"的主张[1]，近来，更多人则倾向于追随佩尔岑斯基（Pelczynski）的观点，即黑格尔的国家观假设了"一个伦理共同体"。[2]

确实，这种截然二分的观点需要某种澄清。本研究的目的是，通过全面考察黑格尔所有时期的各类著作，努力重建其政治哲学的发展。由于《法哲学》（*Philosophy of Right*）对黑格尔后来的学生产生了如此重大的影响，因而对其社会政治哲学的许多传统讨论大多集中在这部著作上，从而排除了他的许多［viii］其他著作；虽然《法哲学》毫无疑问是黑格尔最成体系的政治哲学著作，但是如果我们不联系他的一些其他著作，就不能完全理解这部著作的很多主题。而且，当 1907 年诺尔（Hermann Nohl）以《黑格尔早期神学著作》（*Hegels Theologische Jugendschriften*）之名第一次出版黑格尔早期有关宗教、社会与政治的著作时，这对改变德国以外的黑格尔的传统解释并未起到多大作用，那时，这些传统解释已经僵化为各种对立的正统观点。

黑格尔身后出版的其他著作也遭受了同样的命运。1893 年，当德国民族主义如日中天之际，莫拉特（Mollat）出版了黑格尔 1800 年前后对当时德国社会与政治状况所做的批判，此著出版时的政治背景——编者赋予的《德国宪制》（*The Constitution of Germany*）的书名体现了这种背景——使得任何想把黑格尔此著中的观点与他的一般哲学主张联系起来的尝试更加难于实现。荷夫迈斯特（Hoffmeister）于 1930 年代初出版的以《耶拿实在哲

---

[1] E. F. Carritt，"黑格尔和普鲁士主义"（Hegel and Prussianism），载于 *Philosophy*，1940 年 4 月号，重印于 W. Kaufmann 编：《黑格尔的政治哲学》（*Hegel's Political Philosophy*，New York，1970），页 43。

[2] Z. A. Pelczynski，《黑格尔的政治哲学：问题与视角》（*Hegel's Political Philosophy：Problems and Perspectives*，Cambridge，1971），页 1 – 29。考夫曼（Kaufmann）与佩尔岑斯基各自主编的这两本论文集表明，当代人对这个问题的兴趣有多么浓厚。

学》（*Jenaer Realphilosophie*）知名的两组黑格尔的早期讲座，几乎没有引起任何充分的反响：就像大约同时从湮没与遗忘之中拯救出来的马克思的《经济学－哲学手稿》（*Economic－Philosophical Manuscripts*）一样，纳粹对精神生活的毁灭致使《耶拿实在哲学》被世人遗忘了将近二十年。对于一位毫无疑问并不完全符合个人主义的自由主义范畴的德国哲学家，西方人也不会给予太多的同情：在三十余年的时间中，马尔库塞的《理性与革命》（*Reason and Revolution*）几乎是英语世界中绝无仅有的一部试图将《耶拿实在哲学》纳入对黑格尔哲学的解释之中的全面研究著作。

我力图利用黑格尔论述社会和政治问题的所有著作，以便尽可能全面地展示出一幅描绘了黑格尔之关注的多样性和丰富性的画面：因此，我不仅依赖于公开出版的理论著作、讲座笔记、政治论文和阅读摘录，还利用了黑格尔的私人通信。因此，本研究覆盖的范围就要比传统的对国家本身的讨论广泛得多，因为后者只不过是对《法哲学》的一个部分的讨论而已。对于黑格尔的国家理论，我将力图从其所出现的黑格尔体系的语境出发进行研究。在这种语境下，黑格尔的国家理论不仅与他的一般哲学关怀有关，而且也与社会和经济生活的其他领域有关。正是在这个意义上，黑格尔的国家理论也是一种更加广泛意义上的社会关系理论。正如佩尔岑斯基最近所指出的，黑格尔对“国家”这个概念的用法大大不同于其惯有的［ix］含义，由此造成了对黑格尔政治哲学的许多误解。

也正是基于这个原因，我不像许多黑格尔的译者与评论者们的传统做法那样，对“国家”（state）一词的首字母进行大写。一旦我们将其写成“State”而不是“state”，那么利维坦和比希莫特（Behemoth）即已投下了它们庞大而又暴虐的身影。当然，黑格尔将“国家”（Staat）的首字母大写：但是在德语中所有名词的首字母都要大写，就像莎士比亚时代的英语一样，并且如果我们因为这样那样的理由而遵从这种习惯，将“国家”（state）的首字母大写，那么我们就应当将这种做法推广到“权利”（Right）、“个人”（the Individual）、“自由”（Freedom）、“家庭”（Family）、“市民社会”（Civil Society）以及所有的动物（Animals）、植物（Vegetables）和矿物（Minerals）上面。除非我们决定全部采用这种做法，否则选择性地大写“国家”（state）的做法就和其他随意的曲解一样，是任意的，在思想上也是不恰当的。

任何试图仅仅讨论黑格尔哲学一个方面的作者——很清楚，本书也力图限定在一个这样的方面——必然会意识到，其研究根本而言会陷入无法克服的两难危险之中。如果一个人想要深入地追踪黑格尔的政治思想与他的一般哲学体系之间的联系，那么就会发现自己沉浸于对黑格尔哲学体系大厦的解释之中，难以触及黑格尔的政治理论；或者，他可能力图把黑格尔的一般体系浓缩为一个凝炼、简略的导言性章节之中，但是这根本不可能恰如其分地讨论它，同时毋庸置疑的是，这种讨论是如此地简练，因而不仅没有说明，反而弄得更加晦涩难懂；由此，作者在导言部分提出的问题可能比他在后面详细讨论黑格尔政治哲学本身时所能够充分回答的问题还要多。

如果我认为自己对这个问题的研究成功克服了这些困难的话，那将是愚蠢的。我只能说，我努力陈述了我打算要做的事情，即尽可能地确定黑格尔向他自己提出的那些政治和社会理论问题，并且力图把这些问题置于一种既自主、也与黑格尔哲学的一般体系性问题有关的语境之中。通过利用黑格尔著作的一切可能的资料来源，我也想要说明黑格尔对时代剧变的反应与他的一般哲学关怀之间的相互影响。

我的主要观点是，黑格尔作为一名敏锐地意识到了现代的成就与局限的哲学家，正好产生于这种成就［x］与局限的对立之中。自中世纪以来，传统政治哲学并不承认历史变化的维度构成讨论规范性秩序的基础。另一方面，黑格尔则试图回答“历史性”（historicity）问题，这个问题是（比如说）卢梭（Rousseau）面临的最头疼的问题。卢梭永远无法跨越历史与优良生活（Good Life）之间的鸿沟——这种分裂典型地体现在第二篇论文与《爱弥尔》（Emile）之间不可调和的张力之中，黑格尔则试图把政治哲学与历史联系起来，并把他对历史的理解作为据以审视政治哲学问题的制高点。康德的遗产流传给黑格尔的一些问题亦可由此得到解决，而且黑格尔在孟德斯鸠（Montesquieu）和赫尔德（Herder）的武装下，着手回答卢梭留下的问题。正是在这个意义上，可以认为黑格尔是现代社会的首位大政治哲学家：历史的发展导致了法国大革命，从而造成了历史连续性的断裂，这种断裂使得古典政治哲学的传统范式完全不能应对新的需要。因此，黑格尔之前的政治哲学全神贯注于合法性（legitimacy），而黑格尔则引入了变化和历史性的维度，此后，这一维度就成为现代政治思想的核心。

对历史人物的处理最生动典型地体现了这一点。对黑格尔之前的经典政治思想来说，重要的是政体和国家的创立者：半是传说的立法者，制度设立者和合法性的授予者（legitimizers）。在从马基雅维利（Machiavelli）到卢梭的政治思想家们的著作中，我们看到的是摩西（Moses）、来库古（Lycurgus）、梭伦（Solon）、居鲁士（Cyrus）和罗穆路斯（Romulus）等人的名字。对黑格尔而言，足够重要、能够纳入他的体系之中的历史人物是那些改变了世界历史进程的关键人物：亚历山大（Alexander）、尤利乌斯·恺撒（Julius Caesar）、拿破仑（Napoleon）——以及，在另一层面上，苏格拉底（Socrates）和路德（Luther）。

正因为如此，在黑格尔看来，对政治问题的所有讨论直接就是对历史的讨论：不是因为要探索起源，探索隐含于《创世纪》（*Genesis*）之中的合法性的世俗版本，而是因为历史作为变化是意义的关键，并且这种意义，作为在世界中实现了的意义，就是由哲学家破译的理性的象形文字。

这样，如果黑格尔的政治哲学在这个意义上是现代的，那么它的缺陷就和它的成就一样，只是这个时代的一个反映：[xi]没有一个哲学家像黑格尔那样意识到，哲学的任务是“理解存在的东西”，而包括哲学家在内的每个人“都是他那个时代的产儿”。最终，政治哲学，像一般哲学一样，是一个永恒的朝圣之旅。

由于迄今还没有黑格尔著作的完整批判版，所以我只好采用黑格尔的不同著作的各种版本。只要有英译本，我就直接加以引用；不然的话，我就自己翻译。在每个地方，我都会在脚注中指明我使用的版本。我希望在珀格勒（Otto Pöggeler）教授的出色监督下，波鸿黑格尔档案馆正在进行的细致工作能在不久的将来推出黑格尔《全集》的最权威版本。

感谢美国哲学协会（the American Philosophical Society）和耶路撒冷希伯来大学 Eliezer Kaplan 经济学与社会科学学院为我的研究和旅行提供了资助，使我能够开展并完成这项研究。

对于希伯来大学的研究生和助教这个忠诚的团体所给予的激发与挑战，我深表感激。他们在黑格尔研讨班上提出的问题有时让我很为难。他们俗称“青年黑格尔分子”，包括 Yosef Avner、Raphaëla Edelman、Edna Marbeh - Fast、Rivka Ginton、Shmuel Harlap、Leah Lieberman、Uri Maimon、Shulamit Nebenzahl 和 Maly Shafrir。正像塔木德的谚语所言，一个人从他的学生那里学到的东西最多。我也特别感谢我的朋友暨同事 Brian Knei- Paz 在编辑方面所给予的宝贵帮助。

我在卫斯理大学人文中心做研究员的一年期间完成了原稿。我非常愉快地向人文中心——尤其要向中心的负责人古热维奇（Victor Gourevitch）教授——表达我的感激之情，感谢我在卫斯理大学期间洋溢在我周围的友善与热情。

我曾就书中的许多观点与以色列国内外的很多同仁进行讨论：我要感谢他们所有人，我深知，如果没有他们，与现在相比，本书的不足之处就会更多。

阿维纳瑞（Schlomo Avineri）

1972 年 4 月 4 日

中译本说明

1.

对于阿维纳瑞引用的尚未译成中文的黑格尔著作，中译本尽可能查对黑格尔的德文原文，在黑格尔的原文和英文之间存在较大差异时，则尽量依据德文原文进行翻译。对于阿维纳瑞在引用时偶尔出现的错误，中译本也一并更正，并予以注明。这些著作中，阿维纳瑞所言的《耶拿实在哲学Ⅰ》（*Jenaer Realphilosophie Ⅰ*）和《耶拿实在哲学Ⅱ》（*Jenaer Realphilosophie Ⅱ*），译者依据的是《黑格尔全集》（历史考证版）之卷六和卷八[1]，其余文本则请参见“参考文献”所列书目。

2.

黑格尔的著作，凡是已经译成中文的，翻译时尽量引用现有的中译。现有中译与原文差异较大时，则根据德文或者英文原文自行翻译。对于黑格尔的中文译著的版本信息，中译本采用与英

---

[1] G. F. W. Hegel, *Gesammelte Werke*, Hamburg: Felix Meiner Verlag, Band 6, 1975; Band 8, 1976.

文原文相同的标注方式，即在其第一次出现时以“［中译者按］”的形式标明相应的完整信息，以后则仅注明著作名称和引用页码。一个例外是，书中出自黑格尔耶拿时期的《论自然法的科学探讨方式》一文的引文，译本依据其他版本❶自行翻译。

3.

黑格尔耶拿时期的重要政治哲学著作《伦理体系》《耶拿实在哲学Ⅰ》和《耶拿实在哲学Ⅱ》尚无中译，但均有英译本❷，有兴趣者可以一观。

4.

贺麟先生在《黑格尔早期神学著作》中将“positive”译为“权威的”，将“positive religion”译为“权威宗教”，将“positivity”译为“权威性”，而薛华先生在《黑格尔政治著作集》中则将“positive”译为“实定的”。中译本为了保持译文一致，将“positive”译为“实证的”，将“positive religion”译为“实证宗教”，将“positivity”译为“实证性”，其余准此。

朱学平

2014年9月

于重庆宝圣湖畔

---

❶ G. F. W. Hegel, *Werke*, Band 2 (Frankfurt am Main: Suhrkamp, 1970).

❷ G. F. W. Hegel, *Syetem of Ethical Life* (1802/3) and *First Philosophy of Spirit*, ed. and tr. by H. S. Harris and T. M. Knox, New York: State University of New York University, 1979; G. F. W. Hegel, *Hegel and the Human Spirit. A translation of the Jena Lectures on the Philosophy of Spirit* (1805 – 6) *with commentary*, by Leo Rauch, Detroit: Wayne State University Press, 1983.

目　　录

第1章　开　　端

[1] 毕业演说很少有原创性，要是一个人想要在一个青年学生的毕业演说中发现其成年时期的身影，那就很容易大失所望。然而，毕业演说通过青年人的有些理想化的棱镜，反映了一个时代的习见智慧，显示了由一种文化所滋生的思想气候。

黑格尔 18 岁时在斯图加特高级中学所做的毕业告别演说也不例外。演说的主题有点奇怪，也有些做作：德国人和土耳其人之间的比较。可以料想得到，主题是富有教益的：土耳其人的野蛮并不在于这个好战的民族缺乏天赋；相反，应该承认，这是土耳其国家忽视其臣民的教育这一事实的结果："教育对于一个国家的兴盛竟具有如此巨大的影响!"❶教育，

❶ 《黑格尔发展资料集》(*Dokumente zu Hegels Entwlcklung*, Stuttgart, 1936), J. Hoffmeister 编，页 52；亦见 Karl Rosenkranz，《黑格尔传》(*Georg Wilhelm Friedrich Hegels Leben*, Berlin, 1844; new ed., Darmstadt, 1963)，页 19－21。[中译者按] 中译参见《黑格尔早期著作集》(上卷)，贺麟等译，北京：商务印书馆，1997 年，页 47。

Bildung，被称道为政治体的基础：礼仪、艺术、科学构成了社会的要素，促进教育和学术，实为国家的首要职责。

在这篇演说中，德国启蒙运动的所有基本信念清晰可见：如同黑格尔这一时期表达出来的许多其他观点一样，这些信念证明了在他进入图宾根神学院（从1788年到1793年，他在这里学习了五年）之前的人文主义教育背景。如黑格尔的第一个传记作家罗森克兰茨所言，黑格尔的教育融合了启蒙的原则和古典古代的研究；[1]荷夫迈斯特也同样表明，不仅是康德（Kant）和费希特（Fichte），而且启蒙运动的整个传统都构成了黑格尔的教育背景。[2]

［2］在黑格尔青少年时期的一些读物中，这种古典主义和人文主义融合的政治面相表现得特别强烈：对于政治事务的极其明显的兴趣构成了这些读物的一大特征。15岁时，黑格尔写了一部关于后三头的短剧。剧中，马可·安东尼（Mark Antony）、雷必达（Lepidus）和屋大维（Octavian）各自以一种看上去极端幼稚的马基雅维利的方式力图智胜其余两人。[3]第二年，黑格尔迷上了索福克勒斯（Sophocles）的《安提戈涅》（*Antigone*），将其译成德文。[4]他的学校日记充满了对于历史和认识的有时令人吃惊的成熟思考。这一时期，他阅读了大量的历史和理论著作，特别是集中在像菲德尔（Feder）、舒尔策（Sulzer）、加尔夫（Garve）、门德尔松（Mendelssohn）和尼可莱（Nicolai）这样的

---

[1] 《黑格尔传》，页10。

[2] 见他为《资料集》所写的导言，页viii。

[3] “三巨头对话”，《资料集》，页3-6。［中译者按］中译参见《黑格尔早期著作集》（上卷），页35-39。

[4] Rosenkranz，《黑格尔传》，页11。《安提戈涅》始终居于黑格尔讨论悲剧和伦理的中心；参见《精神现象学》，J. B. Baillie新译本（纽约，1967），页484-499。［中译者按］中译参见黑格尔，《精神现象学》（下卷），贺麟等译，北京：商务印书馆，1979年，页6-33。亦见Walter Kaufman，《黑格尔》（*Hegel*，Garden City，1965），页142-146。

启蒙作家上。❶

1787 年，黑格尔 17 岁时写了一篇论“希腊人和罗马人的宗教”的草稿。可以预料，它反映了一个成熟的学生对于这一主题的洞见；我们只能说，这一主题预示了黑格尔后来的一些兴趣，就像他以赫尔德的语言对宗教现象的历史性陈述预示的那样：“只有当一个民族达到一定的教化阶段，才会出现理智清晰的人，才能更好地获得神的概念并且传之于人。”❷

这种对于盛行的时代精神的各种观念以及康德遗产的高度依赖也在他学生时代的一则箴言中表达了出来：“启蒙之如文化，恰如理论之如实践，认识之如伦理（*Sittlichkeit*）。”❸因此，出现在他的毕业演说中的通向文化的教育，并不仅仅是黑格尔在公开表达感激和套话的时刻为了得体而使用的讨巧言辞。它似乎反映了一种更深的情感。几年后，当他赞美席勒（Schiller）的《审美教育书简》（*Letters on the Aesthetic Education of Man*）是一部“杰作”❹时，这种情感也就再一次流露了出来。

[3] 然而，只有当他来到伯尔尼（从 1793 年到 1796 年，他在这个共和国的一个贵族家庭担任家庭教师）时，我们才发现他对政治事务的积极兴趣。这种兴趣可以直接追溯到法国革命的事件对黑格尔所产生的影响，这些革命事件与伯尔尼的寡头政治现状之间的张力显然强化了这种兴趣。

有证据表明，即使在图宾根神学院的相对隔绝时期，黑格尔也参与了一些与法国革命事件有关的学生活动。据说黑格尔同他

❶ 见《资料集》，页 54－166。

❷ 同上，页 46。同样地，他力图区分基于激情和粗俗表象的“平民”（*Pöbel*）宗教和更为纯粹、理性的宗教（页 47）。

❸ 同上，页 141。

❹ “黑格尔致谢林”，1795 年 4 月 16 日（《黑格尔通信集》（*Briefe von und an Hegel*，Hamburg，1952），J. Hoffmeister 编，卷 I，页 24）。[中译者按] 中译参见《黑格尔书信百封》，苗力田编译，上海：上海人民出版社，1981 年，页 44。

的神学院好友谢林（Schelling）一道种了一棵“自由树”;❶有人说他还参与了一家受到官方调查的政治俱乐部。但是，只有在伯尔尼，我们才有直接证据证明他对法国革命的反应：他的反应是将对伯尔尼现状的社会批判与和康德有关的哲学研究方法融合起来，黑格尔这时已经熟悉了康德的著作。❷

他写给谢林的一封长信证明了他对于周围世界正在经历的变化所具有的意识。黑格尔从描述伯尔尼的直接政治状况开始：

> 每隔10年，最高议会的大约90个成员都要更换。与这里发生的那些勾结相比，王室宫廷中通过表亲和亲戚们玩弄的所有阴谋都算不了什么。父亲任命其子或者带来丰厚嫁奁的女婿，等等。要理解贵族政制，一个人得在这里过上一个这样的冬季。❸

在谈及谢林送给他的小册子时，黑格尔说他把它视为德国发生的观念领域革命的继续，并且还说：“从康德体系及其最终的完成中，我期待一场德国的革命。这场革命将从已然存在的原则出发，只需要将这些原则实现出来，并且应用于迄今为止的一切现存的知识之中。”然后，他继续将这场哲学革命与社会和政治领域中的变化联系起来：

> [4] 我认为，人类自身像这样地被尊重就是时代的最好标志，它证明压迫者和人间上帝们头上的灵光消失了。哲

---

❶ 参见《上流社会报》（*Zeitung fur die elegante Welt*，1839）第35～37期的报道，Rosenkranz，《黑格尔传》页29引用。

❷ 关于黑格尔与法国革命的一般问题，见Joachim Ritter的卓越研究《黑格尔和法国大革命》（*Hegel und die französische Revolution*，Köln/Opladen，1957），页29。

❸ “黑格尔致谢林”，1795年4月16日（《黑格尔通信集》，卷Ⅰ，页23。[中译者按] 中译参见《黑格尔书信百封》，页42）。此信的部分英译文，见Kaufman，《黑格尔》，页303。

> 学家们论证了［人的］这种尊严；人们学会感到这种尊严，并且把他们被践踏的权利夺回来，不是去祈求，而是把它牢牢地夺到自己手里。宗教和政治是一丘之貉，宗教所教导的就是专制主义想要教导的：蔑视人性，不让人类通过自己的努力达到善并有所成就。随着事情应该是什么的观念的广泛传播，那些把一切都看作像现在这样子永不改变，墨守成规的人们的惰性将会消失。观念（像一个人的祖国及其宪法等的观念）尽管也有局限性，但其活生生的力量将会振奋精神。❶

这可能是对德国唯心主义哲学的精神和计划所作出的最为深刻的表达了。这里，哲学表现为摆脱了传统宗教和现存政治生活的枷锁的伟大解放者。然而，黑格尔更加强烈地强调这种解放的政治方面，而不是通常出现在德国唯心主义经典著作之中的，或者就此而言，出现于黑格尔这一时期两个主要通信者——谢林和荷尔德林（Hölderlin）——信中的那个方面（指宗教解放——译者）。

黑格尔对当时文化和政治生活的批判还有一个更深的维度。前面引用的给谢林的书信的那一段落的结尾，给黑格尔的批判引入了一个全新的语调。黑格尔将现状与他的承认观念的力量并且乐于为观念而献身的人的想象进行对照，然后以此作结："现在，宪法的精神已经与自利（*Eigennutz*）相联合，并在它上面建立起它的王国。"

单就这句话而论，它不过是一个可以认为是单纯道德的语言表达出来的个别评论而已。然而，黑格尔伯尔尼时期的文学活动

---

❶ 《黑格尔通信集》，卷 I，页 24（中译文参见《黑格尔书信百封》，页 42－43，此处中译文主要根据英文翻译）。George Lichtheim 在其《马克思主义》（*Marxism*，London，1961）第 36 页指出了黑格尔给谢林的这封信与马克思早期思想之间的惊人相似。

表明绝非如此。

黑格尔在伯尔尼逗留期间的阅读包括孟德斯鸠和休谟（Hume）、修昔底德斯（Thucydides）、吉本（Gibbon），还有贡斯当（Constant）。❶但是这一时期对他产生最深刻影响的是詹姆斯·斯图亚特爵士（Sir James Steuart）的《政治经济学原理研究》（*An Inquiry Into the Principles of Political Economy*），黑格尔读的是德译本。这本书的阅读造成的影响极大，[5] 黑格尔因此而写下了长篇评论。尽管罗森克兰茨在1840年代还说他见过这一手稿，但现在已经佚失了。此后，黑格尔正是从亚当·斯密（Adam Smith）的导师和同时代人对市场机制的活动和分析的描述中获得了对于劳动、工业和生产在人类事物中的地位的意识。在当时的德国哲学家中，惟有黑格尔才认识到了经济领域在政治、宗教和文化生活中的头等重要性，并且力图阐明他后来称之为“市民社会”之物与政治生活之间的联系。❷费希特的《闭锁的商业国》（*The Closed Commercial State*，1800）显然缺乏可以与之相比的对政治经济学的把握，因此读起来就像一本与现代经济生活的实际情况毫无关系的当代重商主义的小册子。

黑格尔必定是在斯图亚特的影响下开始详细研究伯尔尼的金融和财政制度及其意义的。但是不幸的是，这一研究和他的斯图亚特评论一样，没有保存下来。❸只有黑格尔译成德文并且匿名出版的一本关于从16世纪起即居于伯尔尼城的统治之下的贝德

---

❶ Rosenkranz，《黑格尔传》，页62。Rudolf Haym，《黑格尔及其时代》（*Hegel und seine Zeit*，Berlin，1857；Hildesheim新版，1962），页64。

❷ 见Rosenkranz，《黑格尔传》，页86；Ritter，《黑格尔和法国革命》，页35；Georg Lukács，《青年黑格尔》（*die junge Hegel*，Zürich/Wien，1948），页228－9。在追溯黑格尔晚期著作中的斯图亚特术语上，Paul Chamley在其两个研究即《斯图亚特和黑格尔的政治经济学和哲学》（*économie politique et philosophie chez Steuart et Hegel*，Paris，1963）和“黑格尔经济思想的起源”（Les origines de la pensée économique de Hegel），载于*Hegel－Studien*，Ⅲ，1965，页225－261）中做出了最令人着迷的尝试。Rosenkranz（页85）也说，黑格尔当时研究了英国济贫法的效果。

❸ Rosenkranz，《黑格尔传》，页61；《资料集》，页462。

福的社会和政治状况的法文小册子幸存下来了。这是遭到瓦特放逐的律师让-雅克·卡特（Jean-Jacques Cart）于1793年在巴黎出版的一本小册子。卡特在书中表明，伯尔尼的寡头政治如何利用他们对瓦特的宗主权对当地民众的历史权利进行不同程度的侵犯。❶黑格尔将这本小册子译成德文，并以《关于瓦特邦（贝德福）和伯尔尼城先前国法关系的密信》的书名于1798年在法兰克福出版。德译本包含了由匿名译者所作的许多增添和评论，还有一篇序言，只有到了1909年，人们［6］才发现并确认翻译和评论为黑格尔所作。❷因此，此书是黑格尔出版的第一部著作。

尽管黑格尔的大多数评论只是扩充了卡特的论据，但也有一些实例表达了黑格尔的独立判断。在卡特原书出版和黑格尔的翻译面世期间，法国革命军将瓦特从它对伯尔尼的依附中解放了出来：因此尽管黑格尔在序言中说研究卡特描述的这些状况具有一种普遍的政治重要性，❸但卡特的书在一定程度上已经过时了。

黑格尔自己的大多数评论围绕伯尔尼政府的寡头和裙带体制，这些必然反映了黑格尔本人对这一主题的研究。他批评伯尔尼没有一部成文刑法典，批判其最高权威兼有立法和司法职能。尽管黑格尔从未遵从过任何严格解释的分权理论，但他在这里强烈反对"刑事正义完全操于政府手中"。❹黑格尔引用了一些因为

---

❶ 对卡特的小册子的更加全面的概述，见Z. A. Pelczynski为Knox的《黑格尔政治著作集》（*Hegel's Political Writings*, Oxford, 1964）英译本所写的导言，页9-12。

❷ 见Huge Falkenheim，"黑格尔的一篇不为人知的政治著作"（Eine unbekannte politische Druckschrift Hegels），载*Preussische Jahrbücher*, CXXXVIII（1909），页193-220；亦见Jürgen Habermas为其编辑的黑格尔《政治著作集》（*Politische Schriften*, Frankfurt, 1966）所写的"后记"，页344-345。

❸ 黑格尔后来总是提到伯尔尼城，作为腐败的寡头政治的例子。黑格尔在他对哈勒（Haller）《国家学的复兴》（*Restauration der Staatswissenschaften*, 1816）所作的边注中评道："除了伯尔尼人的观点以外，什么也没有曾经进入到他的意识之中。"见G. W. F. Hegel，《柏林著作集》（*Berliner Schriften*, Hamburg, 1956），J. Hoffmeister编，页678。

❹ 《资料集》，页250，253。

起诉人和裁判人相同而造成的无辜人民遭受显然不义的令人发指的案例，指出："在我知道的邦中，没有一个邦按其大小像在伯尔尼的这个邦那样有如此之多的绞刑、轮刑、砍头和烧死。"❶

在另一领域，黑格尔攻击为伯尔尼辩护的一些人所运用的"低税与高度的政治自由相契合"的观念。黑格尔论道，如果这就是标准的话，那么英国应该是世界上最不自由的国家，因为"没有一个地方"像在英国那样"交那么多的税"。在黑格尔看来，用财政上的自利来对公民权利的质量进行判断的看法代表了一种基本［7］谬误；这样一种看法宁可为了"一年几个塔勒"而舍弃公民权利。使人成为自由公民的，不是税额，而是到底是外部权力强行征税，还是人民自己对自己征税。英国人自由，不是因为他们交的税很低，而是因为他们要对他们的征税投票。然后，黑格尔补充道：

> 英国议会向输入美国的茶叶所抽的税是极其微少的，但美国人感到同这种税会使他们交出的本身完全微不足道的金额一起，他们最重要的权利同时也已丧失，这种感觉造成了美国革命。❷

然而，黑格尔对英国通过代表决定税收的制度的赞美是与对英国代议制本身的暗中批判连在一起的。即使违背普遍舆论，皮特（Pitt）也能通过议会多数进行统治，黑格尔对此进行评论，补充道，这种情况之所以成为可能，是因为"国家可能如此不完美地被代表，以至于议会无法听到它的声音"。❸黑格尔这里所指不明显，但它包含的当时英国选举权的基础狭隘的含义则是显而易见的。从黑格尔后来对英国议会代表制度的评论来看，他对于

---

❶ 《资料集》，页 252。

❷❸ 同上，页 149。［中译者按］中译引自《黑格尔政治著作选》，薛华译，北京：中国法制出版社，2008 年，页 3。

英国社会与议会之间的复杂联系的这种早期意识还是比较重要的：在当时的德国思想家中，这种意识也是罕见的。

尽管想要从这些零散的评论中重构黑格尔的政治观是不可能的，但是我们还是可以得出一些结论。黑格尔的一般观点似乎是附和当时德国的舆论。这种舆论尽管并不必然认同法国大革命的所有政治表现，但对其政治原则抱有好感。然而，应当指出的是，黑格尔在这一时期的评论中没有提到自然权利。卡特的小册子的论述仅限于为被伯尔尼城拿走了的瓦特人民的历史权利进行辩护，它与黑格尔所提到的美国殖民地的历史主张之间的明显类似是重要的。另一方面，尽管黑格尔接受法国革命所代表的政治理想，但他对罗伯斯庇尔（Robespierre）提出了非常严厉的批判。在1794年一封写给谢林的信中，他批判了雅各宾派的恐怖政治，在耶拿时期，黑格尔又重复了这一批判，从而预示了他在[8]《精神现象学》（*Phenomenology*）中对雅各宾主义的描述："绝对恐怖"、不为任何制度性限制所阻的抽象的自由。❶

此外，黑格尔还对经济领域和政治组织之间的关系特别感兴趣。我们将看到，在这一研究的过程中，黑格尔花了许多年的时间去发展他自己的关于这一关系的理论。但是，显然，即使在这一早期阶段，他就已经在这一主题上摸索一个超越启蒙运动的轻易信仰和法国革命的观念的方向。而且黑格尔还在其卡特评论中非常有力地展现了伯尔尼统治瓦特的经济面向：他对经济学的熟悉必然会给卡特的纯粹政治和法律研究增加一个不同的维度。

离开伯尔尼后，黑格尔在法兰克福生活了三年（1797～1800年），并写下了一系列片段。在这些片段中，黑格尔也提出了这些同样的问题。荷夫迈斯特以"法兰克福历史研究"为题出版

---

❶ "黑格尔致谢林"，1794年12月（《黑格尔通信集》，卷Ⅰ，页23。[中译者按] 中译参见《黑格尔书信百封》，页31）；《资料集》，页359－360。

了这些片段，它们构成了黑格尔的系统的历史研究的最初尝试。❶

这里可以看到黑格尔后来纳入其历史哲学的许多思想，尤其是涉及他称之为“东方世界”的基本特征的一些思想。根据这些片段，东方民族的特征是完全服从于外在必然性，以及他们的文化生活完全忽视眼前的现实。❷此外，东方社会是静态的、停滞的和不变的。对外在必然性的服从使得专制和暴政成为东方政治制度的主要成分：“主宰和奴役：这两种状态在这里同样正当，因为它们受到相同的暴力法则的支配。在东方，谁敢于征服弱者，谁就被认为是幸福的。”❸

在那些关于意大利文艺复兴时期的片段的讨论中，我们第一次看到黑格尔试图对能够适应变化中的历史环境的国家做出充分界定。黑格尔认为，在意大利中部和北部，个人和政治实体之间的联系有缺陷，并且非常松散：“这一时期意大利的历史［9］与其说是一个或者多个民族的历史，还不如说是一大堆个人的历史……共同生活在一个城市中，是一种聚居，而不是服从于同样的法律。那些当局的权力很弱，没有思想具有任何力量……［在城邦中］正义的实施只不过是一派战胜另一派而已。”❹

在黑格尔看来，这样一种缺乏共同纽带的特殊主义体系说明了罗马法在意大利大学的崛起：

在意大利，法律研究比诗歌在博洛尼亚出现得更早，最高贵的意大利人蜂拥而至……因为只有在法官的法台上，他

❶ 近来，确定黑格尔早期手稿的写作时间这一极其复杂的问题与黑格尔著作全集的准备工作有关，得到了《黑格尔年鉴》的密切关注。相关的报道，见 Giesela Schüller，“黑格尔青年时期著作时间表”（Zur Chronologie von Hegels Jugendschriften），载于 *Hegel-Studien*，Ⅱ（1963），页 111 - 159。

❷ 《资料集》，页 257 - 259。

❸ 同上，页 258。

❹ 同上，页 269 - 270。

> 们才是思想的仆人、法律的仆人：在其余的地方，他们就只是人的奴仆。❶

正是在他对现代国家的这一描述中，他之前集中关注的那些问题最清楚地表达出来了。黑格尔认为，现代国家的特征是成为保护财产的工具：

> 在现代国家中，所有立法都是在围绕财产安全打转。公民的大多数权利都与此有关。古代的几个自由共和国通过政制控制绝对财产权：我们所有当局的关切、我们这些国家的骄傲。在斯巴达政制中，财产和产业安全几乎完全没有出现，我们可以说，完全给忘了。在雅典，人们习惯夺走富有公民的部分财产，尽管这样做时，会给出一个光荣的借口：强迫他接受一个需要巨大开销的职务。❷

黑格尔从历史的维度详述财产和政治秩序之间的关系。他提到，即使在最自由的政制下，少数公民的巨额财富也会导致自由的毁灭。他举出了伯里克利时期的雅典、格拉古时期的罗马和佛罗伦萨美第奇家族的权势的例子。❸尽管我们之前已经提到，黑格尔憎恶雅各宾派的恐怖统治，但他对无套裤汉（*sansculottes*）的社会动机和背景表达了某种理解，指出："如果人们只将想要通过激进（sansculottism）的体制实现更加平等的财产分配归结为贪婪的话，那么对法国的这种激进体制也许就并不公正。"❹

对黑格尔来说，建立在财产安全之上的现代国家［10］就是当时世界的国家：就此而言，旧制度和革命的共和国之间似无

❶ 《资料集》，页269。

❷ 同上，页268－269。

❸ 同上，页269。

❹ 同上。

多大差别。黑格尔明言财产安全是“我们所有当局的关切、我们这些国家的骄傲”：这种话语并不仅仅适用于法国的革命政府，而且也适用于当时所有的政府和国家。在黑格尔看来，古代国家在政治层面上并不关注财产权；文艺复兴时期的意大利忽视了超出个人的特殊权力和意志之外的任何事情。只是随着现代的来临，普遍的财产权制度才成为国家的支柱，决定个人纳税的权利才成为政治忠诚和参与的核心问题。而财产的不平等分配也就意味着利用政治权力去促进经济利益；黑格尔对瓦特状况的分析和他对古代的和激进的雅各宾主义的社会运动的评论都清楚地说明，他明确地意识到了政治权力表现为经济上的自身利益的工具这一事实，正如他在给谢林的信中所言，经济上的自身利益被罩上了政治理论和宗教的“灵光”。

只有这样看待黑格尔的关切，我们才能把握到他在伯尔尼和法兰克福时期进行的古代世界和早期基督教研究的某些方面的意义。这些研究，下一章将会加以讨论。尽管它们处理的是宗教和神学的本质问题，但是正如它们要解决信徒个人对于救赎的追求一样，它们也同样指向宗教和文化的公共领域。黑格尔在城邦和教会中寻找一种在现代国家的政治体制中所没有的普遍性的范式。黑格尔既知道现代性的成就——他援引作为寻求个人融入政治普遍性之中的历史学家的休谟——也明了它的重负。

记住这一点，我们就能够讨论黑格尔早期的一个谜一般的片段，这个片段，罗森茨威格（Franz Rosenzweig）在 1917 年以“德意志唯心主义的最早体系纲领”[1]为名出版。尽管这一来自于 1796 年的手稿出自黑格尔的手迹，但它是一个共同宣言的一份
[11] 抄件，而不是一份由黑格尔一个人单独写下的作品，对此现在已无疑问；比如说，可以强烈地感受到谢林的影响。然而，

[1] “Das älteste Systemprogramm des deutschen Idealismus”，载于 *Sitzungsbericht der Heidelberger Akademie der Wissenschaft*，Phil. – Hist. Klasse（1917），5. 文章。

它无疑也代表了黑格尔的一系列观念，这些观念即使不是黑格尔原创，也至少得到了他的赞同。

主观自由哲学的这份宣言在讨论国家时达到高潮，它在第六段述道：

> 我从自然进到人造物……我将证明，正如没有机器的理念一样，也没有国家的理念；因为国家是某种机械的东西。惟有自由的对象才能叫作理念。因此我们必须超出国家之外，因为每一个国家都必然将人视为机器上的齿轮。而正好不当如此；因此国家必须终止。❶

超出国家之上，黑格尔看到了“所有精神的绝对自由，他们自身拥有理智世界，无需在他们自身以外寻求上帝和不朽”。任何了解黑格尔晚期著作的人若不对这份文献感到震惊，也必然是大感意外了；它在后来马克思的思想中所引起的巨大回响，不容忽视，也不容主观地否认。

但是这一文献也极易通过将其激进主义归于谢林一个人或者归于黑格尔思想发展的一个短暂的早期阶段而遭到误解或误释。将此文献置于我们所知道的黑格尔伯尔尼－法兰克福时期政治思想的语境之下进行仔细考察，就会得到一个不同的解释：在这个片段和他这一时期关于政治问题的其他著作之间似乎存在显而易见的联系。《体系纲领》所要“超越”的国家是一台“机器”，个人在其中只是“齿轮”。显然这不可能是黑格尔后来在其政治哲学中阐述的那种国家。必须要“超越”和应当“终止”的国家是直到1796年前黑格尔在其著作中探讨的国家：它是基于财产安全的国家，“我们所有当局的关切、我们这些国家的骄傲”；是基于自身利益之上的国家，是从自然法理论产生出来的国家。

---

❶ 《资料集》，页219－220。

后来，黑格尔将这种组织称作“市民社会”，并将其刻画为“外部国家，即需要和理智的国家（*Not - und Verstandesstaat*）”。❶[12] 必须超越的正是这种“国家”，因为自由（自由是《体系纲领》讨论的主题）不可能在这种国家中形成，并且也没有这种国家的“理念”。这种国家是机器，因为不要忘了，黑格尔后来所言的“市民社会”不过是市场机制（mechanism）而已。必须在某种其他事物中发现国家的理念。国家不是一个集合体，也不是一个团块（mass），而是一个整体，一个普遍物。在寻找这个理念时，黑格尔将目光转向古代城邦，转向早期教会和日耳曼民族的神圣罗马帝国的当代现实——这些构成了他关于政治和社会的早期神学著作的主题。

---

❶ 黑格尔的《法哲学》（*Hegel's Philosophy of Right*，Oxford，1942），T. M. Knox 译，§183。

第2章　实证性和自由

［13］黑格尔的早期片段不仅关注国家作为自身利益的合法表达的传统观点，并对此表现出不满，而且在他的历史研究和训练中还一直存在另一关切，即努力面对制度性宗教提出的问题。《黑格尔传》的作者罗森克兰茨指出，在伯尔尼的那几年，黑格尔即已从他在图宾根神学院所学的正统神学中解放出来。❶然而，这种解放并不是通过完全否认正统神学或者接受一种单纯的反宗教、反教士的态度而达到的。黑格尔被带到传统神学问题与当代哲学原则之间的一些对立面前，而当他在1795～1800年在哲学上离开康德的立场时，尽管从广义上来说，讨论的基本问题没变，但他对与宗教问题有关的一些问题的讨论表明，讨论的重点和类型已经发生了微妙的变化。

1907年，讨论这些问题的手稿第一次被诺尔

❶ Rosenkranz，《黑格尔传》，页45。

（Nohl）以《黑格尔早期神学著作》之名出版，其中大多数手稿（尽管并非全部）以类似的书名被翻译成英文出版。[1]尽管大多数片段探讨的问题以这样或那样的方式与宗教相关，但它们并非严格意义上的神学著作。黑格尔允许理性和启示之间的二分——并且任其如此，因此他也就让其中涉及的一些基本神学问题保持不同程度的开放性。[2]黑格尔真正想要面对的问题更多的是牵涉宗教的历史、社会甚至经济的方面，牵涉［14］社会类型与宗教信仰的类型之间的关系以及宗教制度的政治语境。在这些手稿中，黑格尔表现为一名宗教的历史学家和社会学家，也是一名社会批判家。这些历史研究同以康德的语言出现的哲学研究结合在一起，同时也受到赫尔德的方法的深刻影响。黑格尔关注的并不是个人的信仰和得救问题，而是与宗教的社会维度有关的那些问题。[3]如果现代的读者正当地发现在这些早期著作中闪耀着基尔克果（Kierkegaard）的身影的话，那么费尔巴哈的甚至早期马克思的主题也同样毫不逊色地闪现于其中。

黑格尔试图解决的主要问题是宗教中的“实证性”（positivity）问题。黑格尔用“实证性”来表示一种宗教制度，这种制度制定了一整套的规则和规范，信徒之所以必须服从这些规则和规范，并不是因为他们的每一个别行为都表达了他们自己的内心信念和自由的道德选择，而是因为宗教制度已经如此这般地创立、制定和“设立”了这些规则和规范。“自由”和“实证性”的这

---

[1] G. F. W. Hegel，《早期神学著作集》（*Early Theological Writings*，Chicago，1948），T. M. Knox 译，导言由 Richard Kroner 执笔。

[2] 同上，页 292。

[3] 参见 Walter Kaufmann，“黑格尔的早期反神学阶段”（Hegel's Early Antitheological Phase），载于 *Philosophical Review*，LXIII（1954），页 3 – 18。然而，卢卡奇（Lukács）却走向另一极端，将任何对黑格尔“神学时期”的讨论一概贴上“反动传说”的标签（*Der junge Hegel*，页 27 – 45）。参见 Emil L. Fackenheim，《黑格尔思想的宗教维度》（*The Religious Dimension in Hegel's Thought*，Bloomington/London，1967）对黑格尔宗教思想的彻底讨论。

种并列根本而言是康德式的，它为黑格尔提供了判断不同的宗教体系的标准。❶他的特殊的历史问题来自这些标准，并且可以方便地归纳为两点：第一，试图从“实证的”旧约犹太教中解放出来的基督教，最终以至少与旧的摩西的希伯来律法完全一样“实证的”教会建制结束，这是如何发生的？第二，基督教是如何成功地征服旧的异教世界和战胜希腊罗马宗教的？

尽管讨论这些问题的各种手稿出自不同的年代，但大致可以分为两大组，第一组以“基督教的实证性”为中心，第二组以“基督教的精神及其命运”为中心。第一组手稿［15］出自伯尔尼时期，第二组属于法兰克福时期。尽管近来的研究表明一些写作时间问题极端复杂，❷但是诺尔采用的、并且为诺克斯 - 克朗纳的英译本所遵从的这种基本划分可以保持不变。主要分界线大约出现在 1797 年——这一时间对应于黑格尔从伯尔尼搬到法兰克福，这时，论证明显从康德的理性主义转向了一种更为思辨的反思模式。❸然而，实证性问题贯穿于这些所有的著作之中，并使黑格尔面临社会文化和政治忠诚的一些基本问题。正是在这种语境下，黑格尔阐述了他对于希腊城邦、犹太人的国家和基督教会的社会—政治结构的看法。在这些讨论中获得的洞见后来成为在黑格尔的现代国家理论发展过程中的基本要素。正是在这种对古典共和国的 *Virtus*［德性］、希伯来律法和基督教的爱的关注背景之下，黑格尔才能够构建出那种必须超越如他所言的基于财产及其安全的概念之上的机械论的、个体主义的现代国家的忠诚模式。

---

❶ 《早期神学著作集》，页 98：“一个宗教的好或坏，取决于它是通过道德动机还是更多地通过恐怖化人的想象力，因而随之恐怖化人的意志来发挥作用，以便产生能引起与民法或道德律相配合的行为的精神状态。”［中译者按］中译引自《黑格尔早期神学著作》，贺麟译，上海：世纪出版集团 上海人民出版社，2012 年，页 198。

❷ 尤其是参见前面（页 8）提到过的 Giesela Schüller 在 *Hegel - Studien*，Ⅱ上面的文章。

❸ Knox，《早期神学著作集》序言，页 vii，以及 Kroner 的导言，页 8 - 20。

犹太、“城邦”和“民族精神”

黑格尔从历史视角出发对宗教所做的研究，以从人的理性能力出发进行推衍的典型的启蒙运动的宗教观为前提：“人的最高目的是道德，在人促进这一目的的禀赋中，人达于宗教的禀赋是最主要的禀赋之一。”❶黑格尔追随莱辛（Lessing）的《智者纳丹》（*Nathan the Wise*），意识到尽管这种对于宗教的禀赋是普遍的，但是它出现于个体意识之中的具体形式则随着每一种具体情况的不同而不同。黑格尔这里对“客观宗教”和“主观宗教”的区分与门德尔松的类似区分一致。然而，黑格尔承认，为了将理性的“客观规则”注入［16］个体意识之中，就不得不对主观动机进行考虑。因此，宗教内容（理性道德）与其形式（想象力）之间的一种基本辩证关系就被黑格尔设定起来了：

> 理性建立起道德的、必然的和普遍有效的规律；康德称这些规律为客观的，虽说其意义与知性规则之为客观的不同。现在问题是使这些规律成为主观的，使它们成为通则，找出它们的动机；不过解决这个问题的尝试是极其多式多样的。❷

---

❶ 《黑格尔早期神学著作》（*Hegels theologische Jugendschriften*，Tübingen，1907），H. Nohl 编，页48。［中译者按］中译引自《黑格尔早期神学著作》，页55。本段取自名为“民族宗教和基督教”的手稿，诺克斯－克朗纳（Knox－Kroner）的英译本没有收入这一手稿。参见“基督教的实证性”的类似表述，见《早期神学著作集》英译本，页68：“一切真正宗教……的目的和本质就是人的道德。”［中译者按］中译引自《黑格尔早期神学著作》，页167。

❷ 同上，页143。［中译者按］中译参见引自《黑格尔早期神学著作》，页241。

这样一种辩证关系的历史结论是显而易见的，因为它必然要将任何给予的宗教关联到正在讨论的历史存在的社会文化现象的总体之上。社会及其风俗（mores）的普遍结构的转变将会导致宗教信仰形式的改变，而宗教的变化也必须认为是时代精神的普遍状况变化的反映。

这样，宗教就表现为更加广泛的历史总体的一个方面。黑格尔追随赫尔德，称这个总体为民族精神（*Volksgeist*），它是当时口头上称作“民族性格”的社会—文化制度的总和。[1]黑格尔追随一个可以追溯到博丹（Bodin）和孟德斯鸠的传统，坚持认为，对宗教的讨论必须要研究影响一个特定群体的普遍的历史状况。在一个讨论异教世界接受基督教的段落中，黑格尔表达了下述思想，该思想必然反映了观念领域以及与法国革命相连的现实社会领域中的类似现象：

> 在大的、使人注目的革命运动之前，必定在时代精神内有一个沉静的、秘密的革命为其先导，这种革命并不是每双眼睛所能看得见的，也是极少为同时代人所能观察到的，既难于把握住，也难于用语言文字去表达。由于人们不熟习这种精神世界内的革命，于是就感到那结果特别惊人。[2]

当黑格尔用那些试图将康德的伦理学融入赫尔德的结构之中的术语去描述植根于民众的想象力和意识之中的民族宗教时，赫尔德与康德之间的这种结合也就最为强烈地在黑格尔这里表现出来：

---

[1] 关于黑格尔对民族精神这一术语的用法与浪漫派和历史法学派的使用方式之间的差异，参见我的“黑格尔和民族主义”（Hegel and Nationalism）一文，载于 *Review of Politics*，XXIV（1961），页 474 – 479，以及该文提到的文献。

[2] “基督教是怎样征服异教的”，《早期神学著作集》，页 152。[中译者按] 中译引自《黑格尔早期神学著作》，页 250。

> [17] 我们把民族宗教不将自己的教义强加于人，不使任何人的信念遭到强制，视为对一种民族宗教不可或缺的要求……［教理］不可包含任何不为一般人类理性承认的东西。❶

黑格尔试图用这些理智工具理清以基督教和犹太教为一方、以异教为另一方的两方之间的复杂关系。黑格尔对基督教的起源的讨论自然从描述犹太教开始。尽管黑格尔对犹太教的说明极大地利用了流行的基督教的犹太教观念，但他关注的焦点是社会实践问题，而不是宗教信仰的观念。在黑格尔看来，耶稣时代的犹太教乃是“实证”宗教的典范，犹太社会是一个完全不自由的社会；犹太对罗马的政治屈服只不过加剧了潜藏在摩西律法之中的自由的根本缺失：

> 犹太人是这样一个民族，他们从上天的无上智慧［独断地］得出他们的法典，他们的精神到了耶稣的时候已经为一些凝固的、法定的命令的重负所压制，这些法定的命令学究式地替日常生活的每一个偶然行为制定出规则，致令人看起来整个民族都受僧侣式的清规戒律所支配。由于这种体系的结果，那最圣洁的东西，即敬事上帝和遵循道德受到死板公式的安排和强制。除了奴隶式地服从并非自己立下的法律的骄傲感外，什么东西也没有剩下来让犹太精神有自由施展的余地，而犹太精神在当时还出于国家受到外国力量的压制而深深地感到伤害和痛苦了。❷

---

❶ Nohl，《黑格尔早期神学著作》，页50。［中译者按］中译引自《黑格尔早期神学著作》，页57－58。

❷ “基督教的实证性”，《早期神学著作集》，页68－69。［中译者按］中译引自《黑格尔早期神学著作》，页168。

这种体系意味着政治领域完全屈从于宗教领域之下：犹太实行的是一种严格意义上的神权统治。❶摩西律法高居于这一切之上，保证着犹太人的排他性和分离性。黑格尔的描述既追随了赫尔德对犹太人的看法，也追随了启蒙运动对犹太人所持的一般观点，这种观点可以认为是传统基督教的犹太教观念的一个世俗化版本。❷

[18] 在后来的"基督教的精神及其命运"一文中，这种将犹太教作为一种完全奴性宗教的观点表现得更加强烈。这里，犹太人被表现得完全缺乏自由的能力，他们对埃及肉锅的渴望可以作为一个生动的例子。❸流浪者亚伯拉罕象征着犹太人无法在任何国土上扎根；我们看到约瑟将犹太人所特有的不自由的等级体系强加于埃及之上，而安息日也被视为奴隶的休息日——它是自由人所不需要的。最后黑格尔总结道，犹太人的残酷命运无法激起同情，而只能引起憎恶，等等。❹

尽管在早期手稿中，犹太人的形象不像在"基督教的精神及其命运"中那么糟糕，但是在黑格尔这一时期的所有著作中，对犹太人的一般描述基本上是一样的。作为一种历史现象而出现的

---

❶ "基督教的实证性"，《早期神学著作集》，页 98 – 99："现在如果一个以色列人履行了上帝的命令，这就是说，如果他规规矩矩地参加节日庆祝，规规矩矩地举行祭祀，并且给他的上帝缴纳捐献，那他就算尽了义务内一切应做之事了。虽然这些命令可能是道德的，并且是宗教的，但同时又是国家的法律，而这类的法律只能产生合法性。"[中译者按] 中译引自《黑格尔早期神学著作》，页 198。

❷ 参见《赫尔德论社会和政治文化》(*Herder on Social and Political Culture*, Cambridge, 1969), F. M. Barnard 编，页 231；Arthur Hertzberg，《法国启蒙运动和犹太人》(*The French Enlightenment and the Jews*, New York, 1968)；Nathan Rotenstreich，《反复出现的模式》(*the Recurring Pattern*, London, 1963)；Jacob Katz，《国中之国》，载于 *Proceedings of the Israel Academy of Sciences and Humanities* (Jerusalem, 1969), Ⅳ, no. 3。

❸ 《早期神学著作集》，页 190。[中译者按] 中译参见《黑格尔早期神学著作》，页 279。

❹ 同上，页 186、页 188、页 193、页 204 – 205。[中译者按] 中译参见《黑格尔早期神学著作》，页 275 – 276、页 277 – 278、页 281 – 282、页 292。

耶稣被黑格尔解释为对摩西律法和罗马帝国统治的政治压迫两者强加在犹太人身上的内在奴役的反抗。黑格尔不仅用神学术语，而且也在社会历史语境中解释犹太教的弥赛亚因素，他是给予犹太人的弥赛亚主义一种高度政治性解释的首批著作家之一。

在罗马统治下，犹太人盼望"一个救主，这救主据说是具有权力作为耶和华的全权代表，他有使命从基础上重新建立犹太人的国家"。[1]尽管黑格尔对作为"实证"宗教的犹太教进行了严厉的批判，但他仍能生动地描述居于罗马人的统治之下的犹太社会的张力，这种张力助长了他们的弥赛亚信仰：

> 只要犹太人的国家有了足够勇气和毅力以保持自己的独立，我们就可以看见，犹太人很少，或者像许多人所说的那样，决不求助于希望救主的降临。一直到了犹太人受到异族的压迫，深切感到他们的软弱无能，我们看见，为了寻求安慰，他们才埋头于他们的圣书里面。那时，如果他们得到一个救主，即使这个救主不能满足他们的政治愿望，他们也认为那是值得努力去寻求，借以保证他们的国家仍然是一个国家；一个民族如果对于政治漠不关心，它立刻就会不复是一个民族。[19] 短时期之后，他们就抛弃了这个懒散的关于救主的希望，拿起了武器。及当犹太民族以最英勇热烈的气概做了一切所能做的，忍受了人类最惨酷的灾难之后，它埋葬了它自己和它的国家于它的城市的废墟里……那些散居各地的残余犹太人，诚然没有放弃犹太国家的观念，不过他们

[1] "基督教的实证性"，《早期神学著作集》，页 77。黑格尔还指出（页 70），自始至终，耶稣的犹太门徒都将其视作这样一位政治救主："甚至在他尘世居住的最后时刻里，即在他所谓'升天'前的一些时刻里，他的门徒还以充足的力量表现了犹太人的希望，即希望他将会恢复犹太人的国家（《使徒行传》第1章第6节）['他们问耶稣说，主，你就要在这个时候重新兴复以色列国么？']。"［中译者按］这两段中译分别参见《黑格尔早期神学著作》，页 176、页 170。

也从来没有举起依靠自己勇气的军旗，而只是又退回到懒散的希望救主的旗帜。❶

然而，黑格尔用强烈的政治化术语对犹太人的救主希望所作的这种相当富有同情心的描述只是为了强调他所认为的耶稣的意图所具有的完全不同的特征。耶稣不想解放犹太人的政治体；他只想将犹太教的道德因素从"实证"法对它的奴役中解放出来。耶稣的目的正好与犹太人的救主希望完全相反——他想要使宗教摆脱对于政治体系的从属状态，因为正是历史上的犹太教的这种状态将其变成了"实证"宗教。❷这样，对实证性的讨论使黑格尔提出了一种观点，这种观点将基督教对犹太教的传统反对主张和启蒙运动对犹太教的反对意见结合起来。在论述实证性的手稿的第二份导言中，黑格尔认为，所有的宗教都经历了一个本来自由规定的东西变为"实证的"、成文的、律法主义的东西的时期。黑格尔将耶稣的愿望表现为恢复犹太人的原始道德，从而着重强调了耶稣的信息与犹太教之间的连续性。❸耶稣想要达到的是主体对于道德律的尊重，"在这个主体内道德规律自身就是立法者，这个规律是从这一主体的内在意识里产生出来的"。❹按照黑格尔对于耶稣目的的观点，康德的道德律令将要取代西奈的

---

❶ 《早期神学著作集》英译本，页 158 – 159。［中译者按］中译引自《黑格尔早期神学著作》，页 257。

❷ 同上，页 98 – 99；亦见 Nohl，《黑格尔青年时期神学著作》，页 45："最不能容忍的是公然设置道德监视人。"［中译者按］中译引自《黑格尔早期神学著作》，页 53。

❸ 同上，页 167 – 181。参见页 75："耶稣是一个犹太人；他的信仰和他传播的福音的原则是启示给他的上帝的意志，像犹太民族的传统所传递给他那样，但同时也是他自己内心中活生生的正义感和义务感。"（［中译者按］中译引自《黑格尔早期神学著作》，页 174）。另一方面，在"基督教的精神及其命运"中，耶稣不再表现为一个原始犹太教的可能恢复者，而是完全拒绝犹太教传统，并且引入黑格尔在这里描述为"完全外在于"犹太人的主体性原则（同前，页 205、页 209）。

❹ 同上，页 144。［中译者按］中译参见《黑格尔早期神学著作》，页 242。

法典。

黑格尔将这种希腊人的自我规定与律法对古代希伯来人的奴役对立起来。当犹太人的国家在黑格尔这里表现为双重奴役时，(希腊人的）城邦及其宗教却表现为自由人的创造。

[20] 黑格尔对城邦的描绘是一曲对希腊主义的颂歌。异教，作为美的宗教，与城邦特有的自由精神浑然一体。民族精神是整体性的民族文化的表达，“每一民族皆有其传统的民族习性、皆有其特殊的饮食习惯、皆有其其余的生活方式方面的风俗礼教”。❶由此，政治体也就生活在每一个人的意识和集体想象之中：

> 每一个民族都有它自己的幻想的对象，有它自己的神灵、天使、魔鬼或圣者，这些东西继续生成于民族的传统里，它们的故事和行迹由保姆传述给儿童，并且通过儿童的想象力以深刻的印象而说服他们，感动他们。这样就使得这些故事长久流传下去。除了这些想象的产物之外，在大多数民族，特别是自由的民族的记忆里，也还活跃着祖国历史上的古代英雄、国家的创立者或解放者，以及促进各族人民统一成为一个法治国家的勇士们。这些英雄们并不只是孤立地生活在各族人民的幻想里，他们的历史、他们的功绩的回忆又同公共的节日、全国性的竞赛、同许多国内制度和对外关系，同许多著名建筑和名胜地区、同许多公共寺院和其他纪念物联系在一起。❷

在黑格尔看来，这样一种将社会活动各个方面融合起来的整体性的生活方式仅仅存在于古典城邦之中。只有在这种历史语境

---

❶ 《早期神学著作集》英译本，页 69。[中译者按] 中译引自《黑格尔早期神学著作》，页 169。

❷ 同上，页 145－146。[中译者按] 中译引自《黑格尔早期神学著作》，页 243－244。

下，人才生活在一种真正的自由生活中，仅仅服从自己的意志：

> 作为自由的人，希腊人和罗马人服从他们自己建立的法律，服从他们自己推举出来作为首长的人，他们参加他们自己决定要进行的战争，放弃他们的财产，竭尽他们的热情，牺牲成千上万的生命为了这样一个事业，这个事业是他们自己的、共同的。他们既不［抽象地］教导也不学习道德，但只是通过行为实践他们的道德原则，这些道德原则他们完全可以叫作他们自己的。在公共生活以及私人或家庭生活里，每一个人都是一个自由人，每一个人都是遵循自己订立的法律而生活。他的祖国观念、他的国家观念乃是一种看不见的、较高的理想，他为了这个理想而工作，这个理想鼓舞他努力……只有当无所事事或在松懈的时刻，才会强烈地感觉到某种单纯涉及个人休戚的愿望。❶

黑格尔在接下来的一个段落中继续写道，每个人都有“国家作为自己的活动的产物的形象”。这种共和主义的政治文化是“那［21］给予个人比较大程度的独立性、并且使任何有相当好的头脑的人不可能完全只是依靠一个人的民主精神”。❷军役使每个公民都成为一个战士，从而将共和国的事业视为自己的事业。❸康德的道德自律只有在一个共和主义的、赫尔德式的政治

❶ 《早期神学著作集》英译本，页 154 – 155。［中译者按］中译引自《黑格尔早期神学著作》，页252 – 253。在一个引人注目的句子中，黑格尔的下述说法展现了古典城邦生活的整体性（页 147）：“任何一个不熟悉雅典城邦的历史、文化和法律的人，只消在雅典城内居住一年，就会通过许多节日的庆典很好地学习到。”［中译者按］中译引自《黑格尔早期神学著作》，页 245。

❷ 同上，页 82。［中译者按］中译参见《黑格尔早期神学著作》，页 181。译文有改动。

❸ 同上，页 164 – 165。［中译者按］中译引自《黑格尔早期神学著作》，页262 – 263。

自治的语境中才会起作用。

然而，黑格尔对古典世界及其民众宗教的这种看似无限的热情是和他对这一现象的历史性的意识——古典城邦变成了imperium［帝国］——连在一起的：我们后面会看到黑格尔怎样意识到由帝国时代的罗马所造成的那些变化（这些变化在对基督教的接受中达到高潮）所具有的内在必然性。尽管古典世界光彩夺目，但黑格尔最终还是意识到它不可能复活，正是这种认识在一定程度上使黑格尔与当时的古典主义的人文主义者分离。

这一点非常明显地出现在一个名为“那么犹太地区是不是条顿人的祖国呢?”的片段的主题中，前面已经引用了其中几个有关古典民族精神的段落。这个片段讨论黑格尔时代德国文化及其与基督教传统的关系之中的真实性（authenticity）问题；因此它论述的是宗教皈依问题的时代性和社会性，而不是其神学的和追求灵魂的性质。片段的标题来自早期浪漫主义诗人克洛普斯托克（Klopstock）提出的一个主题。黑格尔追随克洛普斯托克说，自从基督教结束了古老的日耳曼民族文化之后，犹太传统的幻想就一直活跃在18世纪德国人的心中：

> 基督教把瓦拉拉中的众神赶走了，把神圣的丛林砍倒了，把［欧洲人固有的］民族幻想，当作可耻的迷信，当作可怕的毒药，加以根除，而代之以另外一个民族的幻想，这个民族的气候、法律、文化、兴趣，对于我们来说都是异己的，它的历史同我们也完全没有任何联系。一个大卫、一个所罗门却在我族人民的想象中生活着，但是我们祖国的英雄反而在史学家的渊博历史画册里睡觉……也许除了路德之外，在新教徒的眼里，就我们这些从来没有形成一个民族的人来说，哪里有过什么英雄呢？谁会是我们的提修斯？这个希腊神话人物曾经创立了一个国家，并且成为它的立法者。

> 哪里找到我们的哈尔摩丢斯（Harmodius）和亚里士多吉东（Aristogiton）？对于他们，作为我们国土的解放者，我们可以于饮酒时高唱颂歌。❶

按照黑格尔的看法，民族历史与其当前人民的想象之间的张力产生了要将［22］人民的想象与其外来的犹太传统断开，并且通过古典主义用希腊—罗马世界的遗产取而代之的努力：这是德国 18 世纪启蒙运动的时兴潮流。但是由于希腊与以色列一样远离德国生活的现实，因此最后人们（以克洛普斯托克最为著名）试图复兴古老的条顿神话传统。黑格尔一方面追随克洛普斯托克对于德国当时的幻想与现实之间的分裂所作的赫尔德式的批判，另一方面又认为浪漫主义的复兴古老的德国幻想的努力是不着边际的。在黑格尔的讨论中，首要的是寻求一种整体性的文化，但是他似乎意识到一个人不能两次踏入同一条河流。在黑格尔的著作中，这种对于能够复兴过去的任何浪漫主义观念的强烈抵制一再出现。在他看来，不是对于复兴古老的日耳曼原始民族的努力的表面回答：

> 但是［条顿人的］幻想并不是今天日耳曼人的幻想。试图恢复一个民族已经丧失了的幻想，这自始就是徒劳的，一般讲来，这比起朱利安皇帝试图把他的祖先的神话在他当时的人们那里恢复其原有的力量和普遍性，还更加不幸……那些古代日耳曼幻想却没有什么东西可以适应我们的时代，并同我们的时代相联系；它们与我们整个一大堆的观念、意见和信仰那样地隔绝，那样地生疏，就像莪相神话或印度神

❶《早期神学著作集》英译本，页 146。［中译者按］中译参见《黑格尔早期神学著作》，页 244。

话一样。❶

这样，“那么犹太地区是不是条顿人的祖国呢?”的手稿在抛弃了希腊、以色列和古代日耳曼森林这些选项之后，就让这个问题保持开放。重要的是他提出了问题，但没有回答，因为黑格尔这一时期研究的整个要义是批判的，而不是建构的。城邦及其异教是一个高贵的经验，但是它对应于人类社会发展中的一个现在已经扬弃的阶段。如果可以用黑格尔晚期著作的一个表达的话，那么它就只能被理解，而不能被复活。

这种意识也明显出现于黑格尔法兰克福时期的另一历史片段中，这里黑格尔赞美了古典共和国的德性。在古典城邦中，人民能够说“我们”，他们与国家同一、血肉相连。但“在更大的共和国中，人民受到的限制要大得多”。“当他们的公民同胞增加时……［在大的共和国中］整体［23］主宰了个人，个人发现自己处于整体之下。因此，自由的大国本身就是一个矛盾……”❷对于这时说“我们”的那些人来说，古代城邦的人们所言的“我们”就更加陌生。在小型城邦之外，与整体的直接的、没有异化的同一是不可能的。后面我们将会看到，黑格尔将

---

❶ 《早期神学著作集》英译本，页149；参见页203：“当一个民族的守护神已经跑走了，热情是没有巧妙的办法唤它回来的。”在他1820年代的柏林美学讲演中，黑格尔对克洛普斯托克作出了几乎完全相同的判断。［中译者按］正文和脚注的这两段中译参见《黑格尔早期神学著作》，页247、页290。需要指出的是，贺麟先生将“但是［条顿人的］幻想并不是今天日耳曼人的幻想”误译为“但是希腊人的幻想并不是今天日耳曼人的幻想”了。

❷ 《资料集》，页263。与卢梭的类似颇为动人，然而它只是要说明两人之间的差异。因为卢梭在其“论不平等的起源”（《第一篇和第二篇论文》（*The first and Second Discourses*），R. D. Masters 编，New York，1964，页77－90）献辞中仍然相信试图为小型共和国立法是可能的，将其努力限制于在现代大国背景下教导个人如何在一个总体上与德性生活相背的社会中过一种德性的生活。面对整个现代社会，卢梭是完全绝望的，而黑格尔的所有努力则旨在回答现代大型复杂社会的各种问题。参见D. Masters，《卢梭的政治哲学》（*The Political Philosophy of Rousseau*，Princeton，1968）。

坚持这种观念，并且在其现代社会理论中将极端的重要性赋予那些社会整合的中间阶段，这些阶段现在取代了古典城邦的直接的、非中介的和总体的整合。

在讨论基督教的手稿中，当与现在所知的黑格尔的经济研究联系起来时，至少在一个地方出现了一个不宜过分夸大、但饶有兴味的因素。黑格尔对古希腊和犹太的描述表明，对他来说，它们代表了历史存在的两个极端：希腊是自由和美的文化，以色列是恐惧、奴役和“实证性”的文化。然而，令人惊异的是，在黑格尔看来，它们有一个共同的问题，并且尽管它们的解决办法各不相同，但是它们都想要用同样的目的来解决。在希腊和以色列，财产关系都受到国家的调控，归于国家之下；经济活动的领域本身没有任何自主性。在它们这里，由于害怕贫困和财产不均可能会影响到政治结构的一体化，因此国家对财产关系加以调控：

> 就民法之从属于国家法这一摩西所建立的国家制度而言，与［在雅典和斯巴达］建立起来的状况具有显著的相似之处……为了避免由于财产的不平等在他国家中威胁自由的危险，梭伦和来库古曾经采用了多种方式来限制财产权，并且排斥了许多可以导致不平等财富的自由选择。同样，在摩西的国家里，一个家庭的财产永远固定在这个家庭里。❶

［24］与对古典世界的流行观念相反，黑格尔这里指出了一个问题和一种政治的解决，18 世纪对古典的浪漫化通常回避了这个问题及其解决，这就是居于城邦生活之核心的社会问题，国

---

❶ 《早期神学著作集》，页 197。［中译者按］中译引自《黑格尔早期神学著作》，页 285。译文据英文有改动。

家必须直接介入这个问题，而且即便如此，社会分裂仍然是古代城邦政治的症结。在黑格尔看来，这也同样适用于摩西关于安息年和50年一次的禧年（yovel）的规定，这些规定严禁土地转让。它们的本质是限制性的，以维持事先规定好的社会现状。它们本身对黑格尔并无甚用处，但是在其对古代世界社会立法的显著分析中，黑格尔揭示了在他看来其他方面直接对立的两种社会之间的隐秘相似；不同的民族精神可能作出不同的解决，但问题却是普遍性的。在他后来对历史哲学的研究中，黑格尔用一种可能暗示古希腊和希伯来同样缺乏市民社会和国家的分离的语言表达了这种古代规范财产权的因素。想想黑格尔之前多次提到的不同社会——伯尔尼、瓦特、无套裤汉、他对斯图亚特的研究——中的财产问题，可以毋庸置疑地在这里看到黑格尔对于社会生活的一个方面的意识，它卓越地出现在黑格尔这一极早阶段的历史理解的努力之中。

帝国时期的罗马和基督教的传播

按照黑格尔，基督教的明显悖论——自道德宗教（Tugendreligion）始，以成为另一“实证”宗教终——只有在后古典世界的语境下才能得到解释。后古典世界之所以拥抱基督教，是因为它为其所必需的一些需要提供了答案。为了被接受，基督教也不得不经历一些变化，这些变化正是黑格尔要详细描述的。

通过将耶稣反复地表现为一个自律的、个体性的道德教师，黑格尔加剧了原本的、原始的基督教与制度化的晚期基督教之间的张力：“他担负起把宗教和德行提高到道德，并且使道德恢复它的本质——自由的任务……耶稣使他的民众重新记忆起包含在他们［25］圣书中的道德原则。”❶如果这是耶稣教导的基础，“像耶稣这样的教师我们怎能希望他提供导致创立一个实证宗教——一个以权威为根据、完全不把人的价值或者至少不完全把人的价值放在道德之中的宗教——的机缘呢？”❷为了说明这一点，就像他之前在罗马统治下的犹太政体的背景下说明耶稣作为救主的出现一样，现在黑格尔不得不转向罗马帝国中导致基督教发生这种转变的条件。这里和其他地方一样，黑格尔将宗教视为更加广阔的社会背景的一个方面，他通过表明政治因素是最为重要的，来说明这种社会背景。

在黑格尔看来，帝国时期的罗马终结了古典古代的自由的共和主义精神：

> 国家作为自己的活动的产物这一形象从公民的灵魂中消逝了。为全局操心，统筹全面的任务落在一个人或者少数人身上。每一个人都有他自己特定的、或多或少受到局限的、不同于他人的地位。少数公民被付托给以掌管国家机器的重任，这些人只是作为个别的齿轮来服务，这些齿轮之所以有价值只在于同别的齿轮有联系。❸

---

❶ 《早期神学著作集》，页 69。［中译者按］中译引自《黑格尔早期神学著作》，页 169。似乎很难接受考夫曼所持的黑格尔的态度基本上是反神学的看法（见前面脚注 4 所引论文）：尽管黑格尔批判给予的、制度化的和“实证的”教会，但他对耶稣的态度则是深深敬重他的精神品格和使命。

❷ 《早期神学著作集》，页 71。［中译者按］中译参见《黑格尔早期神学著作》，页 170。译文据英文进行了改动。

❸ 同上，页 156。［中译者按］中译引自《黑格尔早期神学著作》，页 254。国家官僚制度作为“机器”的形象再次出现在“德国宪制”（《黑格尔政治著作集》，页 163）中，并且当然会令人想起黑格尔在《体系纲领》中提到国家之作为“机器”。但是，这些修饰词仍然指的是相关于财产的传统的国家——及其公务员——的观念；黑格尔后来对于超越于这些“市民社会”面相之上的现代国家的建构包含了一种对于官僚制观点的改变。

在罗马帝国统治下，为整体工作的意愿消失了，公民变成了私人，不再承认任何事情会超出他的特殊性之上。如果说在城邦中公民乐于为了国家而奔赴战场，那么在帝国的统治下他可能保卫的唯一事物就是他的财产，并且没有一个人会为了财产而愿意牺牲生命和身体。因此，城邦的公民卫队就被常备军所取代，而常备军则更是加深了对于政治结构的压迫。❶

这种人之削减为不通过任何社会纽带与他的同胞发生联系的他自己的个体性的、原子论的自我，导致［26］畏死成为人类意识的核心观念。然而在城邦中，公民能够在周围的政治文化中看到他的自我的扩展，能够想象自己在城邦的事业、大厦和制度中获得不朽，因而认为 *non omnis moriar*［不会一了百了］，在帝王的统治下，个人完全不能参与任何政治体制，在这种情况下，个人的生命就成为了唯一的现实：

> 不再有任何活动是为了全体，为了一种理想。要么每个人为他自己而劳动，要么他就被迫而替另外一个人劳动……一切政治自由也一去不复返了。公民的权利只提供一种财产保障的权利，这种权利现在充满了他的整个世界。死亡……必定是一种可怕的东西，因为人一死后什么也没有存留下来，而一个共和国的成员死后，还存留着共和国，并且在他那里还浮现出这样一种思想，即他的灵魂和他的灵魂所寄托的共和国是某种永恒的东西。❷

---

❶ 《早期神学著作集》英译本，页 164－165。［中译者按］中译参见《黑格尔早期神学著作》，页 262－263。这是黑格尔最早提到战争和军役的地方之一。参见第 10 章。

❷ 同上，页 137。［中译者按］中译引自《黑格尔早期神学著作》，页 255。对罗马帝国的这番描述，即罗马帝国作为一个全然臣服的体系，只给个人留下他的（现在毫无意义的）个体的生命和财产，再次出现在黑格尔柏林时期的《历史哲学》讲座之中。法兰克福时期的历史片段也包含了类似评价（《资料集》，页 265）。

正是生活的这种腐化成了基督教种子的一片沃土：

> 这样看来，罗马皇帝的专制把人们的精神从地上驱逐到天上去了，剥夺了人们的自由，迫使他们的永恒的、绝对的东西逃避到神那里去求庇护。剥夺自由带来的广泛苦难迫使他们在天国里去寻求和仰望幸福。相信神的客观存在是和人的腐化与奴役以同样的步伐进行的，前者只不过是这个时代精神的一种启示、一个现象罢了。❶

当然，这极端地偏离了教会对于基督教胜利的原因所作的任何解释，黑格尔也非常明白这一点。他进一步具体表明传统的基督教护教士们试图用道德优越性或者更多的合理性去解释基督教对异教的胜利时，多多少少颠倒了真相。黑格尔表明，在使基督教成为晚期罗马帝国的主宰宗教的过程中，许多混杂的动机都发挥了作用，而且接受基督教的那些动机也并不与基督教的内容一致，从而预示了他后来的理性的狡计（*List der Vernunft*）的理论。这就意味着基督教运用的改教技巧只会影响到宗教教义本身：

> ［27］甚至当人们最初接受基督教时，起作用的东西并不纯粹是爱好真理，而部分包含有混杂不清的动机、很不圣洁的考虑、不纯的情欲和许多时常完全基于迷信的精神需要……
>
> 基督教由于奇迹，由于它的信徒和殉道者的坚定的胆量，也由于它的一些较近代的领导人的虔诚的聪明，他们有时被迫运用一些虔诚的欺骗以推进它传播宗教的好事，其结果基督教便得到很迅速的和很广泛的传播。❷

---

❶ 《早期神学著作集》英译本，页162－163。［中译者按］中译引自《黑格尔早期神学著作》，页260。

❷ 同上，页72－73、页94。［中译者按］中译引自《黑格尔早期神学著作》，页172、页194。

这些动机使黑格尔去讨论基督教为了让群众接受福音、为了使群众相信福音有意义而运用过的那些策略。黑格尔指出，耶稣本人已经出于同样的理由运用了（尽管用得不多）其中的一些策略，但是只是在晚期教会中，这些策略才变成了标准实践。正是这些策略将基督教变成了“实证”宗教，在黑格尔对 *ecclesia triumphans*［得胜的教会］的指控中，我们可以听到反君士坦丁论证的回响。黑格尔列出了这些策略的长长的详细清单：奇迹、受难中的戏剧性因素的运用、耶稣人格的神化、犹太教的弥赛亚传统、门徒制度化为使徒团体、不惜迎合民众的迷信去宣传信仰的命令（黑格尔指出了对《马太福音》7：22 耶稣自己所说的话的公然违抗），以及最后的晚餐变为“犹太人和罗马人的神圣节日的替代物”。❶此外，如果基督教宗派要成为一个普世的教会，那么也必须要抛弃与原始的使徒教会相连的一些社会特征，即平等和财产共有。

在黑格尔看来，平等“是早期基督徒的原则；奴隶是其主人的兄弟”。当然，这不能适应基督教需要转变成的政治社会。因此一种细微的变化渗入理论之中：平等“曾经全面地被保持下来，但是聪明地附加了一点，即只是在上帝眼里所有的人才在这个意义下是平等的”。❷早期教会的共产主义也遭受了同样的命运。在一个如黑格尔所见的晚期罗马帝国这样的世界里，财产已经变成了人的唯一真实的现实，如果基督教继续教导财产公有，那它就很难获得成功。因此，在这一点上，教会也就让其教导适应现状，［28］由此财产公有“或者是由于严酷的必然性，或者是由于谨慎的考虑，被取消了”。❸

黑格尔这样看待教会从一个信徒的自愿团体向“实证的”

---

❶ 《早期神学著作集》英译本，页 71 – 91。［中译者按］中译参见《黑格尔早期神学著作》，页 170 – 190。

❷ 同上，页 88。［中译者按］中译引自《黑格尔早期神学著作》，页 188。

❸ 同上。［中译者按］中译参见《黑格尔早期神学著作》，页 187。

政治组织的转变。在可能写于 1800 ~ 1801 年左右的“基督教的实证性”第 2 版导言中，黑格尔指出基督教向“实证性”的转变不是因为基督教的内在因素，或者其自身的发展，而是必须归结为所有宗教都必然经历的一个内在过程：每一宗教信条要获得成功，则它就要制度化，因而成为“实证的”。❶这种解释使黑格尔对基督教的晚期发展的批判温和了不少。此前所言的耶稣原始信息的堕落和阉割变成了历史发展的规律。在一副顺从和接受不变的历史模式的腔调中，黑格尔抛弃了他对基督教作为给予的、制度化的宗教的许多早期批判。“命运”的观念正是出现在黑格尔发展的这一时刻，它在一定程度上取代了此前的“实证性”观念。对黑格尔来说，命运就是根本而言人无法在其道德选择上面做到完全自律；由此他需要爱的中介，在这一时期，爱在黑格尔的手稿中占据了中心位置。❷

然而“实证性”问题还有另一方面，并且这个方面直接关系到政治领域。在黑格尔看来，宗教中的“实证性”包含了对政治领域中的自由的限制。

“实证性”和政治生活：教会和国家

无论是在城邦中，还是在古代以色列，都没有出现教会和国家分离的问题。正如黑格尔指出的那样，古典城邦和以色列国家在这一点上是相同的：即尽管方式各异，但是政治忠诚和宗教联

---

❶ 《早期神学著作集》英译本，页 167 – 181。[中译者按] 中译参见《黑格尔早期神学著作》，页 152 – 166。

❷ 参见《早期神学著作》英译本页 302 – 309 论“爱”的片段。[中译者按] 中译参见《黑格尔早期神学著作》，页 424 – 429；Rosenkranz，《黑格尔传》，页 46 以下。

合两者均直接融入政治结构之中。成为一个雅典人，就同时包含了国家的公民权［29］和参与宗教仪式的权利，在古代希伯来人那里也同样如此。

在描述基督教从一个宗派发展成帝国的宗教时，黑格尔分析了一旦基督教成为国家宗教时内在于其中的二元论。从一开始，古典的异教和犹太教同样都是政治宗教，而基督教和政治权力的结合则纯然是历史性的和偶然的，并且产生了古代的直接的民族宗教完全陌生的一系列问题。从自愿性的派别到国教的实际转变改变了很多戒令的根本性质："一个小社会的制度、法规如被扩展到大的市民社会就决不再是合宜的了，并与公民自由不能相容。在一个小社会中，要不要作为其成员是可以听每个公民自由抉择的。"❶在一个小宗派中可能是奉献的东西，在国家教会中表现为压迫。因此黑格尔认为，基督教在一种方式上比犹太教更加"实证"。犹太教只命令和控制行动，［基督］教会则甚至走得更远，去命令情感；甚至思想也处于它的监视之下。❷黑格尔声称，尽管基督教历经苦难，但它并没有将其自身从作为犹太教的特征的严厉的、成文的命令中解放出来：

> 我们的公众宗教，像我们的风俗习惯……在复活节前四旬的大斋时的斋戒和哀悼，在复活节讲装饰和富有上都规定出情感的规则……这就是为什么在我们礼俗仪式方面会有那

❶ "民众宗教和基督教"，Nohl，《黑格尔早期神学著作》，页 44。［中译者按］中译引自《黑格尔早期神学著作》，页 52。亦见《早期神学著作集》，页 87："纯粹由于这一事实的结果，即基督教徒的人数增加了，并且最后包括国家中所有的公民在内，原来那些规章制度，当在较小的社团时还不损害任何人的权利，现在却被扩大为事实上它们绝不可能成为［全民族的］的国家的和公民的义务。"也见页 135："原来是私人的事务就变成了国家的事务，并且在本性上过去是，现在仍然是属于自由选择的东西，就变成了一个义务。"［中译者按］脚注中的这两段中译引自《黑格尔早期神学著作》，页 186、页 233。

❷ 同上，页 143、页 140、页 104 – 105。［中译者按］中译参见《黑格尔早期神学著作》，页 241、页 238、页 204。

样多的虚伪和那样多的死板机械；其中已没有真情实感了……

教会又直接预先规定许多律令以支配我们的思想、情感和意志的形态，这样基督徒就转回到犹太人原来的地位。犹太人的宗教特有的特点——即受律法的束缚，而从这种束缚中解放出来原来是基督徒自己所衷心庆慰的事——现在又重新出现在基督教教会里了。❶

黑格尔指出，宗教教育变成了工具，通过这种教育，个人的自由选择成为不可能的事情，[30] 因为它将青年人训练得毫无保留地接受教会的学说。强制审查，防止异见控制人民的想象。最后，教会还成了政治权力手中的工具。尽管黑格尔对教会的批判通常具有一种强烈的反天主教倾向，在这一特殊点上，他对新教国家的批判更甚于对天主教国家的批判。❷最终，基督教能够适应任何以及每一种政治结构的形式。就政治体系而言，基督教的宗教内容完全中立化了。在一个对教会曾经做出的最严厉的指控中，黑格尔说：

基督教是意大利诸邦在中世纪自由放荡最美妙时期的宗教，是严肃而自由的瑞士共和国的宗教，是近代欧洲或多或少地适合君主专制国家的宗教，同时也是受最残酷的压迫的农奴和农奴主的宗教——两者上同一个教堂作礼拜。打起十字架作为先行，西班牙在美洲杀死了整代的土人，对于印度的被征服，英国人则高唱基督教的谢恩歌。从基督教的怀抱中开放了造型艺术最美丽的花朵，产生了各种科学的高楼大

---

❶ “民众宗教和基督教”，Nohl，《黑格尔早期神学著作》，页 139。[中译者按] 中译引自《黑格尔早期神学著作》，页 237。

❷ 同上，页 115、页 133 – 134、页 138、页 108 – 109。[中译者按] 中译参见《黑格尔早期神学著作》，页 213 – 214、页 231、页 236、页 208。

> 厦。但是为了尊敬基督教，所有的美术遭到禁止，而科学的发展被斥为亵渎神圣。在各种不同的气候里，十字架之树都在繁荣滋长，都曾生了根，结了果。所有一切生活的欢乐都曾和对基督教的信仰有过联系，而最不幸的苦难也在基督教中得到滋养，找到辩护。❶

黑格尔并不只是将教会表现为罪犯，并且听之任之。被授予了政治权力的教会所产生的问题来自于如何将主观的信仰对象化这一最为基本的两难："由于把爱扩大到对于整个社团的爱，它的性质就起了变化，即爱已经不是个人与个人之间活生生的联合，反之，爱的享受被局限在他们彼此相爱的意识中。"❷通过这种考虑，黑格尔得出了关于国家的一个基本原则，即宗教必须保持为免受政治权力干预的私人事务，而政治权力也必须从宗教制度的影响下解放出来。这是黑格尔终生保持的一个观点。

黑格尔直言不讳地表达了他的观点："国家作为一个公民国家不应有任何信仰；他的立法者和管理者也不应以宗教信仰的身份出现。"❸黑格尔追随门德尔松的《耶路撒冷》（*Jerusalem*），认为政治权力（civil power）只能将那些出自另一个人的权利的义务加于一个人之上，宗教［31］义务显然不在此列。❹国家可以要求公民具有道德，但只能以一种劝诫的、非强制的方式，并且基于自愿；因此政治权利不能依赖于宗教信念，黑格尔悲哀于这

❶ "民众宗教和基督教"，Nohl，《黑格尔早期神学著作》，页168－169。［中译者按］中译引自《黑格尔早期神学著作》，页154。

❷ 同上，页289。［中译者按］中译引自《黑格尔早期神学著作》，页370－371。

❸ 同上，页112。［中译者按］中译引自《黑格尔早期神学著作》，页211。

❹ 同上，页97。［中译者按］中译参见《黑格尔早期神学著作》，页196－197。应当注意，黑格尔这里对"市民社会"（bürgerliche Gesellschaft）一词的用法与这一时期的将"市民社会"等同于"国家"的习惯用法一致。只有到了后来，随着他自己的现代国家理论的发展，黑格尔才对这两个术语进行了区分，之后这一区分就成为其政治理论的基石。

一事实，即在大多数国家中，“不论旧教或新教国家”，相异信仰的人被排除在公民权利之外。不信仰国家宗教者“不能获得任何种类的不动产；他不能担任公职；甚至在纳税方面他也受到不平等的待遇”，❶这是有悖于政治权力和宗教信仰的原理的。由于在黑格尔看来宗教属于主观性和自由选择的领域，因此“严格说来在信仰问题上是没有社会契约的”，政治上确立教会是一个语词矛盾。❷

因此，黑格尔的教会和国家必须分离的观念受到赞成这种分离的传统论证的支持。黑格尔还将保证宗教自由和宗教宽容的义务加到每个统治者身上：

> 忠于自己的信仰并且在实践自己的宗教时保持自由，这是个人必须得到保护的权利，主要并不是作为一个教会成员，而是作为一个公民；而且一个国君就其本分来说有义务保证他的人民享有这项权利。❸

然而，尽管黑格尔极力主张这种自由主义的解决，但它并不能令他完全满意；与正统的自由主义看法相反，黑格尔在教会和国家的这种分离中看到并不是问题的根本解决，而是更深张力的根源。黑格尔在他呼吁教会和国家分离的那些片段中同样赞美古代城邦中宗教和政治的融合。指责他自相矛盾，是肤浅的；这里涉及一个更加微妙的问题——对一种整体性的社会伦理的追求。

---

❶ “民众宗教和基督教”，Nohl，《黑格尔早期神学著作》，页 108 – 109；亦见页 93。［中译者按］中译分别参见《黑格尔早期神学著作》，页 208、页 192 – 193。参见黑格尔在《法哲学》第 270 节同样倡导授予犹太人和持不同意见的基督教派别成员的民事行为能力。

❷ 《早期神学著作》英译本，页 123。［中译者按］中译参见《黑格尔早期神学著作》，页 222。

❸ 同上，页 127。亦见页 129。［中译者按］中译分别见《黑格尔早期神学著作》，页 225、页 227。

这种追求一方面赞美古典 *virtus*［德性］，然而同时又知道它无法恢复，因为［32］基督教的二元论已经使得回到这样一种直接的、非反思的融合变得不可能了。

这种追求在“基督教的精神及其命运”之中显而易见，这里黑格尔不再只是对康德的道德及其（黑格尔所认为的）在耶稣教导中的表达亦步亦趋。现在在黑格尔看来，这种道德层次只是更加全面的伦理领域的一个方面，他要追求一种不仅仅基于个人的自由选择，而且也关联于、定位于就其自身而言并非自由意志之产物的与他人的各类关系。譬如，在黑格尔看来，家庭关系就无法委之于基于个人自由选择之上的那种个体道德，因为一个人生于一个家庭之中，因而其义务也就已经以某种方式事先就决定好了。黑格尔在这个手稿中以一种模糊不定的方式勾勒了他后来在个体道德（*moralität*）和社会伦理（*Sittlichkeit*）之间所作的区分的梗概。在这一阶段，黑格尔认为爱构成了个人与与之相联的他人之间的联系，教会的困难在于试图在一种普遍的基础上履行这一职务，结果事与愿违，它成为“实证的”了。

对一个持有这样一种观点的人来说，尽管教会和国家的分离值得向往，但不会是最终的解决。一个人只有对政治生活的本质坚持一种极端个人主义的观点，才会满足于这种分离。在法兰克福时期的一个片段中，黑格尔指出了由于教会和国家的分离所造成的人类意识的二元性和分裂。黑格尔在指出任何使教会隶属于国家之下的努力都必然以暴政告终之后，说道：

> 但如果国家的原则是个完全的整体，那么教会和国家就不可能是相异的……只有在人整个已支离成特殊的国家的人和教会的人的时候，教会整体才是残缺不全的片段。❶

---

❶ 《资料集》，页 281 – 282。［中译者按］中译参见《黑格尔政治著作选》，页 18。

这样，教会和国家的分离作为一种避免压迫和“实证性”的权力的方式有其必然性，然而正是这种必然性见证了统一和融合的内在阙失。对黑格尔来说，古代城邦确实拥有这种凝聚力和统一性。一些评论家由此得出结论说，黑格尔在其发展的这一时期是以城邦为范式，希望城邦的复兴。❶［33］然而，尽管黑格尔对城邦赞美不已，但他完全了解到城邦衰落的理由，而且在他的著作中也没有任何迹象表明他认为古代共和主义复兴是可能的。他一再批判这种浪漫主义的一厢情愿的想法。尽管如此，对于一种不仅满足作为个体的人，而且也满足作为社会存在的人的政治结构的梦想则一直陪伴着黑格尔。他的问题是如何在现代世界的状况下达到这样一种综合。

甚至在黑格尔慢慢走向这样一种解决的过程中，他对于后古典生活中的二元性和内在分裂的意识也一直伴随他的探索。因此，“基督教的精神及其命运”构成了黑格尔最为晦涩难懂的著作之一，因为他在这里试图克服这种分裂的努力只是将他抛入似乎更加难以解决的困境之中。因此不足为奇的是，他的这一组手稿笔记的结尾是一个意味深长的段落，暗示了他仍然无法修复的内在分裂的情绪：“教会与国家、崇拜与生活、虔诚与道德、精神活动与世间活动决不能融合为一——这就是基督教教会的命运。”❷无论是传统的基督教，还是对它的批判，都不能提供一个成功的解答。

---

❶ 参见哈贝马斯为其编辑的黑格尔《政治著作集》（*politische Schriften*，Frankfurt，1966）所写的“后记”，页 358。

❷ 《早期神学著作》，页 301。［中译者按］中译参见《黑格尔早期神学著作》，页 383。

第 3 章　德国的现代化

［34］1893 年，格奥尔格·莫拉特出版了一部黑格尔讨论德国政治状况的手稿。原稿无标题，但有黑格尔的学生和第一个传记作家卡尔·罗森克兰茨的评论，莫拉特给它加上了《德国宪制批判》（*Kritik der Verfassung Deutschlands*）的标题。此文后来的编辑者将标题缩为《德国宪制》（*Die Verfassung Deutschlands*），黑格尔政治著作的诺克斯 – 佩尔岑斯基（Knox – Pelczynski）英译本沿袭了这种做法，名之为《德国宪制》。❶

现已确定，尽管导言的早期版本可以追溯到 1799 年，当时他仍在法兰克福，但是文章的定稿是黑格尔 1802 年在耶拿写下的。❷然而，罗森克兰茨错

---

❶ G. F. W. Hegel，《德国宪制批判》（*Kritik der Verfassung Deutschlands*，Kassel，1893），G. Mollat 编。

❷ Rosenzweig，《黑格尔和国家》（*Hegel und der Staat*），卷 I，页 231 及以下。亦见佩尔岑斯基为《黑格尔政治著作集》英译本所写的导言，页 13 – 14。

误地将它定在 1806 ~ 1808 年，即紧接着法国在耶拿战胜普鲁士人之后的这一时期，并且就像费希特 1808 年的《对德意志民族的演讲》(*Addresses to the German Nation*) 一样，试图将它看作是黑格尔对德国的屈辱和无能的一种爱国主义的反应。❶罗森克兰茨后来接受此文写于 1801 ~ 1802 年，因此不能归结为耶拿战争的痛苦影响；❷但是莫拉特出版此文的背景和他的导言有助于支持这个小册子表达了黑格尔关心德国统一的形象。正是这种形象出现在 1870 年左右对黑格尔政治学的无数讨论中，当时人们只知道来自罗森克兰茨的传记中的部分引述；而黑格尔百年诞辰与德意志民族主义的高涨之间的巧合也助长了这一形象。❸

[35] 尽管黑格尔文章的核心是德意志民族的旧的神圣罗马帝国在法兰西共和国面前土崩瓦解，但是认为此文呼吁民族主义，或者像胡克 (Sidney Hook) 依据文本所认为的那样，将黑格尔归为"热忱的民族主义者"，则是错误的。❹我们将看到，此文清楚表明，种族的、语言的和民族的因素与黑格尔的考虑毫无关系。而且，1814 年黑格尔热烈欢迎维也纳会议不建立一个统一的德国的决定；在一个"热忱的民族主义者"那里，这样一种态度确实不可理喻。我们将在下面看到，1806 ~ 1813 年，黑格尔全心全意地支持法国人，激烈反对德意志民族主义运动以及

---

❶ Rosenkranz，《黑格尔传》，页 235 - 236。

❷ 见其《作为德意志民族哲学家的黑格尔》(*Hegel als deautscher Nationalphilosophie*，Leipzig，1870)，页 62。

❸ 参见 Karl Köstlin，《哲学、政治和民族联系中的黑格尔》(*Hegel in philosophischer*，*politischer und nationaler Beziehung*，Tübingen，1870)。亦见拉松 (Lasson) 在其编辑的《黑格尔政法著作集》(*Hegels Schriften zur Politik und Rechtsphilosophie*，Leipzig，1913) 一书中为该文所写的编者导言，纳粹统治时期莫拉特编辑的黑格尔此文重印出版，标题做了微妙改动，变成了《德意志帝国宪制》(*Die Verfassung Deutschen Reiches*，Stuttgart，1935)。

❹ Sidney Hook，"黑格尔的本来面目"(Hegel Rehabilitated) 和"黑格尔及其辩护士们"(Hegel and His Apologists)，载于 W. Kaufmann 编，《黑格尔的政治哲学》，页 55 - 70，页 87 - 105。

费希特如此热烈地倡导的1813年反法暴动。❶

黑格尔在《德国宪制》一文中的关注点已经转到另一方向。他不是从两个民族或者两个民族运动出发，而是从两种国家和政治体制出发看待法国革命军对历史帝国古老体制的打击。法军的胜利证明了现代国家的强大和凝聚力，在法国，这种强大和凝聚力来源于绝对主义的中央集权与革命性改造的结合。在这种社会力量面前，旧的分崩离析的德意志帝国的中世纪、地方割据的小邦诸侯的 *liberum veto*［自由否决权］证明毫不济事。因此，此文不是呼唤德意志民族主义，而是呼唤德意志政治体制现代化。黑格尔后来在1814～1817年思考巴伐利亚、符腾堡和普鲁士的现代化了的、改革了的国家的时候，他在这些国家中看到了他在1802年认为只能通过政治统一才能产生的现代政治结构。由于他的目的不是统一问题本身，而是德国政治体制的现代化，因此他欢迎这些德意志新国家，并且因为他认为它们现在已经达到了［36］他最初的目的，所以也就不再要求在德国创建一个统一的政治国家的任何尝试。对一个民族主义者来说，这是荒唐的行为；对于一个寻求德国政治体制现代化的人来说，1806～1815年德意志诸邦政治结构的剧烈转变意味着黑格尔在其1802年文章中的诉求已经实现。

我们已在前一章看到，黑格尔已经在其最早的著作中索解现代国家的结构。就像他对卡特关于贝德福的小册子的评论一样，这篇论德国的文章本身并非一部理论之作。但在试图与德国政治生活的现实角力时，黑格尔阐述了一些关于现代国家的出现和特殊本质的关键思想。正是在这种语境下，这篇论德国的文章不仅是优秀政治著作的一个范例，而且也是黑格尔政治理论发展中的重要一步。

---

❶ 胡克有意忽视了这一方面的文献证据。参见我的“黑格尔和民族主义”（Hegel and Nationalism），载于 Kaufmann 的书，页109－116；参见 Herbert Marcuse，《理性和革命》（*Reason and Revolution*，Boston，1960），新版，页177－180、页409－419。

作为普遍力量的国家和旧秩序的瓦解

十八九世纪之交的德意志旧帝国是一个由王国、侯国、公国、边境总督管辖区、伯爵领地、主教辖区和帝国自由城市组成的一个大杂烩。几个世纪以来，皇冠牢牢控制在哈布斯堡王朝手中，它的纤弱外表将旧帝国的各部分拴在一起，并且得到了法律拟制、对普世帝国的虚假的宗教虔诚以及相互冲突的利益的支持。这些相互冲突的利益认为这样一个自相矛盾的怪胎是卓越的、便利的安排。❶

黑格尔在其写于1798年的名为“论符腾堡最近的国内事务”的片段中首次面对这个万花筒的一部分。这时候，他正在准备卡特《密信》的德文翻译，因此这两篇作品对伯尔尼和符腾堡各自现有的寡头秩序均持一种相同的极端批判的态度（黑格尔论符腾堡一文的标题，黑格尔原来标明为“市参议员应由公民选举”）。1815年后，黑格尔再次表现出对其故乡符腾堡的明显兴趣；这一点很重要，但是并不仅仅因为纯粹传记的［37］原因，而且也因为它是德国唯一拥有一个按照传统能够约束公爵权力和积极参与管理的强大的等级议会的邦。人们有时把符腾堡叫作德国的英格兰，但是到18世纪末，本来是反对公爵的专制主义的重镇的等级议会，却变成了寡头制的特权、腐败以及固若金汤的“实证”权利的堡垒，它受到律师、教士和政府职员的保卫和僵化程序的护卫，从而使得社会政治结构方面的任何改革都寸步难行。

黑格尔论符腾堡的文章很短，而且残缺不全，现有的片段不

---

❶ 对18世纪晚期旧帝国政治思想的卓越概括，参见Arnold Bernay，“1789～1815年之帝国传统和民族国家思想”（Reichstradition und Nationalstaatsgedanke 1789－1815），载于*Historische Zeitschrift*，CXL（1929），页55－86。

过是可能从未动笔的文章的一个导论草稿。尽管如此，它非常明显地反映了对于当时状况的一个极其全面的看法：

> 人们从安静地满足于现实，一无所望，忍受顺从一种过于巨大和支配一切的命运，已转而抱有追求另外某种东西的希望、期待和勇气。更美好、更公正时代的图景已跃然活现在人们灵魂内心，对更纯粹、更自由状态的渴望、迷恋，正激励着所有心灵，并与现实分裂为二。❶

制度必须适应人类需要和意识的变化，这种观点我们已经在黑格尔讨论从异教到基督教的过渡时碰到过了。这里，它在与法国革命时代的关系中再一次最为有力地表达了出来：

> 就国家大厦现在还存在的情况来说，它是不能维持的，这种感觉是普遍而深切的……
>
> 制度、宪制和法律与人们的伦理、需要和意见不再相合，精神已从其中悄然离去。有些人想相信它们还能长久存在，相信理智和感觉对之不再有兴趣的那些形式似乎还足够有力量长久作为民族的纽带，这些人是何等盲目！❷

由于这一片段很快中断，黑格尔对改革的具体建议也就不得而知了。但在海谋认为属于这一时期的另一片段中，黑格尔对符腾堡等级议会常务委员会提出了强烈批判。他指出，改革必须[38]基于等级议会自身，而不是基于攫取了属于当选议会的权力的常务委员会。但是这个片段的论述也仅仅到此为止。❸

---

❶ 《黑格尔政治著作集》，页243。[中译者按]中译引自黑格尔，《黑格尔政治著作选》，2008年，页10。

❷ 同上，页244。[中译者按]中译参见《黑格尔政治著作选》，页11。

❸ 见《政法著作集》，页153－154。

黑格尔试图在类似前提的基础上讨论德国的整体状况。在《德国宪制》导言的一份早期草稿中，黑格尔再次强调了意识不能对旧秩序感到满意。这是对德国旧制度（*ancien régime*）下面的卑微生活的一个动人而又敏锐的描述。在旧制度下，由于缺乏实际的公共生活，个人被贬低为单纯的个体生存和财产：

> 这个时代的全部现象都表明，在旧的生活中再也不能得到满足了。旧的生活那里限于对其财产实行一种秩序严格的统治，是对其完全卑微的世界的直观和享受，还有就是与这种限制调和的自毁自戕，在思想里想升入天堂。一方面是时代的需要已经攻击了那种财产，另一方面是时代的馈赠在享受中抛弃了这种限制。在两种情况下，人成了主人，人对现实的权力成了至高无上的权力。在这种枯燥的理智生活下，将其财产、事物变为绝对之物的坏良心增长了，因而另一方面人类的痛苦也增长了。于是一种更好的生活的气息就吹到了这个时代。❶

德国的生活已经变成了特殊主义，这里缺乏的是国家的普遍性力量：

> 在德意志帝国，作为一切法律之源的掌握权力的普遍性消失了，它自身离析，将自己变成特殊性。因此普遍性仅仅作为思想，而非现实而存在。❷

---

❶ 见《政法著作集》，页140。英译本没有收入这份早期草稿。［中译者按］中译参见《黑格尔政治著作选》，页115－116。译文有改动。

❷ 同上，页141。黑格尔这一时期的其他著作中类似情感也多次表达出来。在耶拿时期的一则箴言中，他写道（《资料集》，页358）：“人们不再出入于舞会、社交场所和剧院。在家庭聚会上……［人们］厌烦了公共［领域］。”在1807年写的一封给策尔曼（Zellman）的信中，他说，在德国，“领袖和人民分离，互不理解。”参见“黑格尔致策尔曼”，1807年1月23日（《黑格尔通信集》，卷1，页138）。

初稿中的这些导论性思想使黑格尔以“德国已不再是个国家”❶这样的激进语言开始《德国宪制》的定稿。对德国旧制度的批判具有两面性：尽管文章主要讨论政治制度［39］和程序问题，但是德国政治体制的不足也总是要联系到更加广泛的社会关系和文化意识领域。尽管黑格尔很少直接提到赫尔德，但是强烈的赫尔德遗产——在整体性的社会文化视角下看待历史现象——一直历历在目。

黑格尔的文章始于对德国流行的两大宪法学派进行方法论上的批判：其一是规范学派，限于列举其所希望的行为的崇高规范；其二是实证主义学派（现在可能要称之为“行为”学派），它“不再将国家法作为一种科学来对待，而是作为对用经验形态存在的东西的描述，这种东西的存在方式也同理性的理念不相符合。”❷黑格尔以一种预示了其成熟思想的方式，既拒绝上述两派的方法，也揭示了他自己的试图理解现实之物及其原因的内在原理的方法：

> 这篇著作包含的思想当其公开发表出来也没有别的目的和效果，而只是促进理解存在的东西……因为使我们痛苦恼怒的不是存在的东西，而是存在的情况不是应当存在的那样。另一方面，如果我们认识到存在的情况是必然存在的那样，即不是依任性和偶然而存在，那么我们也就会认识到存在的情况就应当这样存在。❸

我们可能会误解黑格尔的这种立场，将这种对“存在的东

❶ 《政治著作集》，页143。［中译者按］中译引自《黑格尔政治著作选》，页19。

❷ 同上。［中译者按］中译引自《黑格尔政治著作选》，页19。

❸ 同上，页145。［中译者按］中译引自《黑格尔政治著作选》，页21。我们可以从其读报就是“现实主义者的晨祷”（《资料集》，页360）的说法中看到黑格尔对“存在的东西”（that which is）的强烈的实践关怀。

西”的理解解释为默认现实或者清静无为。我们已经看到黑格尔对旧制度的批判，而这篇文章则试图提出另一选项——但不是通过单纯反对实际存在的现实，而是以理解其原因为基础，消除这些原因。黑格尔的论点是，在既定的现实情况下，只有接受现实性是必然的，才能成为重新出发的新起点。他清楚指出，这种方法不是默认存在的东西，而是在着眼于改造的前提下批判地理解它。认识事物的原因，*rerum cognoscere causas*［认识事物的原因］，意味着建立起一个作为有目的的活动和最终的改变之前提的因果关系体系。在黑格尔看来，始终可以用理性的标准来理解的现状绝不是一个道德规范。在黑格尔这里，批判的、反对保守的特性在他的这一说法中表达得非常［40］清楚：“于是就处处普遍有种情绪，要把个别国家的政治存在方式变成一种道德的力量，将其神圣性输植于人心，使这种方式能变得像一个民族的宗教和普遍伦常一样稳固和不可触犯。”❶

黑格尔的“德国已经不再是个国家”的表述有两个前提：

（1）对于什么是国家的定义；

（2）一种对于为什么德国当前的体制不能满足这些条件的解释。

正是在这一讨论中，黑格尔此文的理论维度最为敏锐地表现出来。也正是在这个层面上，黑格尔寻求充分索解“现代状况下国家是什么”的问题本质也表现得最为明显。

黑格尔对“国家是什么”的定义突出了两个极端，他试图在这两极之间找到探索政治生活之特性的适当表达的基点。我们已经看到黑格尔认为满足于财产保护的传统国家理论是不完整的。然而当他自己在《德国宪制》中对国家进行定义时，尽管财产权受到团结、共同行动的意愿的制约，但它还是在其中出

❶ 《政治著作集》，页 206 – 207。［中译者按］中译引自《黑格尔政治著作选》，页 78。

现了：

> 一群人为共同保卫自己的整个财产权而联合起来，这才能把自己叫作一个国家。这种联合不是单有自卫的意图，反之它要用真正的防御来保护，不管力量和所企求的成功会是怎样。这当然是不言而喻的，不过也需指明。❶

这个定义的推论是“一群人要形成一个国家，为此必不可少的是，他们能形成一个共同防务和国家权力。”❷不管表面如何，这种观点并不将国家视为保护财产的单纯工具。用黑格尔后来的语言来说，我们可以认为他这里的定义在“市民社会”和“国家”之间有些游移不定。因为尽管这里将财产权保护设为国家的核心，然而重要的是黑格尔在其定义中所指并非国家个别成员的私有财产，而是谈的是它的财产——群体的财产。黑格尔还用一种有些令人想到卢梭的语言谈到这样定义的国家是一种“联合”，因而也就超越了单纯的集合。而且这样一种联合的存在或者非存在的标准也并不像它看起来那样直截了当。一方面，黑格尔［41］明言，在“单有自卫的意图”的地方并不存在国家；这种意图须“用真正的防御”来实现；另一方面，他又加上重要一点，即防卫的成功本身是无关紧要的。重要的不是防卫的成功，而是实实在在地进行防御。黑格尔用一种高度的反对霍布斯的语气结束他的定义说，国家“要用真正的防御来保护，不管力量和所企求的成功会是怎样”，这就够了。国家的基础不是力量，而是共同意志。

正是这种实际上甘愿共同行动、共同防御的存在，构成了黑格尔国家定义的关键。战争年代，而非和平年代，构成了这种团

---

❶ 《政治著作集》，页 153。［中译者按］中译引自《黑格尔政治著作选》，页28。译文略改动。

❷ 同上，页 154；亦见页 173。

结的验金石，因此“一国之健全，一般说来与其说是表现在和平的静止状态，还不如说是表现在战争的运动状态。和平静止是种享受状态，是种孤立活动的状态，政府形同一个精明的家长，对被统治者只提出普普通通的要求。但在战争中却显示出所有的人同整体联合在一起的力量。”❶

旧德意志帝国不是一个国家，并不仅仅因为它不能在军事上与法兰西共和国对垒；对黑格尔来说，这方面的战败本身并无多大关系。真正相关的不是德意志帝国的战败，而是它完全不能“为共同保卫自己的整个财产权而联合起来”，也就是说，它没有防御机制，这也就证明了缺乏作为政治生活之根源的共同行动的意志的要素。不是德国防御的失败，而是实际上并不存在这样一个共同的防御机构，将它变成了一个非国家。

在黑格尔看来，德国政治生活的无能在于这一事实，即在德国没有共同的普遍性，只有一个特殊利益的集合体：“德国国家大厦不过是权利总汇而已，这些权利使各个部分剥夺了整体。”❷在德国发生的事情，不过是共和国，*res publica*，变成了私有物（*res privata*），并且按照此文另一份草稿的说法，“这种将公共权力变成私有财产的企图不过就是国家的解体。”❸

[42] 这里黑格尔指出了晚期德意志帝国由其封建的过去而来的一个特征，即政治权力在私人权利的尺度下得到打量，公法与私法不分。对黑格尔来说，私人权利和公共领域之间的这种区分构成了理解分化了的现代国家的根本。黑格尔指出，“非常重要的一点是政治权力和权利客体之间的区分；权利客体是私有财

❶ 《政治著作集》，页 143 – 144。[中译者按] 中译引自《黑格尔政治著作选》，页 20。这种说法极易误解为旨在美化战争，显然它并无此意。黑格尔不是说，战争是国家的健康，而是说，在战争中，这种健康得到检验——这是一个非常不同的表述。战争在黑格尔这里具有的复杂而深远的意义。参见第 10 章。

❷ 同上，页 150 – 151。[中译者按] 中译参见《黑格尔政治著作选》，页 25。

❸ 《政法著作集》，页 13。

产，［但是］政治权力不可能是私有财产，它来自国家……私有财产之所获是偶然、任意之物；政治权力则与整体紧密相关。”❶

在此文定稿中，政治权力的这种普遍性得到了更为明显的界定：

> 国家权力发布的法令是一种普遍性的法令，由于这种法令的真正普遍性，它自身就包含着运用它的规则。这种法令涉及的是一个普遍物、自身等同的东西。国家权力的法令自身就带有一种自由和普遍的规定性，它的实施同时就是它的运用。❷

德国不存在这种普遍性，因此德国就只是一个思想国（*Gedankenstaat*），一个唯独存在于思想和想象中的国家，而不是存在于现实中的国家。德国不过是一大堆相互冲突的管辖权、主张、权利和利益而已；在黑格尔看来，德国宪法只是“根据私法性质取来的形形色色国家法的目录手册。”❸黑格尔进一步解释道，这是由德国的历史发展产生的结果。原始的德国自由没有被改造为政治上一贯的公共秩序：

> 德国国家法的这种形式有其深刻根源，即以德国人的自由冲动为根本，德国人曾因有这种冲动而大大扬名于世。在欧洲其他所有民族已服从一个共同国家统治之后，未使德国人成为一个服从统一国家权力的民族的，正是这种冲动。德国人的这种顽固性格一直没有自制到各个部分向社会牺牲自己的特殊性，全部结合在一个普遍物之内，在共同自由服从

---

❶ 《政治著作集》，页63。

❷ 同上，页181。［中译者按］中译参见《黑格尔政治著作选》，页54。译文有改动。

❸ 同上，页149。［中译者按］中译参见《黑格尔政治著作选》，页24。

一个最高国家权力中找到自由的地步。❶

[43] 政治权力向单纯私人权利的这种瓦解，是德国无能的根源，也是黑格尔说德国不再是一个国家的基础。当黑格尔进到程序上的细节时，便对由政治权力的这种缺乏所造成的普遍的内部瘫痪进行了说明：

> 这种瘫痪……在每一阶段上都会发生。制定了一个一般的规定，那它就应该得到执行，如有抗拒，就应进入法律程序。如所发生的抗拒不是通过法律程序作出的，那么上述规定的执行仍原封未动；但如果它是法律上作出的，那么判决就会受到阻碍；如果判决发出了，也不会有结果。但是这一判决上的思想物应当得到执行，因此应当强加惩罚；于是又发布强制执行判决的命令。这个命令又没有执行，然后接下来又是一个决定。❷

在黑格尔看来，国家要求有“一个普遍的中心，一个君主和一些等级，各种权力、外交事务、军事力量、与此有关的财政等

---

❶ 《政治著作集》，页146－147。[中译者按] 中译参见《黑格尔政治著作选》，页22－23。译文有改动。在一份早期手稿（《资料集》，页285）中，黑格尔说：“一个政治结果出现，其特殊部分——每一公国、等级、城市、行会，拥有权利的每一个人都通过其自身获得这些权利，而不是通过作为整体的普遍物、国家授予它们的。宪制中的每一权力和权利都不是来自整体，相反，在德国，每一成员……的政治权力都归功于它自己。因此，德国公法体系的原则不是来自于基于理性概念的前提，而是——就它们是活动的而言——现实的抽象。占有先于法律，它不是来自法律，而是自身获得的……因此，德国公法根本上就是私法，政治权利就是法律占有、财产。”

❷ 《政治著作集》，页183。[中译者按] 中译参见《黑格尔政治著作选》，页55－56。译文有改动。思考一下，这在多大程度上可以说是对美国司法和政治程序的一个充分描述，毕竟，美国宪法是18世纪的一个最高成就。确实，在美国，政治权利在私权的尺度下得到打量，政治权利根本而言被认为是财产。黑格尔本人并未将美国视为一个国家，而只是一个“市民社会”，见其《历史中的理性》（*Vernunft in der Geschichte*，Hamburg，1955），J. Hoffmeister 编，页207。

都结合于这一中心：要求有这样一个中心：为了实行管理，它也要有必要的威力，保持自己存在和坚持自己决定的威力，使各部分从属自己而存在。”❶德国不存在这样的中心，300 多个公国、侯国和城市中的每一个都觉得自己完全独立于帝国的权威之外。

在这种情形下，我们可以问，黑格尔为什么不认为那些由帝国分裂而成的特殊的政治实体——其中一些是颇有实力的王国——凭着它们自身就是国家，因而承认德国存在的不是一个国家，而是一群国家。在这一点上，黑格尔非常明确：他通篇都称这些个别［44］实体为等级（*Stände*），而非国家（*Staaten*）。这种区分的理由必然在于这一事实，即黑格尔认为它们建立在私权和取得的基础上，它们的合法性和边界基于个人继承、婚姻契约和王朝的特性。统治者的个人权威，而非普遍的政治权力，就是这些疆域中的权威，此权威的令状在域内行之有效。它们是扩张为准政治实体的祖传遗产、私人等级；它们成功地将帝国的国家权力化为乌有，但是并没有建立起另一个国家权力中心。它们确实类似于欧洲几个世纪以前那些被认为是政治实体的东西，但是欧洲国家从这个私人的、胚胎般的阶段走了出来，将它们自己建立在普遍政治联系的基础上。在德国，这个阶段还未达到：

> 这些个别国家的力量根本不允许德国出现国家势力，它们力量的壮大甚至使国家势力成为愈来愈不可能的了。德国人生性顽固坚持独立的性格使所有一切可能有利于建立国家政权力量和有利于把社会结合成一个国家的东西，都成了完全形式的东西。❷

这一批判不仅适用于德国的特殊状况。黑格尔对德国状况的

---

❶ 《政治著作集》，页 150。［中译者按］中译引自《黑格尔政治著作选》，页 25。

❷ 同上，页 196（［中译者按］中译引自《黑格尔政治著作选》，页 68）；亦见页 188。

不满是对旧的世袭国家的一般批判的应用，这种世袭国家认为政治权力不过是个人财产权利的表达和延伸而已。黑格尔追随卡特，将同一批判指向伯尔尼旧体制，后来复辟时期在与历史法学派和哈勒（Ludwig von Haller）的世袭国家观争论时，[1]黑格尔又一次做出了同样的批判，声称财产权不是国家的基础。

反对千篇一律

黑格尔在论述国家的定义——国家是一个社会的成员的共同防御的联合——时，还附带讨论了在他看来与政治体的存在关系不大的那些社会生活的特征。黑格尔的下述说法进一步加强了他的共同防御构成国家权力之基础的主张：有时归之于国家的所有其他特征是［45］了不相干的：在特定的个别场合下，它们可以出现，也可以不出现，对于政治权力的本性来说，它们的有无是偶然的。黑格尔进一步列举了这些无关紧要的特征的名单。对于其他政治思想家来说，其中的一些对于国家的存在或者它自身的运作来说可能是关键性的。因此，对于那些想要把政治权力中心放在其他地方、因而给国家加上一些在黑格尔看来并非政治生活的基本要求的属性的其他政治理论家来说，黑格尔的名单是一个极端有趣的争点。

在黑格尔看来，对于“特定实体是不是一个国家”这一问题来说，无关紧要的标准有如下述：

（1）掌权者是一个人还是一些人；

（2）他们是因为出身还是因为当选而掌权；

（3）各个人拥有的公民权是否一样；

[1] 见黑格尔在《法哲学》第 258 节攻击哈勒的长注。

（4）立法属于何种权力，抑或按各等级或一般国家公民参与立法所占的何种比例进行；

（5）管理的形式和结构；

（6）纳税平等与否；

（7）国家的不同部分纳税不同；

（8）国家成员之间在伦理、教育和语言方面的联系；

（9）宗教认同之有无。❶

最后两点特别重要。（8）直接关系到黑格尔对于现代种族性的民族主义的态度。最重要的是要注意到，黑格尔看到，正是在现代国家中，种族的－语言的联系是不必要的。对于黑格尔撰写此文时所抱意图的任何评价都不能忽视下面的直截了当的论述，这种论述表明，我们不可能将同情现代民族主义观念的任何看法都栽到黑格尔头上：

> 在我们时代，国家各组成部分之间于伦常、教育和语言方面也可以有一种松弛的联系，或者甚至根本没有什么联系；它们的同一性，这种一个民族早先联合的基础，现在算作偶然的事情，这些事情的性状并不妨碍一群人构成一种国家［46］权力。假使在罗马或雅典和随便一个现代小国领域内讲的是俄罗斯帝国通行的那许多语言，那它们就不可能长久存在下去；同样，假使在它们的公民之中伦常像在这个帝国那么不同，或者伦常和教育在一个大国的每个大城市就已那么不同，它们也不可能长久存在。语言和方言的差别……伦常和教育在互相分离的各等级中的差别——这样一些不同质的同时又最强大的因素，正如在强大的罗马帝国中，帝国权力的占据优势的重力能够战胜它们并将它们结

❶ 这是黑格尔对《政治著作集》第155－158页（［中译者按］中译参见《黑格尔政治著作选》，页30－33）论述的一个逐项概括。

> 合在一起一样，在现代国家中，国家组织的精神和艺术也能达到同样的结果，从而教育和伦常的差异，既是现代国家持续存在的一个必然产物，也是其持续存在的一个必要条件。❶

在黑格尔看来，在一个公民对共同体的理性忠诚基于“国家组织的精神和艺术”的现代国家中，语言属于偶然和中立事物的领域，因此是无关紧要的。这种文化多元主义和语言多元主义与宗教的多样性携手共进。在德国的特殊状况下，黑格尔认为 *cuius regio*，*eius religio*［教随君定］的原则对于宗教和国家两者来说同样都是灾难；尽管它是解决宗教改革时期宗教冲突的一种办法，但是它将君主的宗教强加在臣民之上，从而将宗教带进了政治领域。黑格尔认为，如果说古代城邦需要宗教作为其整合性公民文化的一部分的话，那么现代国家已经学会了宗教多样性和宗教歧异的生活。宗教权利决不能以任何方式干预政治权利和对政治生活的参与：

> 这里，至少一种宗教上的同一性被认为是必要的，但是现代国家发现没有这种同一性也是可以的……
>
> 如果说在民族分离的情况下宗教上的共同性向来不曾阻止战争，并把这些民族联合成一个国家，那么在我们时代宗

❶《政治著作集》，页158。［中译者按］中译参见《黑格尔政治著作选》，页32。译文有改动。在另一份平行草稿中，黑格尔增加了一些细节（《政法著作集》，页24－25）：“小国家，如起源时期的罗马，或雅典，如果在它们的城墙内讲着希腊语、法语、德语、俄语、勘察加语、吉尔吉斯语等……或者其公民中盛行着像俄罗斯宫廷贵族、富有的市民、哥萨克人等各式各样的伦常，那就无法存在下去……强大的奥地利或者俄罗斯君主制度；在它们的君主的统治下，有着无数的语言……法兰西甚至英格兰的许多省份的语言完全不同于被认为是官方语言的通用语言；在威尔士，在赫布里底群岛，甚至都不讲英语。”

> 教上的不同也没有使一个国家东离西散。❶

这些考虑消除了黑格尔政治思想中要不然的话就会表现为一个悖论的东西。在黑格尔看来，因为国家建立在［47］公民集体自卫的共同意愿上，所有其他的生活领域都留给公民自由决定和选择。从黑格尔对现代国家的本质的讨论中产生出来的政治结构形式是一个高度复杂和分化了的多元主义体系，其中国家的权威是基本的、必要的，但是最小的。

这里，尽管其独特的术语还没有清晰地表达出来，但是黑格尔非常明确地说出了在其晚期著作中出现的国家的普遍性和市民社会的特殊本性之间的复杂关系：

> 至于作为国家权力的中心即政府，必须把对它组织和维持权力——因而对它的内外安全——并非必要的事情听任公民自由处理，这些就不在这里详细讨论了……
>
> 我们也认为那种在较次要的普遍行动上国家让其多多自由插手的民族是幸运的，正如我们认为能够得到自己人民自由活跃精神支持的国家权力是无限强大的。❷

然而，如果国家根本就不走这条多元主义路线，那么危险是非常清楚和显而易见的：人民在政治忠诚中会把必要的东西和任意的、偶然的东西搞混，整个政治大厦会陷入危险之中。另外，

---

❶ 《政治著作集》，页 158 – 159。参见《法哲学》，节 209：“人之所以为人，正因为他是人的缘故，而并不是因为他是犹太人、天主教徒、基督教徒、德国人、意大利人等。”［中译者按］这两段引文的中译分别参见《黑格尔政治著作选》，页 32 – 33；黑格尔，《法哲学原理》，范扬、张企泰译，商务印书馆，1981 年，页 217。

❷ 同上，页 161、页 164（［中译者按］中译参见《黑格尔政治著作选》，页 35、页 37；译文有改动）。参见页 159：“几乎所有欧洲国家的例证就都可以告诉我们这一点，其中真正最强的国家具有形式完全不同的法律。”［中译者按］中译参见《黑格尔政治著作选》，页 30。

试图迎合臣民的全部利益和需要的威权体制将会让每一个个人隶属于仁慈的小专制君主之下，从而扼制他们的自发性：

> 那种机械的、极端多虑的、热衷于贵族目的的等级制度对自己的公民毫不信任，所以也不能期望从他们那里得到什么。对自己没有命令、实施的任何成绩，它自己也不放心，因此诅咒自愿的贡献和牺牲，它对臣民表示自己确信他们没有理智，对他们有能力判断和处理于他们私人福利会有益的事表示蔑视，表示认定他们普遍无耻；因此它不能希望任何有生气的活动，也不能希望来自臣民的自尊心的任何支持。❶

黑格尔的语言暗示，他这里的论证既针对像费希特这样的政治理论家（费希特想要达到国家对社会生活的全盘控制），也针对［48］从人权的抽象原则出发、最后在恐怖统治中达到顶峰的法国革命的激进尝试：

> 我们时代的国家理论，一方面是些立意当哲学家的人和人权主义者提出来的，另一方面已在巨大的政治实践中付诸实践。我们已经从国家权力的必要概念中排除出来的一切……都从属于最高国家权力的直接活动，而且从属到这样的程度：国家权力决定所有这些方面，直到其最细微的线索都要以国家权力为起点。❷

在对每一领域都几乎仰赖于中央决定的法兰西共和国的中央集权制度的一次直言不讳的抨击中，黑格尔最明显地表达了国家

---

❶ 《政治著作集》，页 163。［中译者按］中译参见《黑格尔政治著作选》，页 36。

❷ 同上，页 159。［中译者按］中译参见《黑格尔政治著作选》，页 33。译文有改动。

不应该是什么的看法：

> 但在新的、已部分实现的理论里却有一种根本成见，认为国家是架机器，只有一根发条给其余无数齿轮输送动力……
>
> 企图决定任何细微末节的迂腐用心，对一个等级或者同业公会等方面独立安排和管理的生硬疑忌，对公民与国家权力无关、而仅涉及随便某一种关系的独立行动的卑鄙挑剔，都给披上了理性原则的外衣。照这些原则，在一个两、三千万人口的国家为济贫所作的普通开销不经最高政府允许，[就不得支出] 一文，而是必得为政府所控制、检查和命令；在照管教养方面每个乡村教师的任命、为学校和村用房屋窗上一块玻璃花的每分钱、任命每一过境税征收员、衙役和乡村法官，都应该是最高政府直接支派，并是其直接的结果。❶

这样，黑格尔就既能够［一方面］批判内在于法国革命的原则之中的中央集权的、威权主义的结果，又能承认其解放的后果。然而这种批判并不仅仅是针对法兰西共和国的中央集权的；在黑格尔看来，在某种意义上，（法兰西）共和国的中央集权不过就是扩大了的、普遍化了的旧的、家长制的国家。根本而言，腓特烈大帝统治下的德国和雅各宾治下的法国代表了同一原则：通过援引无限主权的观念，它们最后变成了“只有一根发条”

❶ 《政治著作集》，页 161。［中译者按］中译参见《黑格尔政治著作选》，页 34－35。这个批判不可思议地接近于马克思在其《路易·波拿巴的雾月十八日》中对法国中央集权制的批判：“每一种共同的利益……都从社会成员自己行动的范围中划分出来而成为政府活动的对象——从某一村镇的桥梁、校舍和公共财产起，到法国的铁路、国有财产和国内大学止。”参见马克思和恩格斯：《选集》（*Selected Works*, Moscow, 1962），卷 I，页 333。［中译者按］中译引自《马克思恩格斯选集》，卷 1，北京：人民出版社，2012 年，页 760－761。

的机器国家。其一将其合法性建立在国王的绝对主义之上，另一个则认为其合法［49］性来自人民主权，这对于两种体制的共同特点来说是无关紧要的：社会活动完全屈从于国家权力之下，试图扼杀每一个以及任何一种自愿结社（association）形式。在黑格尔的大多数同时代人只看到它们之间外在差异的地方，黑格尔罕见地洞见到奠定了普鲁士专制主义和法国激进的共和主义之基础的共同性。黑格尔以一种只能在托克维尔（Tocqueville）那里才能看到的语言，描绘了那种旧专制主义和这种新共和主义之间的极端相似性：

> 在前述那种近代国家内同法兰西共和国所作的一样，一切都从上而下地加以安排，没有什么普遍性方面的事情归对之关心的民众部分去管理和实施，这里会产生一种怎样死气沉沉的、毫无精神的生活，只有将来才会体验到，如果这种古板的统治气氛能持久的话。但在同样从上而下安排一切的一个国家里，在普鲁士，占统治地位的是什么样的生命和什么样的死气，这却叫踏入普鲁士第一个村庄的每个人都感到吃惊；当他们看到这里完全缺乏科学艺术天才，或者不以一时的活力看待其强盛时，也会感到吃惊。这种活力是个别一位天才在一个时期内巧妙用强力使之达到的。❶

1800 年左右，只有极少数人才能明确地看到这一点，并且表达出他们对于现代社会这种趋势的不安。这里，黑格尔表达了他对于现代社会之政治领域可能终究如何的理解，并且在提倡德国现代化时，也提出了另一方案，即国家应以共同防务为中心，而将社会生活的所有其他领域交给人类利益、激情和倾向的自由

❶ 《政治著作集》，页 163 - 164。［中译者按］中译引自《黑格尔政治著作选》，页 37，译文有改动。由于这些考虑，黑格尔在文章后面认为普鲁士不堪担当统一德国的大任，并为 1806 年普鲁士在耶拿战败而欢呼。

活动。在这篇文章中，黑格尔还没有说出这样一种安排的制度化形式，然而它已经包含了黑格尔想要把现代国家的成长与社会领域中导致出现集权化和全面控制的趋势的转变联系起来的尝试。后来，正是这种对于那些起作用的社会力量的意识使得黑格尔建立起制度性保障，以驯服和限制国家想要将一切都归附于其权力之下的企图。现在，我们就来讨论与现代国家的出现有关的那些社会力量。

资产阶级、代议制和现代国家

[50] 黑格尔对现代国家的兴起所作的历史解释创造了一个政治忠诚中心，以代替作为封建主义之特征的大量私人的和特殊主义的关系。在提出这种解释时，他并没有将自己仅仅限制在政治秩序的变化上面。黑格尔将政治领域的变化归功于资产阶级（*Bürgerstand*）的文化和精神（ethos）。在一个非常接近于后来马克思和韦伯的分析的、试图理解经济、政治和宗教之间的联系的分析中，黑格尔在资产阶级文化中看到了个人主义、劳动分工、宗教信仰的多样化以及现代国家的出现的根源。

在封建旧秩序下，尤其是德国的旧秩序下，“这里不像在现代国家中那样，存在与个人对立、独立于个人的国家权力，国家政权同个人力量与自由意志是同一的东西。”❶这种从属于私人生活和特殊主义之下的公共领域的简单、直接的统一意味着不存在与那些自由的个人的实际力量相分离的公共权力，这些个人的意志联合起来即为国家的法律。世俗领域的这种非反思的统一以教会生活的同样统一作为它的必然结果：“由于宗教一致，又因终

❶ 《政治著作集》，页189。[中译者按] 中译参见《黑格尔政治著作选》，页62。

究尚未兴起的市民等级未曾给整体带来巨大的多样性，诸侯、伯爵和主子们还可以互相把自己更贴近地先看作一个整体，从而作为一个整体行动。”❶

“但是当那种不顾整体、只关心个别不独立东西的市民精神随着帝国城市的兴起开始成为一种势力，当这种内心个别化的精神要求有一种更普遍、更积极的结合时”，❷ 新生的市民等级就引入了多样化和劳动分工。这就意味着公共事务的运作必然会发生变化。作为由资产阶级引入的社会劳动分工的结果，公共领域开始［从市民社会］分化出来。在旧的封建秩序下，每个人都不加区别地处理公私事务；资产阶级的出现意味着每个人开始越来越多地集中在其个人的私人事务上。这种个人主义和私人化导致了［51］一个必须区分开来的公共领域，因为不然的话根本就不会有任何人关注公共事务。私人生活和公共活动彼此区分开来——在黑格尔看来，这就是现代社会的主要特征：

> 随着伦常和生活方式的改变，个人都更多地从事自己私人的事情，应付自己的急需了。数量不寻常的绝大部分自由人即真正的市民等级不能不仅仅照顾自己的急需和自己的所得。国家已经变得更大，外在事务已经变得更为错综复杂，必须从事国家事务的那些人已经成为一个独特的等级。自由人和贵族的大量需要已经增加，贵族只有通过工业和为国家工作才能维持自己的等级生存。这样一来国家民族事务就对每一个别的人都是更加生疏异己的了。在这些情况下，国家民族事务的处理就愈来愈紧密地集中到一个中心，这个中心就是君主和各等级代表。❸

---

❶ 《政治著作集》。［中译者按］中译参见《黑格尔政治著作选》，页 61 – 62。

❷ 同上，页 190。［中译者按］中译参见《黑格尔政治著作选》，页 62。

❸ 同上，页 202。［中译者按］中译参见《黑格尔政治著作选》，页 74 – 75。

现代国家的政治结构从其历史中取得其形式。代议制的观念来自于封建制度以及后来现代市民等级的发展。在黑格尔看来，尽管法国代议制度的败坏使得革命将其重新引入成为必然，但是代议制并不是由自然权利理论或者法国革命引入的新观念。然而，黑格尔观点的根本是他对于导致西方社会产生代议制的社会文化背景的历史理解：

> 随着市民等级的出现，代议制已深深地与自身不断发展变化的采邑制的本质交织在一起，以致如把代议制看作新近时代的发明的话，那就可以称之为最荒唐的想象。通过自由人变成主人，采邑制，也就是说，在现代诸邦中，一个国家建立了起来，其中每个人再也不能在每一国家事务中拥有自己的直接意志；相反，所有人都服从一个由他们自己建立起来的整体及其个别化和部门，也就是服从国家和法律，一个持存的、固定的中心，每个人与这个中心都发生一种间接的、通过代议制而产生的联系。所有现代国家都是由代议制维持存在的，只有代议制的变质即丧失其真正本质，才破坏了法国的宪制，但没有破坏法国之为国家。❶

因此，黑格尔心目中的现代国家的政治结构是欧洲历史的一个必然的自然结果，而不是一个巨变的产物。根本而言，法国革命只是以暴力的形式表达了内在于欧洲历史传统之中的潜在的发展。[52] 出自日耳曼森林、经历了封建主义和现代资产阶级的个人主义的必然发展而来的代议制的观念，被黑格尔变成了一个具有世界历史意义的原则：

---

❶ 《政治著作集》，页 206。[中译者按] 中译参见《黑格尔政治著作选》，页 77－78。引文中“通过自由人……的联系”一段为中译文所无，德文原文为边注，见《黑格尔政法著作集》，页 96 脚注。

> 这种代议制是所有欧洲现代国家的制度。这种制度不曾存在于日耳曼森林，但却是由此产生的；这种制度在世界史上是划时代的。在东方专制主义和共和国对世界的统治之后，世界文化教养的联系又从共和国统治的蜕变时期，把人类引向专制同共和两极之间……
>
> 这种代议制不曾存在于日耳曼丛林，因为每个民族在介入世界普遍联系之前都必须独立经过自己固有的一些文化阶段。❶

在这种语境下，黑格尔非常明确地说，现代国家不可能成功地模仿古代城邦的直接民主的参与制度；现代国家需要中介，这就是代议制的功能："由于现代国家幅员广大，实现每个自由人应参与决定和讨论普遍国家事务的理想是完全不可能了。"❷

欧洲现代国家的成功取决于他们使特殊群体——尚武的贵族、等级、宗教派别——服从于一个主权的权威的能力。在黑格尔看来，黎塞留（Richelieu）是现代法国的建筑师：正是他粉碎了胡格诺教徒的"国中之国"，同时又保证了他们私下践行宗教的权利；这样，他就把宗教限制在恰当的地位，即私人生活，而不是政治生活的中心。法国和英国的现代国家"成功地平息了在其内部进行骚乱的、使国家有毁灭之虞的因素，把这些因素统一了起来。"❸而在德国则恰恰相反：威斯特伐利亚条约使宗教依赖于政治领主权，这样它就完全斩断了仍然残存的旧帝国的任何联系，同时却又建立起了一套宗教强制和迫害的制度。德国在两个世界遭遇失败：中央权威的瓦解以及卑鄙的宗教不宽容——在黑

---

❶ 《政治著作集》，页 203。［中译者按］中译参见《黑格尔政治著作选》，页 75。黑格尔后来的《历史哲学》的一些思想已在这一段落中历历可见。

❷ 同上，页 160。［中译者按］中译参见《黑格尔政治著作选》，页 33。

❸ 同上，页 217。［中译者按］中译参见《黑格尔政治著作选》，页 89。

格尔看来，它们与现代国家正好背道而驰。[1]

在黑格尔看来，现代化的另一方面是旧贵族与新兴的市民等级之间的区别逐渐消失。这里，法国大革命只不过再次［53］强化了一个漫长的历史发展过程，并使之合法化。这里，黑格尔晚期著作中的地位显赫的职业向才能开放（*Carrière ouverte aux talents*）的普遍主义原则被认为是新时代的一个引人注目的特征。[2]

黑格尔多次提到德国和意大利，作为政治和宗教的离心力一起共同阻碍了现代国家出现的两个例子。正是在这一语境下，黑格尔提到并且赞美了马基雅维利。有学者认为，黑格尔提到和赞美马基雅维利的段落表明了黑格尔和马基雅维利两人政治思考的亲缘性。[3]因此看看黑格尔认为马基雅维利那里值得钦佩的是什么，也是比较有趣的。同时，由于黑格尔也力图将马基雅维利放到一个方法论的视角之下，因而黑格尔评价马基雅维利的全部尺度也就具有极端的重要性。黑格尔从最后一章出发理解《君主论》，在这一章中，马基雅维利要求将意大利从国外的野蛮入侵者手中解放出来。黑格尔对马基雅维利和加图（Cato）进行比较，认为他的思想不是一种普遍的政治理论，而是一部应时之作（*Gelegenheitsschrift*）：

---

[1] 《政治著作集》，页198、页213、页232。

[2] 同上，页205：“在这方面，自然和绝大多数国家都正在使差别缩小。例如普鲁士是多少从民事上去缩小，英国、奥地利同其他一些国家则相反，还在军事方面去缩小。这方面在法国已达到最高的程度。法律职位和军人前程均已对市民的知识才能开放，纯粹个人的东西已成为原则。”［中译者按］中译参见《黑格尔政治著作选》，页77。

[3] 卡西尔（Cassirer）甚至指控黑格尔“梦想成为马基雅维利第二”，不论其意若何；见Ernst Cassirer，《国家的神话》（*The Myth of the State*，New Haven，1946），页122。亦见Hermann Heller，《黑格尔与德国之民族实力国家思想》（*Hegel und der nationale Machtstaatsgedanke in Deutschland*，Leipzig and Berlin，1921）；以及A. Elkan，“19世纪初德国对马基雅维利的发现”（Die Entdeckung Machiavellis in Deutschland zu Begin［n］des 19. Jahrhunderts，载于*Historische Zeitschrift*，CXIX（1919）。

> 当此灾难时刻，一位意大利政治家对这种普遍不幸、仇恨、混乱和盲目的状况深有感受，通过冷静考虑，他作了必要的计划，打算通过把意大利结合成一个国家来拯救意大利……
>
> 把意大利提高为一个国家，马基雅维利确立的这个目标确实被盲目的人误解了，这种人认为马基雅维利的著作无非是要建立暴政，是给某个一心想称霸的压迫者提供金鉴……但是这里没有什么选择的手段可讲，患坏疽的肢体不能用薰衣草香水来治疗。在毒药、谋杀已成惯常武器的情况下，不能要求用温柔的对策……
>
> 把直接从洞察意大利状态而来的观念的实现，当作漠不相干的、对一切状况都同样适用、因而也就不适用于任何状况的道德政治原则大全，那是极其荒谬的。[54] 我们必须根据马基雅维利前已过数百年的历史，根据他同时代意大利的历史，按从这种历史所得的印象去读《君主论》，这样，马基雅维利的这本著作就不会是单单得到辩护，而是表现为一位具有最伟大、最高尚意向的政治人物的极其宏大而真实的制作了。❶

这种从其创作的历史语境出发看待马基雅维利的《君主论》的纯然工具性的观点在黑格尔的评论中进一步强化了。黑格尔评论说，马基雅维利将此书献给洛伦佐·德·美第奇（Lorenzo de' Medici），只是为了利用这名统治者的虚荣心，鼓动他终结“暗杀、毒药和背叛”已为当时规则的政治状况。这里，我们可以看到黑格尔的“理性的狡计”的影子，后来黑格尔用这一观念来

❶ 《政治著作集》，页219－220。[中译者按] 中译参见《黑格尔政治著作选》，页90、页92。应当将它与费希特的《马基雅维利》（*Machiavell*）对马基雅维利的非批判的浪漫化进行比较，后者激发了卡尔·冯·克劳泽维茨（Karl von Clausewitz）的热情回应。

说明世界历史的领导者如何在卑鄙、琐碎和自私的原因推动下成就其伟大事业。当黑格尔与马基雅维利相反，说切萨雷·博尔贾（Cesare Borgia）必然垮台，这并不是——马基雅维利可能会这么认为——纯粹厄运的结果时，也表达了同样的看法："我们必须从切萨雷·博尔贾的失败中看到一种更高的必然性，这种必然性不许他享受自己功业的成果，也不允许它们发展成更大的势力，因为正像他的恶习中表现出来的那样，其生性似乎就是更多地决定［他］只能荣华一时，成为给一个国家奠基的单纯工具。"❶

黑格尔在这种心态下阅读、评论马基雅维利。的确，人们可以对这种阅读马基雅维利的方式不以为然；但是这是一种对《君主论》的高度历史化了的理解。在黑格尔看来，意大利处于政治权力消失、地方势力独霸一方的状况之中；正是在这种语境下，马基雅维利表现为一个政治权力的复兴者，而不是君主的策士。

德国能够现代化吗？提修斯和无奈

在文章中，黑格尔不时回到政治制度与当代德国现状之间的矛盾这一问题上来。他的结论是，德国的政治和社会安排完全过时。正是这一结论赋予他的批判以理论的维度；也正是这种［55］信念说明了他和伯克的想法之间的差别。黑格尔对传统和历史具有强烈的感受，并且用历史的、发展的方式来解释一切，包括代议制。然而他对"实证性"的批判中和了他对历史的崇敬。在他看来，实证性是对制度的一种非批判的敬重。只是因为碰巧有这样的制度，或是因为这些制度在过去运行良好，所以人们就敬重它们。黑格尔作为改革者和现代化论者，而非传统主义

❶ 《政治著作集》，页222。［中译者按］中译参见《黑格尔政治著作选》，页94。

者，对德国状况进行激烈的批判，然而同时他又深刻地意识到过去的历史力量：

> 这一躯体叫作德国宪制，它曾在完全另一种生命内成长，和自己后来及现在寄居的不同。这一躯干的形式表现了过往时代的正义性和强力，智慧与勇敢，表现了早已化归坟土的几代人的荣显和鲜血，盛世和窘境，也表现了同他们一起毁灭掉的伦常和相互关系。但时代进程，以及其中发展着的文明教养进程，已使过去那个时代的命运同现时代的生活互相一刀两断。那个时代的命运所安居的房屋，现在一代人的命运已不再加以忍受。❶

德国所陷入的这种解体充满了危险。将个人联合在一个政治体中的共同纽带的消失将人推入原子主义的孤立之中，使人非人化了。在一个可以认为是预示了黑格尔此文一个多世纪后困扰德国社会和政治生活的一些危险的段落中，他指出了德国的一些需要及时遏制的趋势：

> 如果说德意志民族不可能从自己顽固坚持特殊物一直达到犹太民族那种发疯的地步——那是个不能与他人联合交往和结成共同体的民族；如果说德意志民族不可能达到这种罪大恶极的分离境地，杀人而被杀，闹得国家成了废墟，但也应当说，特殊物、特权和特惠已经变成了某种非常贴近个人的东西。❷

黑格尔认为造成德国政治权力的这种分裂的一个主要原因就

❶ 《政治著作集》，页 146。［中译者按］中译参见《黑格尔政治著作选》，页 22。
❷ 同上，页 242。［中译者按］中译参见《黑格尔政治著作选》，页 112。参见《早期神学著作集》，页 182 – 205。

是内在于这一事实当中的特殊性，即人们认为旧德意志帝国能够与普世帝国同时共存。黑格尔介入一场长期的历史和法律争论之中，以表明普世帝国的主张掏空了旧德意志帝国的有效的政治力量。通过主张对于外国土地的宗主权，[56] 德国皇帝将政治权力变成了一种虚构。他们接受来自外国君主的空泛的效忠表示，而这反过来却授予了外国政府对于帝国事务的发言权。瑞典、丹麦和英格兰因此获得了帝国内部的实际权力。此外，皇帝们使帝国的力量卷入与历史上的德国毫无关系的领土之争中，从而由于这种主张而进一步削弱了帝国的实际力量。

黑格尔由此解决了帝国对于波兰、匈牙利、那不勒斯和伦巴第的历史主张；他将德意志帝国限制在那些能够构成某种政治统一的地区以内。德国——及意大利——的痛苦根源在于混淆了国家和一个普世帝国的幻想。国家能够行使基于共同防卫之上的实际的政治权力，而普世帝国则永远都只是一个抽象，因此损害了现实政治权力的成就。德国应像它处理对于天主教会的普世性主张一样，将自己从中世纪的、骑士的、基督教的普世帝国的浪漫的乌托邦主义中解放出来，成为一个基于中央权力和向所有人提供宗教宽容的现代国家。❶

黑格尔区分德意志帝国和普世帝国的讨论也涉及了普鲁士问题。尽管勃兰登堡边疆地区——普鲁士的熔炉（the crucible of Prussia）——显然历来就是德意志帝国的一部分，但是黑格尔却有些怀疑这个严格称为“普鲁士”的地区（即后来传给霍亨索伦王朝的条顿骑士团的旧武士国家）是不是这个历史帝国的一部分。❷在某种程度上说，这不过是一种好奇，就像任何一个想要解开自从查理曼（Charlemagne）大帝成为罗马皇帝以来编织了长达千年之久的戈尔狄俄斯之结（Gordian Knot）的人所面临的

---

❶ 《政治著作集》，页 174 – 178；参见《资料集》，页 359，这里黑格尔区分了国家和他称之为“一个空洞概念”的“帝国”。

❷ 同上，页 174 – 175、页 198。

另一种独特的复杂境况一样。然而，它确实再次表明，任何认为黑格尔此文仅为德意志民族主义的表达的简单看法是完全脱离历史现实和文本语境的。

黑格尔在文章末尾回到普鲁士问题，试图面对如何［57］实现德国政治生活的重建问题。在黑格尔看来，能够担负政治统一和现代化的任务的潜在选项有二：普鲁士和奥地利。黑格尔出于他对两者的比较政治结构的看法，选择了奥地利。❶

如前述，在黑格尔看来，普鲁士是机械主义的、等级制度的和威权主义的政治结构的极致。在普鲁士，一切皆掌于国家之手，由国家规范和严格管控；整个国家“死气沉沉”，完全没有“科学或艺术天才”。❷此外，由于黑格尔认为代议制为现代国家的标志，因此普鲁士应当排除在外。传统代议制度的等级议会在奥地利和波西米亚的哈布斯堡的王室领地上得到了保存，但在普鲁士诸省却完全消失了：

> 德国这种自由的利益自然要寻求国家的保护，而这种国家本身是以这种自由的制度为基础的……真正长远的……利益根本不可能从普鲁士那里得到保护。普鲁士各省的邦等级议会由于国王权势的力量已经失去自己的重要性。❸

最后，黑格尔担心他在普鲁士察觉到的自我扩张的冲动。如果普鲁士成为德国的革新者，它不会将德国的不同成员结合成为一个政治体，而只会将整个德国普鲁士化。普鲁士的枯燥乏味、了无精神、死气沉沉将会笼罩整个德国大地。在一个奇异的段落中，黑格尔将普鲁士比作暴发户，并且他也担心普鲁士化了的德

---

❶ 参见 Haym，《黑格尔及其时代》，页74；Habermas，《政治著作集》“后记”，页348。

❷ 《政治著作集》，页164。［中译者按］中译参见《黑格尔政治著作选》，页37。

❸ 同上，页235。［中译者按］中译参见《黑格尔政治著作选》，页106。

国将只不过是“市民社会”的野蛮利益的遮羞布。这种担心不仅给黑格尔自己的敏锐观点，而且也可能为迥异于黑格尔所希望的德国后来发展的远景涂上了一层迷人的色彩：

> 普鲁士的现代政治不是出自国王或者帝位的原则，而是出自市民精神，同奥地利势力相比处境像个市民，这样的市民与靠祖上致富的自由贵族相反，是通过自己的劳动辛苦地一分钱一分钱地赚得自己的财富的。❶

尽管选择奥地利因为［58］将哈布斯堡王朝与普世帝国的主张等同起来而变得错综复杂，但是黑格尔能够指出，哈布斯堡王朝后来的一些国王，尤其是约瑟夫二世（Joseph Ⅱ），代表了一种现代化精神。这种精神构成了复兴德国政治权力的本质。18世纪晚期哈布斯堡王朝最伟大的成就在于将原来的仅仅通过个人对家庭的忠诚而联系起来的王朝属地的偶然集合变成了一个理性地组织起来的合乎现代政治标准的王室领土（crownlands）。与这种现代化和改革的启蒙努力相比，普鲁士的成就确实相形见绌。奥地利的改革伴随着对新教徒和犹太人采取的解放政策，由于宗教宽容在黑格尔对现代国家的讨论中具有如此显著的地位，因此这一方面自然也就逃不过他的眼睛。

在讨论怎样使德国现代化的具体问题时，黑格尔认为可能的变化和改造集中在政治生活的两个方面——军队和财政制度的组织。老朽的旧帝国不再拥有任何军事组织，而所谓的征兵不过是不同的特殊等级在他们自己的官员的命令下出于对公爵和伯爵而非皇帝的忠诚而任意派来的队伍而已。在上个世纪的大多数战争中，德国人有时在帝国拥有某种地位的外国统治者（如英格兰和

❶ 《政治著作集》，页229。［中译者按］中译参见《黑格尔政治著作选》，页100。译文有改动。

瑞典的国王）的命令下彼此开战，个别诸侯会在使自己的特殊公国达到和平的时刻将军队撤离战场。同样，也不存在帝国税收体系。像其他小邦诸侯一样，皇帝靠其王朝领地生活，没有向各等级征税的权威。英法等国此前数世纪经历的从这种中世纪状态向现代国家的过渡从未在德国发生过。❶同样也不存在可以适用于帝国全部领土上的法律体系，在法律上，正如在军事和财政事务上一样，各等级认为，他们与帝国的关系属于私法和自愿结社的领域："各等级虽也联合起来进行司法，但他们的生存［基础是］分离和自谋，在实行结合时彼此在自己的生存上分毫不让；［59］［他们］是联合了起来，但终究不想有某种共同的东西。"❷

在黑格尔看来，德国政治权力的恢复始于重申共同联系在各个领域中的作用。应当授予位于韦茨拉尔的帝国最高法院具体的法律功能，并应根据法律活动的不同部门而分成一些分院，使之更有效率，也更有效力。其判决应当对各等级具有约束力，各等级由此也会将其视为法庭，而不是自愿仲裁的机构。❸

然而，改革的中心为军队改革。应当建立起皇帝统帅下的德国中央军队。在当前德国权力分配的现实情况下，应该允许每个诸侯指挥其所辖领土上的部队。但是这些部队不应视为诸侯的私家军，而应是皇帝统帅下的统一军队的一部分。保证军队开支的普遍性的税收体系应当在帝国全境建立起来。这就使得代议制的重新引入成为必然。黑格尔乐于见到旧的帝国等级议会，即帝国议会（Reichstag），成为新的代议制议会的核心，但是其过时的封建结构应当全面改革和革新。整个德国应当分为多个省份，作为代议制的基础。那些在地域划分的基础上选举产生的代表们应当与旧帝国议会的第三团体（即旧的帝国城市代表团体）共同组成"第三议院"（third bench），在其余两个由选帝侯和诸侯组

❶ 《政治著作集》，页164－169、页179。

❷ 同上，页185。［中译者按］中译引自《黑格尔政治著作选》，页58。

❸ 同上，页184－185。［中译者按］中译参见《黑格尔政治著作选》，页56－57。

成的议院之外发挥作用。❶这个代议制体系构成德国政治现代化的根本，因为“没有这样一种代议团体，自由就不可思议……它是公共舆论的根本原则。”❷

黑格尔此文对于这一基于现有制度及其改造之上的激进的改革计划怀有深深的怀疑之感，它根本怀疑这一计划的［60］可行性。黑格尔担心，德国对法律形式主义的固守将会导致德国激进变革的希望变得非常困难。❸在文章末尾，黑格尔评论道，德国人从未成功实现从野蛮到文明的过渡：“德国人没有能找到压迫、专制与完全解体之间的中道。”❹在另一个地方，笼罩着黑格尔的忧郁似乎变成了悲观：

> ［代议制］来自德国，但现在有一更高的法则：从自身给世界以新的普遍推动的这个国族，自己终于在其余民族之前衰亡了，它的原则仍在，但它自己却不行了。❺

正是这种彻底的绝望驱使黑格尔到一位德国提修斯的观念中去寻求拯救：他将把德国的各种分裂势力融为一个政治统一体。黑格尔由此陷入了一种恶性循环：他制定了一个改革计划，但认为它是一个空洞的幻想，因为它与德国现存所有势力的利益背道而驰。因此他转向卢梭的国家的立法者和创建者的观念：

---

❶ 《政治著作集》，页 239。［中译者按］中译参见《黑格尔政治著作选》，页 110－111。

❷ 同上，页 234－235；亦见页 234：“政府遵照法律行事，**普遍意志**活动参与涉及普遍物的最重要的事务，其保证民众是从代表自己的团体的组织中得到的。”（强调为引者所加）［中译者按］这两段引文中译参见《黑格尔政治著作选》，页 106、页 105。

❸ 同上，页 152。

❹ 同上，页 237。［中译者按］中译参见《黑格尔政治著作选》，页 108。

❺ 同上，页 206。［中译者按］中译参见《黑格尔政治著作选》，页 77－78。译文有改动。

如果说德国各部分会通过上述方式得以使德国成为一个国家，那么这样的事件也绝不会是思考的结果，而是强力的结果。如果说这一事件却也符合一般文明教养过程，对它的需要会为人们深切而确定地感觉到。德意志民族的普通民众……对他们来说德意志各族的统一是某种完全陌生的东西，必须通过一位征服者的强力才会聚为一体；他们必定要被迫把自己看作是属于德国的。

这位提修斯必须能有宏大气概，让他从许多分散小族创造成的民族参与和一切人相关的事情。❶

黑格尔所言的提修斯到底是谁，对此有一些猜测。尽管黑格尔提到了拿破仑，尤其是因为他说到一位“征服者”，但是奥地利大公查尔斯（Archduke Charles）是最有可能的人选。❷然而，在一定意义上，这种猜测是无稽之谈。黑格尔心中想的是谁，无关紧要，因为他关注的是这样一个提修斯的普遍原则。如果黑格尔心中属意某人，那么我们可以希望他会指名道姓地说出来。毕竟，他确实［61］在他的重组德国的计划中说出了一些不太重要的细节，因此要说黑格尔将谁是德国政治权力的复兴者作为一个谜留下来，有些不合逻辑。由于此文为草稿，而不是印刷文本，因此书报审查或者担心政治问题就不会成为黑格尔指代不明的首要原因。

实际上，黑格尔在这一点上必须模糊，因为他并没有一个能够扮演德国的提修斯的人物。他的提修斯不是一个真实人物；它是一个 *ens rationis*［思想物］，一种卢梭式的抽象，一个臆想的

❶《政治著作集》，页241。［中译者按］中译参见《黑格尔政治著作选》，页111－112。译文有改动。卢梭本人用提修斯作为国家创建者的实例。参见 R. D. Masters，《卢梭的政治哲学》（*The Political Philosophy of Rousseau*，Princeton，1968），页270。

❷ 见《政治著作集》页241诺克斯所加的脚注。

机械神。因此，在强烈呼唤提修斯之后的结束全文的最后一段就充满了无奈和无为，表达出黑格尔担心德国人由于缺乏政治行动的历史性能力，而得到像犹太人一样的下场——无国可依。❶

黑格尔文章的开篇说想要促进对存在的东西的理解。他的讨论旨在把德国政治制度从封建主义、中古精神和小型的专制主义的束缚下解放出来，以有助于产生德国政治生活的现代化。尽管黑格尔在文中试图依照现代国家的本质阐述他自己的理论，但是计划本身却落空了，以空洞地呼吁某个提修斯的出现而告终，从而投入绝望之中。对存在之物的理解最终得到了这样的结论——德国不再是一个国家，在其现存状态下，也不可能成为一个国家。只有在 1806－15 年事件彻底改变了德国和欧洲的状况之后，黑格尔方才再次回到德国政治现实的讨论。尽管他对德国政治制度的形式的结论与 1802 年的乌托邦计划几乎完全相反，但这些结论却证明了他对德国状况的分析以及他对于现代国家的本质的想法。这样，现实的改变也就能够让黑格尔的思想跟上历史的状况。尽管形式有所不同，但是 1802 年的梦想到 1817 年却变成了现实。然而由于历史现实的这种变化，黑格尔的观点不再像《德国宪制》结尾那样悬而未决。

❶ 《政治著作集》，页 242。［中译者按］中译参见《黑格尔政治著作选》，页 112。

第4章　新　时　代

从耶拿到滑铁卢

［62］1801年，黑格尔移居耶拿，到1807年为止，他一直待在那里，担任［耶拿］大学编外讲师。正是在这些年间，德国日益陷入法国革命的政治后果当中；神圣罗马帝国也在这一时期最终解体，而普鲁士军队则在耶拿战役中遭受惨败。

世纪之交的政治事件使得作为德国启蒙运动中心的耶拿有些光华失色。不过，萨克森—魏玛这块小小的公爵领地，连同公爵首席大臣歌德（Goethe），仍然代表了最优秀的德国精神生活的传统。在1790年代，耶拿大学以其广泛的学术自由而闻名遐迩。费希特在那里的讲座象征着德国在思想上接受了法国革命；耶拿大学的神学系充满了批判理性主义；也正是在这里，经验科学首次进入了德国学术界。法国革命爆发后，在歌德的影响下，卡尔·奥古斯特（Carl August）并没有像其他君王那样进行压制，因此，在对法战争时期，耶拿大学仍然相对自由，而不像其他德国大学那样受到强制约束。❶

正是在这种氛围下，黑格尔与谢林一道在耶拿编辑《哲学批判杂志》(*Kritisches Journal der Philosophie*)。这是一本战斗性期刊，既与普通观念作斗争，也批判蒙昧主义和传统主义。❷［63］在这一时期的一封信中，黑格尔以稍显夸张的语言表达了这种对于哲学思辨的解放性力量的信念。他写道，一个民族除非能够用自己的语言去表达它的文化遗产，否则它将一直野蛮；他，黑格尔，“将教哲学说德语”。❸

黑格尔在耶拿的这段时期正值法国军队与德国诸邦组成的各种反法联盟激战之时。以下数端标明了黑格尔这一时期以及随后的班堡时期（1807～1808 年）和纽伦堡时期（1808～1816 年）的政治态度：坚定地支持法国，为普鲁士在耶拿败北而欣喜不已，反对 1813 年德国民族主义者激发的反法热情，以及最重要的，对拿破仑这位实现了欧洲及德国的现代化的伟大人物钦佩不已。❹这里涉及的并不仅仅是当时知识界普遍流行的对拿破仑的单纯迷恋，黑格尔这一时期的通信为下述论点提供了充分的文本证据：他的政治观点关涉一种当时德国事件的历史意义的基本

---

❶ 参见 Kaufmann，《黑格尔》，页 71－119；Rosenkranz，《黑格尔传》，页 147 以下；Heinz Kimmerle，“黑格尔耶拿大学教学活动资料（1801～1807 年）”（Dokumente zu Hegels Jenaer Dozententäitigkeit（1801－1807）），载于 *Hegel Studien*，Ⅳ（1967），页 22 以下。

❷ “黑格尔致 Hufnagel”，1801 年 12 月 30 日（《黑格尔通信集》，卷Ⅰ，页 65）。参见黑格尔为《哲学批判杂志》所写的纲领性导言，载于《全集》（*Gesammelte Werke*，H. Buchner 和 O. Pöggeler 编，Hamburg，1968），卷Ⅳ，页 117－128。

❸ “黑格尔致福斯（Voss）”，1804 年（《黑格尔通信集》，卷Ⅰ，页 99－100）。

❹ 在罗森克兰茨看来，这一切都着实令人为难，因此他有意掩饰黑格尔当时的政治倾向（《黑格尔传》，页 227）。

理论。

耶拿战役前夜，黑格尔对他的朋友尼塔默（Niethammer）写道："大家都向法军道贺"，并说惟有战败才是普鲁士军队所能期待的。❶他一方面担心已经寄往班堡印刷商的《精神现象学》手稿可能会因法国军队造成的劫难而丢失，另一方面又报道了他亲眼目睹拿破仑的印象：

> 今天早晨我见到皇帝［拿破仑］——这位世界灵魂（diese Weltseele）——骑着马出来在全城巡察……看到这样一个个体，他掌握着世界，主宰着世界，却在眼前集中于一点，踞于马上，令人有一种奇异的感觉……人们不可能不对他佩服得五体投地。❷

普鲁士在耶拿战败，普鲁士旧军队完蛋了，普鲁士旧的军事王朝的体系架构也就崩溃了，［64］从而为冯·施泰因（von Stein）开启的改革和一个现代化、自由化的普鲁士国家的出现开辟了道路。虽然黑格尔自己的房子被法国军队夷为平地，耶拿大学被关，他因此而失业，但他仍将耶拿战役看作是一个具有世界历史意义的事件：

> 哲学是孤独的；它不属于街道和市场，但它并不远离人的活动……事实上，［当代事件］最好地证明了教化（Bildung）正在战胜野蛮（Roheit），精神正在战胜无精神的知

---

❶ "黑格尔致尼塔默"，1806年10月13日（《黑格尔通信集》，卷I，页121）。

❷ 同上，页120。［中译者按］中译参见《黑格尔通信百封》，页204–205。值得注意的是，黑格尔称拿破仑为一个"世界灵魂"，这种稍带浪漫主义色彩的观念不同于他在其历史哲学中所用的"世界精神"的观念。世界精神当然不能等同于任何特殊的个人。后来，接替了黑格尔柏林教席的他在耶拿时期的学生加布勒（Georg Andreas Gabler）曾在1840年比较详细地描述了黑格尔此时的亲法态度（见 *Hegel–Studien*，Ⅳ，页65–73）。

性与单纯的聪明（Klügelei）。惟有科学才是神正论。❶

哲学与现实世界之间的这种联系，即哲学原则要在政治和历史领域中得到实现的这种假设，也出现在耶拿时期的一个片段中。黑格尔在那里写道：

> 精神通过意识介入世界统治的方式。这是它的无限工具——然后才有了刺刀、大炮、尸体。但是精神是［哲学的］旗帜及其指挥者的灵魂。统治者既不是刺刀，也不是金钱，也不是这样那样的诡计。它们就像钟表中的齿轮一样必要，但它们的灵魂是时间和精神。精神使物质服从于它的规律。《伊利亚特》并非随意拼凑而成的，同样，丰功伟绩也不是由刺刀和大炮构成的：惟有精神才是创作者。❷

1806年9月，黑格尔以一种类似的、忐忑不安地期待着新世界——这个新世界由哲学宣告，由政治变革和动荡引入——的语气结束了他在耶拿大学的讲课：

> 我们站在一个重要的新纪元、一个动荡时代的大门口，此时精神飞跃前进，超越了先前的形态，呈现出新的面貌。以前将我们的世界联为一体的所有表象、概念和纽带，都像梦境一般地消散了、坍塌了。精神的一个新阶段正整装待发。哲学尤其必须欢迎它的出现，并且予以承认，而其他那些无能为力地反对它的人们则紧抓住过去不放。❸

---

❶ “黑格尔致策尔曼”，1807月1月23日（《黑格尔通信集》，卷Ⅰ，页137）。对普鲁士的这种描述与《德国宪制》中的一段描述（《政治著作集》，页163－164；参见前文，页49）非常相似。

❷ Nicolin 刊载在 *Hegel－Studien*，Ⅳ，页14。

❸ 1806年9月18日讲座（《资料集》，页352）。

这些思想居于黑格尔大约同一时期完成的《精神现象学》的中心。《现象学》是黑格尔第一次构建一个全面的哲学体系的重大尝试。尽管后来著作还要对它进行大量的加工和提炼，但在某种程度上，他这里的讨论的基本结构是简单的。如果康德认为人类无法认识终极实在的话，［65］那么黑格尔则回到亚里士多德的“实在是可以理解的”这一古典立场。康德的物自身（Ding－an－sich）最终任由人类的认识徒劳无益地叩击着紧闭的门户，黑格尔则试图取消康德的本体与现象之间的区分。因此，就有了《精神现象学》的书名，意为终极实在，即精神（Geist），显现于其现象学的表象之中，并通过这些表象而变得可以理解。古典希腊传统认为逻各斯（logos）是给予的，而黑格尔则认为它是在人类显现的过程中——在历史中——不断展开的。理性并非 *a priori*［先天］存在；它的潜能必须在实践中实现出来，它在人类意识中发展。因此，历史不是对一连串无意义事件的无聊记载，而是理性的象形文字。好的哲学理解必须寻找打开其意义的钥匙。《现象学》是黑格尔书写这种哲学的人类精神史的第一个系统尝试。因此，对黑格尔来说，精神的传记就是哲学的人类史。[1]

正是在这种意识发展的语境下，黑格尔认为，他自己的时代处于崭新黎明的开端。他在《现象学》的序言中写道：

---

[1] 这里不能对《现象学》进行详细分析。读者能在下列著作中找到破解《现象学》的富有启发性的尝试：Alexander Kojève，《黑格尔导读》（*Introduction to the Reading of Hegel*，A. Bloom 编，New York，1969）；Jean Hyppolite，《精神现象学的起源和结构》（*Genèse et structure de la Phénoménologie de l'Esprit*，Paris，1946）；Manfred Riedel，《黑格尔思想中的理论和实践》（*Theorie und Praxis im Denken Hegels*，Stuttgart，1965）；以及 Judith N. Shklar，“黑格尔的《现象学》：一曲对希腊的颂歌”（Hegel's *Phenomenology*：an elegy for Hellas），载于 Pelczynski 的《黑格尔的政治哲学》（*Hegel's Political Philosophy*），页73－89。虽然 Baillie 把书名翻译为《心灵现象学》（*Phenomenology of Mind*），但精神（Spirit）似乎是对黑格尔的“*Geist*”的更为恰当的翻译。

> 我们不难看到，我们这个时代是一个新时期的降生和过渡的时代。人的精神已经跟他旧日的生活与观念世界决裂，正使旧日的一切葬入于过去……犹如在母亲长期怀胎之后，第一次呼吸才把过去仅仅是逐渐增长的那种渐变性打断——一个质的飞跃——从而生出一个小孩来那样，成长着的精神也是慢慢地静悄悄地向着它新的形态发展，一块一块地拆除了它旧有的世界结构……这种逐渐的、并未改变整个面貌的颓毁败坏，突然为日出所中断，升起的太阳就如闪电般一下子建立起了新世界的形象。❶

[66] 尽管这种描述激动人心，但新世界的诞生是一个漫长的过程。新世界最初只表现为“整体的普遍根据”，哲学家的任务是做这种新意识的助产婆。❷正如新生儿一开始并不是成人一样，新世界最初也远未完全实现：“我们不能说建筑物在奠基的时候就算是已经落成。”❸思想发现的工作同样艰难困苦。《现象学》试图表明，一种出自启蒙运动的新的经验形式，亦即将要在法国革命以后的欧洲实现出来的“道德精神”的形式，怎样在经历法国革命和恐怖统治的阵痛之后生产出来。❹

---

❶ 《现象学》(*Phenomenology*，Baillie 译)，页 75。[中译者按] 中译引自《精神现象学》，上卷，贺麟、王玖兴译，北京：商务印书馆，页 6 – 7。《现象学》序言的一个优秀评论和一个新译本，参见考夫曼，《黑格尔》，页 363 – 459；参见 Jean Hyppolite，《马克思和黑格尔研究》(*Studies on Marx and Hegel*，London，1969)，J. O'Neill 译，页 35 – 69。

❷ 《现象学》英译本，页 76。[中译者按] 中译参见《精神现象学》，上卷，页 8。

❸ 同上，页 75。[中译者按] 中译引自《精神现象学》，上卷，页 7。

❹ 同上，页 610。对黑格尔来说，启蒙运动的主要成就之一就是克服了世俗事物与神圣事物之间的二元论：“两个世界得到和解，天地互相交接，天国降入人世。”(同上，页 598。[中译者按] 中译引自《精神现象学》，下卷，页 113 – 114。) 黑格尔的同时代人认为《现象学》是“人的解放的启蒙读本，莱辛所预告的，打开新福音的钥匙”(“温迪希曼 (Windischmann) 致黑格尔”，1810 年 4 月 27 日。摘自 Kaufmann，《黑格尔》，页 324。[中译者按] 中译参见《黑格尔通信百封》，页 213。)

由于黑格尔看到，现代哲学所达到的那些原则将会出现在历史现实之中，所以他的政治态度就是这些思考的必然结果。这一时期最重大的政治事件就是德国政治体制的转型和现代化，这是拿破仑的胜利所产生的一个后果。通过莱茵兰地区的合并、威斯特伐利亚王国的建立以及像巴伐利亚这样的德国的亲法诸邦引入受到法国影响的改革，法国革命所宣告的原则正在德国得到接受。黑格尔写道："法国已通过浴血厮杀使自己从人类精神必须克服的许多像婴儿鞋一样的安排……和无精神的桎梏中解放出来。"❶

黑格尔经常对引进新的、受到法国影响的社会和政治制度进行评论。在评论德国的政治变化时，黑格尔称拿破仑为"巴黎伟大的宪法学家"，他把"自由君主制的概念"的含义教给德国君主们。❷黑格尔注意到，这是一个漫长的过程："尽管德国已经从法国那里学到不少东西，但假以时日，慢条斯理的德国人（*Allemands*）亦将于此获益。我们不能要求马上获得一切。"❸然而黑格尔［67］也意识到了拿破仑统治的含混性——它混合了强加于法国革命诸原则之上的强大的个人权威。而且他惟恐［德国人］只从法国人那里接受拿破仑统治的外在因素：

> 至此，我们对法国人的效仿仅限于它的一半，而忽略了另一半。但正是这另一半才是最崇高的——人民的自由、人民参与选举和决议，或者至少政府的规章要在公众意见面前公开。❹

正值此时，黑格尔接受了位于巴伐利亚的班堡的一家亲法报

---

❶ "黑格尔致策尔曼"，1807 年 1 月 23 日（《黑格尔通信集》，卷Ⅰ，页 138）。
❷ "黑格尔致尼塔默"，1807 年 8 月 29 日（同上，卷Ⅰ，页 185）。
❸ "黑格尔致尼塔默"，1807 年 11 月（同上，卷Ⅰ，页 198）。
❹ 同上，卷Ⅰ，197。

纸的编辑职位。耶拿大学关门后，黑格尔因失业而陷入困顿，友人尼塔默为他找到这个职位。他在给尼塔默的信中写道，他喜欢这一机会，因为，“如您所知，我是以何等的好奇心来关注着世界事态的发展。”❶

黑格尔发现，现代政府形式的形成，根本在于政府有责任就公共开支和公共债务向公众作出解释，以及容忍新闻出版自由。他把新闻出版自由称作“政府和人民之间的对话……这是法国人民和英国人民之所以强大的最重要的因素之一”。❷现在作为巴伐利亚的一个居民，黑格尔能够亲眼看到这个封建遗物向一个现代国家转化。他希望代议制度引入巴伐利亚，当《拿破仑法典》作为邦法引入以取代传统习惯法时，黑格尔以这样的评论来欢迎它：“然而，这部《法典》的重要性无法与现在可以揣测的下述希望的重要性相比：[巴伐利亚]也将会采用法国和威斯特伐利亚宪法的其他部分。”❸

后来，1808年，黑格尔应召担任纽伦堡高级中学校长。在巴伐利亚改革中，黑格尔的朋友尼塔默成为新政府教育部门负责人，他为黑格尔提供了这个校长职务。这所学校非常杰出，是德国最古老的人文主义高中（humanistic Gymnasium），由[68]菲利普·梅兰希顿（Philip Melanchthon）创办。和尼塔默一样，黑格尔是一个新教徒。他发现自己需要联合对抗巴伐利亚的旧的天主教的统治。后者力保其对教育的传统控制，防止开明的、人文主义课程进入学校体系。尼塔默的教育改革以法国教育体系为模板，构成在高度保守的天主教的巴伐利亚进行全面现代化的努力

---

❶ “黑格尔致尼塔默”，1807年2月20日（同上，卷Ⅰ，页145）。[中译者按]中译引自《黑格尔通信百封》，页209页。他向另一位朋友吐露：“如您所知，我一向对政治有一种偏爱”[“黑格尔致Knebel”，1807年8月30日（同前，卷Ⅰ，页186）]。但是，书报检察官确实给黑格尔带来了无数麻烦（同前，卷Ⅰ，页240以下）。

❷ “黑格尔致尼塔默”，1808年1月22日（同上，卷Ⅰ，页209）。

❸ “黑格尔致尼塔默”，1808年2月11日（同上，卷Ⅰ，页218）。

的一部分，因此黑格尔的职位使他在许多年间处于19世纪早期德国的一个最重要的政治战场的中心地带。

黑格尔对正在做的事情寄予了巨大的希望：“一个新世界将在巴伐利亚升起；人们对它是盼望已久。”❶在他写给尼塔默的一封雄辩的信中，黑格尔谈到他关于哲学和现实之间关系的早期观念，表达了对于观念世界彻底改变世界的信念：

> 我每一天都越来越相信，理论工作在世界上取得的成就要比实践工作多得多。一旦观念世界发生了革命，那么现实就会招架不住（*Ist erst das Reich der Vorstellung revolutioniert, so hält die wirklichkeit nicht aus*）。❷

黑格尔把他的全部热情都投入这种彻底变革观念世界的努力之中。他自己接过了这所中学所有形式的哲学教学，甚至还写了一部哲学概论。他在每学年末发表的校长演说，保存了他的思想和教育政策的一些方向。

在一次演说中，他提出司法制度的发展和教育制度的状况作为判断任何社会之本质的两大标准。❸另一次，当最高形式的军事训练进入纽伦堡高级中学时，黑格尔高度赞扬了这种引入公民军队的做法，[69] 并指出，自从希腊城邦开始，公民军队就一

---

❶ “黑格尔致弗洛曼”，1808年7月9日（同上，卷Ⅰ，页235）。海谋指出，由于改革，巴伐利亚开始被视为模范的思想国（Intelligenzstaat），并且吸引了一些德国最优秀的知识分子为它服务（《黑格尔及其时代》，页261－264）。

❷ “黑格尔致尼塔默”，1808年10月28日（《黑格尔通信集》，卷Ⅰ，页253－254）。关于黑格尔与纽伦堡当地天主教反动派之间的冲突，见1808年11月3日和1806年10月10日给尼塔默的信（分别见同前，卷Ⅰ，页337以及卷Ⅱ，页141）。亦见他于1807年2月23日写给谢林的信（同前，卷Ⅰ，页149），他在信中讨论了为巴伐利亚教育改革所作的斗争。

❸ “1809年校长演说”，载于黑格尔，《纽伦堡著作集》（*Nürnberger Schriften*, Leipzig, 1938），J. Hofmeister编，页303。本次演说的主题是巴伐利亚教育改革不是因为未曾与过去中断，而是因为奠定了基础而受到称赞。

直是人民认同政治结构的根本；相反，职业化的常备军队则会使政府和公民越来越疏远。[1]

1811 年，黑格尔在弹完学校要为年轻人的生活做准备的意料之中的老调之后，接着评论说，个人只有融入国家的普遍性之中，才会发现自己融入了现实世界。个人和社会的要求这两股力量，是成年人的生活的两极，每个人都应融入其中。[2]黑格尔反复强调新国家的教育功能："现代为青年人的教育所做的事情……还只是国家重新缔造的生活的一个方面。"[3]另一方面，黑格尔用来自现代法国经验的术语表达了教育制度的作用——为国家准备公务员。[4]

当前政治事件的这种影响甚至更加明显地出现在黑格尔的"1813 年校长演说"中。演说发表于德国人民的反法情绪最为激烈之际。正如后面将要看到的那样，黑格尔反对这种第一次热烈地表达出来的德意志民族主义。在该年的演说中，他小心翼翼地警告毫无批判地轻信那些时兴的观念。他说，在过去十年中，德国的国家和社会生活已经最为谨慎地实现了现代化并且得到了改造，我们应当小心翼翼地保存这些成就，不要通过捣乱来破坏这种实际的进步："法律和制度是变动不居的事物底下的坚固基础。如果法律和制度本身也可以改变的话，那么这些变动不居的事物拿什么做基础呢？"[5]

这里我们开始第一次听到黑格尔的一种新的语调：现在，要求改变和现代化、要求彻底抛弃旧秩序的声音变成了要求适度、要求小心保存事物现有架构的声音。有时，这被认为是好像黑格尔已经从一个年轻的激烈批判家变成了一个适应现实的温和主义

---

[1] "1810 年校长演说"（同上，页 321）。
[2] "1811 年校长演说"（同上，页 341）。
[3] "1815 年校长演说"（同上，页 370）。
[4] 同上，页 360。
[5] "1813 年校长演说"（同上，页 359）。

者，如果不是古板的保守主义者的话。然而，关键在于，［70］社会—政治秩序已经同时得到了完全的改造。黑格尔现在开始辩护的制度已经不是他在 1801 年如此激烈地批判过的制度。在 1805～1815 年的关键十年中，不是黑格尔的观点改变了，而是德国社会和政治生活的整个框架在拿破仑战争的剧烈震撼下被改造了。黑格尔 1815 年左右出来为之辩护的德国体制正是他在 1802 年乐见其成的体制。然而，辩证的是，新体制的出现不是通过一致同意的对德国现状的内在改造，而是法国胜利影响的结果。因此，德国政治生活的这种改造要么通过国防现代化（如在普鲁士），要么通过法国人直接介入当地事务（如在莱茵兰、威斯特伐利亚、巴伐利亚和符腾堡）而实现。1802 年的旧秩序完全消失了，现在黑格尔觉得必须要进行辩护，以反对民族主义者和浪漫主义者们的可疑攻击的，正是这种崭新的、受到法国影响的、现代的、反封建的秩序。

拿破仑统治的最后几年，黑格尔一直支持法国人。1809 年，他向尼塔默祝贺法国军队在雷根斯堡战胜奥地利人。❶ 1813 年，随着德国对法抵抗运动的开始，黑格尔用最强烈的语言反对激烈的德国民族主义的这些最初的表达。大格尔申战役前几天，黑格尔对“哥萨克人、巴什基尔人、普鲁士爱国者和各种各样的解放者”进行冷嘲热讽。❷一年后，他鄙夷地谈到公众和群氓们对于“自由”的幻想。他报道说，他的妻子梦想“一座满是野蛮的战士、哥萨克人、普鲁士人的军营”。❸另一封信中，黑格尔在评论年轻一代对“解放者”的热情时说：“如果我看到一个得到解放

---

❶ “黑格尔致尼塔默”，1809 年 5 月 7 日（《黑格尔通信集》，卷Ⅰ，页 283）。黑格尔唯一的兄弟格奥尔格·路德维希（Georg Ludweg）随符腾堡部队一道在拿破仑军中服役，死于俄罗斯。

❷ “黑格尔致尼塔默”，1813 年 5 月 21 日（同上，卷Ⅱ，页 6）。

❸ “黑格尔致尼塔默”，1814 年 4 月 29 日（同上，卷Ⅱ，页 27）。

的人，那我就要准备双膝下跪了”；❶而且作为民族主义的反法情感之表达的恢复传统德国服饰的努力，也为黑格尔提供了一些更加尖刻的评论的机会。自由恣意的热情和主观的浪漫主义［71］与1813年的民族主义暴动搅在一起，完全与黑格尔对于政治本性的所有观念背道而驰。❷

拿破仑的战败和逊位给黑格尔以巨大的震动。他在给朋友保卢斯（Paulus）的信中辛辣地评论了“我们有待实现的自由”，并且写道：“你怎么评价我们伟大的拿破仑呢?”❸在一封给尼塔默的信中，黑格尔试图自我安慰，说他实际上已经在其《现象学》中暗示了拿破仑的最后失败，并且继续道：

> 大事在我们周围发生。目睹一位伟大的天才自我毁灭，真是一幅触目惊心的景象。这是有过的最为悲剧性的事情。全体庸人用他们的绝对沉重的重力无休无止、不依不饶地施加沉重的压迫，直到高尚者降低到与他们平起平坐的水平，或者不如他们为止。❹

当拿破仑从厄尔巴回来时，黑格尔对他的东山再起不抱任何希望：他知道大势已去。在一封反省的信中，他说如果他对拿破仑的可能胜利怀有任何希望的话，那他就会已经“肩扛来福”，投身于其麾下了。❺

皇帝，皇帝他沦为楚囚（Der Kaiser，der Kaiser gefangen）。

---

❶ “黑格尔致尼塔默”，1813年12月23日（同上，卷Ⅱ，页14）。

❷ “黑格尔致保卢斯”，1814年10月9日（同上，卷Ⅱ，页42－43）。

❸ “黑格尔致保卢斯”，1814年4月18日（同上，卷Ⅱ，页23）。

❹ “黑格尔致尼塔默”，1814年4月29日（同上，卷Ⅱ，页28）。在1814年7月1日写的另一封信（页29）中，他称普鲁士人为“解放的野兽”（Befreiungsbestien）。［中译者按］阿维纳瑞这里的说法有误，黑格尔信中称之为“解放的野兽”的是“die Russen”［俄罗斯人］，不是“die Preussen”［普鲁士人］。

❺ “黑格尔致尼塔默”，1815年3月19日（同上，卷Ⅱ，页50）。

新世界的梦想似乎破灭了。但是，黑格尔后来在其《历史哲学》中评论道，世界历史个人——他直接提到拿破仑的经历——不是从他个人的命运，而是从其行动的客观后果去识别。❶ *Si monumentum vis*，*circumspicere*❷［如果你想要纪念碑，那就举目四顾吧］。无论个人命运如何，拿破仑的行动已为新世界铺平了道路。关键在于，即使新世界的创造者已经逝去，还是要为它辩护。实际上，黑格尔就要立即面对旧的巴伐利亚教权绝对主义党想要废除过去10年改革的努力。黑格尔在他最具政治性的校长演说中警告这种想要复旧或者开历史倒车的尝试：

> 我们必须反对那种老是徒劳无益地怀念过去、向往过去的情绪。旧的事物，正因为它是旧事物，就不能认为是优秀的；不能从它在不同的环境下是有益的和有意义的这一事实得出在条件已经改变的情况下，它还值得保留的结论——恰恰相反……世界已经产生了一个伟大的新纪元。❸

［72］尽管有时会遭遇看似毫无意义的冲突，但是历史终将进步，这种信念最为生动地表达在一个极富诗意的段落中。黑格尔在这一段中想要向处境维艰的尼塔默保证，他们抵制后拿破仑时代的反动的共同努力终将获胜。黑格尔用一种其意象令人奇异地想起托尔斯泰（Tolstoy）和司汤达（Stendhal），而且必然受到拿破仑战役的痛苦影响的语言写道：

---

❶ G. W. F. Hegel，《历史中的理性》（*Reason in History*，New York，1953），R. S. Hartman 译，页 41。

❷ ［中译者按］本句改自英国历史上最著名的建筑师之一克里斯托弗·列恩（Christopher Wren，1632—1723）的墓志铭“si monumentum requiris，circumspice”［如果你要纪念碑，就请举目四顾吧］。

❸ “1815 年校长演说”（《纽伦堡著作集》，页 370－373）。

我坚持认为，世界精神已经向［我们的］时代颁布了前进的命令。这一命令正得到服从。这种活动就像一个装甲的、紧紧封闭的密集方阵那样不可阻挡地，像太阳一样不知不觉地、不畏险阻地前进。无数的轻装部队，或敌或友，位于它的两旁，它们当中的大多数完全不知道要干什么，只是与头上遭到的仿佛是一只看不见的手的打击战斗。一切连续不断的扯白和力图使人相信的欺人之谈都无济于事。也许能够够得上这个巨人的鞋带，将其磨磨光，或者弄弄脏，但是没办法把它解开……最保险的事情（无论内部外部）莫过于紧紧盯住这个前进中的巨人。❶

理性主义和实证法的对立与新德国

1817 年，黑格尔在《海德堡年鉴》上面发表了一篇关于 1815～1816 年符腾堡等级议会讨论的评论。这篇讨论《符腾堡等级议会》的文章标志着黑格尔第二次讨论他的家乡的状况；但是自从 1798 年黑格尔为他未出版的关于符腾堡的第一篇文章写作草稿笔记以来，那里的状况已经发生了彻底改变。❷

1815 年以后的符腾堡王国是一个完全不同于拿破仑时代之前的小小公国的政治动物。通过兼并周边小国和教会的土地，以

---

❶ “黑格尔致尼塔默”，1816 年 7 月 5 日（《黑格尔通信集》，卷Ⅱ，页 85－86）。

❷ 见 Pelczynski 为《黑格尔政治著作集》所写的导言，页 18－26；亦见 Rosenkranz，《黑格尔传》，页 308－312。Beyer 最近主张《符腾堡人民之友》（*Würtembergischer Volksfreund*）上面的一篇关于符腾堡的匿名文章系黑格尔所作，但是遭到了令人信服的反驳；见 Wilhelm Beyer，“黑格尔参与《符腾堡人民之友》”（Hegels Mitarbeit an *Würtembergischer Volksfreund*），载于 *Deutsche Zeitschrift für Philosophie*，XⅣ（1966），页 709－717；Hartmut Buchner，“黑格尔的一个不为人知的政治文本？”（Ein unbekannter politischer Text Hegels?），载于 *Hegel－Studien*，Ⅳ（1967），页 205－214。

及以前直属皇帝和中央（Reichsunmittelbar）的帝国骑士的归附，作为公爵领地的［73］符腾堡的祖传领土几乎扩大了一倍，其统治者也上升到国王之尊的地位。在拿破仑影响的激励下，全面的行政和司法改革改变了这个国家的全部结构，现代的、理性的文官制度取代了旧等级议会常务委员会的旧的、寡头的、半独立的和腐败的小官僚团体。1815 年，国王要求新选举的等级议会批准一部宪章，以正式确认这些变化。围绕这个问题，符腾堡邦爆发了一场严重的宪政危机。传统的、保守的、贵族的成分，尤其是以前独立的帝国骑士，从国王的计划中看出要剥夺他们的古老的习惯性特权，使他们的自主地位从属于新的符腾堡邦国的主权概念之下，因此要结束他们事实上逍遥于任何实际的政治监管之外的状况。我们已经指出，在德国的所有邦中，符腾堡的旧的寡头宪制与旧的波兰共和国的 *liberum veto*［自由否决权］体制最为接近。保守派们坚持这些 1789 年以前的安排，希望能够通过反对国王的宪法，消除 1815 年之前十年的现代化影响。

黑格尔站在国王一边，他对国王计划的支持有时被认为代表了支持国王的专制主义，反对议会自由主义。然而，这是对相关的历史语境的严重误解，给 1817 年的符腾堡抹上后来的宪政斗争的色彩。❶在当时的具体语境下，恰恰是王权的*反对派*（Opposition）代表了当时符腾堡社会最保守、最反动的成分；正是这一贵族反对派相信，一旦拿破仑战败，那么现在就有可能恢复 1789 年以前的安排。另一方面，国王则尽力支持在法国对南部德意志的自由化影响之下所取得的社会和政治成就。

保守的反对派认为，规范特权、限制国王权威的旧习惯法仍然具有效力。旧的帝国的封建领主（tenant - in - chief）仍然认为他们自己是独立的主人，要在契约的基础上规范他们和国王

---

❶ Haym，《黑格尔及其时代》，页 349 - 356。1848 年的出色的自由主义者海谋只能看到符腾堡争论中所预示的法兰克福国会的论争。

[74] 的关系。因此他们认为，由于贵族的历史权利和特权尚未因国王的让步而自由出售，因此须在这些权利和特权原封不动的前提下，在国王和等级之间自由地达成一个协议，才是制定新宪法的唯一可能的方式。

在文章中，黑格尔用最激烈的言辞来反对这种将私人权利作为政治权利的封建观念；他在这里的论证遵从了15年前《德国宪制》一文中表达出来的论证。黑格尔声称，这就是理性主义反对习惯权利（prescription）的论证，并且说道：

> “古老的权利”和“古老的宪制”是一些美丽的大词，听起来就像剥夺一个民族的权利那样大不敬。但是“古老的权利”和“古老的宪制”所言的东西是好是坏，并不取决于年纪。人祭、奴隶制度、封建专制以及无数卑鄙龌龊之事的废除，也一直都是某种古老权利的取消。人们常常一再重复，权利不能丢失，一百年也不能将不法（Unrecht）变成权利（Recht）——我们应该加上一句：“即使百年不法被叫作权利长达百年之久，也是如此”，此外还要加上：如果作为其存在之前提的基础垮掉了，那么这一百年的、现实的实证权利也就正当地毁灭了。❶

黑格尔反对“实证性”的旧论证重新出现，这次是在一种特殊的政治语境之下：“符腾堡等级代表的立场的根本错误在于，他们把实证法作为出发点。”❷黑格尔回想起法国革命的经验，说道：“我们必须把法国革命的开始看作理性的国家法同一大堆受

❶ 《政治著作集》，页282－283。这段文字中强烈的反对伯克的声调最为引人注目。黑格尔对习惯的、传统的法律的反对在其《法哲学》第258～259节反对冯·萨维尼（von Savigny）的争论中再次出现。[中译者按] 中译参见《黑格尔政治著作选》，页155。

❷ 《政治著作集》，页281。[中译者按] 中译参见《黑格尔政治著作选》，页154。

其压迫的实证法和特权进行的斗争。”黑格尔补充道，然而，符腾堡的诸等级想要忽视最近25年来的历史：

> 人们可以把曾说法国逃亡者的话，用在符腾堡邦等级议员身上：他们什么也不曾忘记，什么也不曾学到。最近这25年是世界历史可能有过的最为丰富的25年，对我们来说是最有教益的25年，因为我们的世界和我们的观念是属于这25年的，然而符腾堡等级议员们却好像是在沉睡中度过了这25年似的。❶

由于传统习惯法的根本上的主观性，黑格尔认为传统法与法典化的法律之间的对立应当在支持后者的基础上加以解决。[75] 在黑格尔看来，保守的反对派想要保留的“符腾堡优秀的旧法律”显然不为人所知：没有人实际知道它是什么，因为它出自一大堆渊源和权威，而且并不是所有的渊源和权威都是同样清楚和明确的。❷此外，用来自过去的标准去判断今天现状的任何尝试都是时代错乱；与君王自由商讨“协定”的诸等级的旧的封建秩序不能成为现代国家的基础。旧秩序建立在私法的基础上，现代国家则建立在公法的基础上：“我们必须从这一事件得出的有关问题的概念，我们不能从较遥远的时代去要求。”❸黑格尔反复指出保守的反对派的纯然“实证”的本质：

> 等级议会否决国王的宪法，并不是因为这个宪法似乎同

---

❶ 《政治著作集》，页282。[中译者按] 中译参见《黑格尔政治著作选》，页155。

❷ 同上，页275、页284。在 Knox - Pelczynski 译本没有收入的一个大的段落中，黑格尔列举了一长串传统法的可能来源的目录（*Schriften zur Politik*，页221），并称之为“纸上迷宫”。对于未改革的、比耳以前的英国普通法，黑格尔的看法相似（《柏林著作集》，718 - 724）。

❸ 同上，页247。[中译者按] 中译参见《黑格尔政治著作选》，页122。

> 臣民根据理性永恒权利在国家宪制内能为自己要求的权利相对立……相反，它否决国王的宪法，理由是它不是符腾堡的旧宪法……但是，死去的东西是不能复生的。❶

因此，黑格尔一直为国王提出的宪章辩护。由于他反对议会中保守的反对派的论证可能会导致他反对一般的代议制议会的错误印象，因此，了解黑格尔的辩护的一些细节还是很重要的。实际上，黑格尔反对的是符腾堡议会的传统结构和保守政策。至于一般的议会，它们在现代国家中是“代议制的形成、法治和人民对立法的影响”。❷

国王的宪章建议由单独表决人和被选出的成员构成的一院制议会。王室官员、下级军官和士兵、教士和医生不在第二类成员之列。另一方面，基督教教派的每一个 30 岁以上的男性成员［76］都有选举资格，无需财产资格要求。年满 25 岁、年收入 200 古尔盾以上的男基督教徒也具有选举权。每隔三年，议会三分之一的成员将重新选举。议会的权力包括所有财政和税务立法，没有议会的同意，不得征收新税或者增税。王室应当每年提交年度开支报告；立法动议权操于国王手中，然而议会成员也能建议立法；有关自由、财产和宪法的一切法律都必须经由议会批准。在 1817 年的语境下，黑格尔正确地评论道，这是君主向其

---

❶ 《政治著作集》，页 274。［中译者按］中译参见《黑格尔政治著作选》，页 147。译文有改动。

❷ 同上，页 250（［中译者按］中译参见《黑格尔政治著作选》，页 124。黑格尔的德文原文为“代议制的规定、合法状态和人民对立法的影响”，见《黑格尔政治和法哲学文集》（*Hegels Schriften zur Politik und Rechtsphilosophie*，Leipzig，1913，Georg Lasson 出版），页 161。在黑格尔看来，国王最伟大的成就乃是，现在他的所有臣民在法律面前一律平等（页 251）。黑格尔也支持巴登的朋友对于等级议会的要求，谴责政府对司法顾问——海德堡的马丁（Martin）的骚扰。马丁追随黑格尔的朋友们对于等级议会的要求。参见“黑格尔致弗洛曼（Frommann）”，1816 年 12 月 20 日（《黑格尔通信集》，卷Ⅱ，页 65）。

臣民曾经提出过的最自由的宪法。❶

尽管黑格尔基本上支持国王的宪法，但他也有一些保留。对此，他进行了详尽的描述。对国王宪章的这种批判表明黑格尔此文并不只是为了粉饰国王的立场。黑格尔对国王宪章的主要反对涉及将职业人员排除在议员资格以外的禁令。黑格尔注意到，在一个像符腾堡这样的小国，自由职业的大多数成员均应以某种方式成为国家的雇员；将他们排除在议会成员之外，议会就会缺少具有必要知识的成员，从而将议会推到法律人士的手中。黑格尔一向认为，对于法律是什么，法律人具有一种天生的保守的、习惯性的和“实证的”观念。黑格尔评论说，最近的历史发展“给德国大学的青年灌输了一种比单纯追求将来直接得到面包、追求得到糊口之计更高的意趣……既然德国青年通过科学深造已使自己有了这方面的能力，并且首先在献身为国家服务，他们和整个其中绝大多数以此为任的有科学教养的等级，都得正好因此而失去成为邦等级议员成员、成为民众代表的资格吗?”❷

然而，黑格尔对于宪法建议稿的最主要的保留涉及它的直接的、无差异的代议制。在他看来，这种直接的选举权制度意味着个人与政治体没有实际的联系，由此产生的结果就是个人感觉与国家疏远，在他面对政治权力时无能为力：

> 选举人根本就不会以别的方式和市民秩序或者国家组织发生关系。公民们只是作为孤立的原子而出现，选举集会表现为混乱而无组织的聚集，整个民族分解成了一堆人。这是共同体在着手行动时绝不应该采取的一种形态。这种形态与共同体极不相称、与共同体的概念——作为精神的秩序——

❶ 《政治著作集》，页254。［中译者按］中译参见《黑格尔政治著作选》，页127。

❷ 同上，页254。［中译者按］中译引自《黑格尔政治著作选》，页133。

> 极为矛盾的形态。因为年龄和财产是单单和个人相关的质，并不构成个人在市民秩序中所起效用的那些特性。个人在市民秩序中有效用仅仅是靠职务、等级，靠市民所承认的技艺、熟练能力及头衔等所赋予的权利。❶

当然，这与自从卢梭和《联邦党人文集》以不同的理由反对“宗派”和法国革命解散所有“片面”组织以来的所确认的自由主义原则根本冲突。在黑格尔看来，公民—投票人和政治结构的普遍性之间的这样一种抽象同一实为纯粹的幻想和胡思乱想；与国家的这种同一需要中介。在一个表达了对于代议制政府很晚方才出现的问题的惊人洞见的段落中，黑格尔说道：

> 此外也许还应该提到行使承当选举人这类完全个别化的职责很容易不久就失去对它的兴趣，行使这类职责一般是以偶然的意向和短暂的爱好为转移的。这种职责通过一次的个别行动就过去了，通过多年内仅出现一次的行动就过去了。在投票人数目众多的情况下，个别人可能把自己表决票具有的影响看作是无足轻重的，特别是他帮选的代表本人又只是某一人数众多的会议的成员时，就更可能如此，在这种会议上，始终只是少数人能够证明有显著的重要性，但在这里仅仅通过许多表决票中的一票，无论如何起的正是那样一种不明显的作用……
>
> 但是经验表明，在所要产生的重要作用和个人自身显得极不足道的影响之间距离是过大了，这种过大的距离立即产生的后果是有投票权的人对他们的这一权利变得漠不

❶ 《政治著作集》，页262。[中译者按] 中译引自《黑格尔政治著作选》，页136。黑格尔担心这样一种安排会导致人民“养成一种由狭隘和自私自利的精神所支配的……纯粹的私人利己之心”（页268）。

关心了。❶

在黑格尔看来，以单纯财产资格为基础的代议制度导致了生活的原子化和私人化，[78] 并且鼓励投票人单单从经济利益出发看待政治关怀。黑格尔偏爱另一选择，其中代议制能够表达合法的群体利益，从而通过同俦而将每一个公民纳入政治结构之中：

> 一种有生命力的联系仅仅存在于有机划分的整体，这一整体的各个部分本身便构成特殊的、附属的范围。但要达到这一点，就必须最终放弃关于单纯数字和财产数量的法国式抽象，起码必须不再使之成为主要的规定，从此不再规定为一项极重要的政治活动的唯一条件。这样一些原子论的原则无论在科学上还是在政治上，都是毁灭任何理性概念、任何有机区分和生命活力的。❷

黑格尔提出的正是这种现代的、分化的国家的观念，以反对符腾堡贵族的封建的、革命以前的观念以及国王的宪法建议的更能接受的、但是有些机械主义的形式。在黑格尔看来，符腾堡反对派的法律倾向执着于另一种幻想不放，即德意志民族的神圣罗马帝国绝不会灭亡。贵族“从来就没有接受罗马皇帝退位……

---

❶ 《政治著作集》，页264。[中译者按] 中译引自《黑格尔政治著作选》，页137。可能会因此认为黑格尔是“社团国家”（corporate state）的先驱的读者应当记住，这正好就是黑格尔时代还不存在的现代政党和其他自愿性组织在现代代议制度中所发挥的中介性作用。尤其参见 Robert A. Dahl 在其《民主理论序言》（*Preface to Democratic Theory*，Chicago，1956）中所言的“多头政体”理论，见该书，页63－89。

❷ 同上，页263。[中译者按] 中译引自《黑格尔政治著作选》，页137。在欢迎旧的、限制性的和强制性的行会体系寿终正寝的同时，黑格尔也欢迎建立“把较低的领域也再次归诸政治秩序，使之重受尊重，并使其清除掉特权和不法行为，适应作为有机构造的国家”的任何尝试。

[并认为] 在废除莱茵同盟以后它又合法占有了它自己以前的全部权利”。[1]对黑格尔来说，这纯属想象和虚构。就像在他的《德国宪制》中一样，黑格尔想要消除围绕在历史王国周围的这种法律虚构，以了解事实的真相，因而他在这里的首要目的就是理解现实，而符腾堡的反对派们则“宣称他们自己确实是另一世界的等级议员，过去时代的等级议员……整个等级议会本身正就是站在一种直接与现实世界状况对立的立场上”。[2]但是，在黑格尔看来，死去的东西不能复活，破碎帝国的旧世界也无法重生。在不能将自己改造为一个现代国家的旧帝国的废墟上，新国家已经建立起来。德意志的凤凰已经从它自己的灰烬中浴火重生；但现在它有多种形式，而不是只有一种。不是一个德意志国家，而是一批国家出现在旧世界的断壁残垣之中。[79] 不像旧帝国的旧的祖传的“等级议会”，这些国家并非建立在财产和王朝关系之上的纯然个人领域。在拿破仑改革以及随后的德国政治史的影响下，他们已经演化成理性地组织起来的、建立在法律和代议制的现代普遍性原则之上的现代国家。帝国的旧梦已死；德意志新国家的实在性则是现实的：

> 时代给符腾堡带来了一个新课题，也带来了解决这一课题的要求。这个课题就是要把符腾堡地区建成一个国家。德意志帝国曾被人们叫作荒唐的设施……自从这个荒唐设施最终达到它应得的，在外在形式上也与之相当的可耻结局后，先前的符腾堡比原先地面扩展了约两倍多…… [它] 转而有了主权，转而有了国家地位，真正德意志诸帝国中一国的地位。这些帝国取那个怪物而代之，而这个怪物就只还有个

---

[1] 《政治著作集》，页 272。[中译者按] 中译引自《黑格尔政治著作选》，页 145。

[2] 同上，页 271 – 273。[中译者按] 中译引自《黑格尔政治著作选》，页 145 – 146。

"帝国"的空名了。❶

因此黑格尔转了一大圈：在1802年，他希望通过改革帝国创造一个政治权力中心；但是他在一种悄然失望的语气中结束了《德国宪制》。帝国不可能复兴；改革的计划只能残忍地显明其最终灭亡的内在合理性。现在，巴伐利亚、符腾堡、普鲁士——这些在1815年后的德意志出现的现代德意志国家——成了现代化和转型的担纲者：它们吸取了法国革命的教训，改革了，理性化了。对于政治统一的呼吁成为多余的了，一个个国家成为德国政治权力的主体。现代国家的观念最终在德国扎下了根："刚刚过去的25年大多可怖的历史也使我们看到了把握这一观念的多种多样的尝试。"❷

1802年的计划已经实现，尽管经历了一个辩证的螺旋发展。尽管旧帝国已经达到它"应得的结局"，但是德国的政治生活现代化了。现在，德国政治统一的任何行动都有毁灭既有成就的危险。此外，由于一个真正的政治体制的基础已经在这些特殊的德意志国家确立起来，因而现在德国全面的政治统一就只能基于像语言和历史记忆这样的主观任意的因素之上。就这些抱负而言，我们已经看到黑格尔反对种族主义的任何观念。[80] 因此，黑格尔对于1813~1815年创造德国政治统一的任何尝试的总体反对，就是对于支配其1802年的立场的一个辩护。正因为如此，他反对德国1813年的反对法国的民族主义情感以及复兴德意志帝国的浪漫主义企图。现代德意志国家确已存在，并且死者不可能复生。

---

❶ 《政治著作集》，页247－248。[中译者按] 中译引自《黑格尔政治著作选》，页122－123。海谋用此段表明黑格尔没有"任何民族感情"（《黑格尔及其时代》，页353）。

❷ 同上，页249。[中译者按] 中译引自《黑格尔政治著作选》，页123。

第5章　现代生活与社会现实

[81] 我们已经看到，黑格尔的政治著作表现为一幅连贯且逐次展开的全景画，通过这种方式，他的政治理论在不断直面历史现实的过程中发展起来。另一方面，黑格尔的体系化著作则反映出他想要阐发一个普遍的理论框架，以捍卫他的现代国家理论。

在黑格尔与政治哲学有关的所有体系性著作中，《法哲学》（1821年）最为著名，也是唯一译成英语的著作。然而，黑格尔在把他的思想确定地表达在这部著作当中之前，就已经多次尝试系统地表达他对政治理论的思考了。不论是在他追问的问题上，还是在他研究的总体方向上，他的成熟政治哲学的这些早期版本都表现出了一种相当惊人的连续性。这些早期尝试有的也详细研究了后来成熟的《法哲学》仅仅简要提及或者只是有所暗示的一些问题。因此，对理解黑格尔的政治哲学来说，不管是出于它们自己的价值，还是作为他晚期思想的基础，这些早期尝试都是不可或缺的。

任何人只要浏览一下黑格尔为系统整理政治思想而作出的这些不同尝试，就会得出这样的结论，即黑格尔不仅一直专注一系列相同的问题，而且在某种程度上，他一直都在写同一本书：因此可以说，摆在我们面前的是《法哲学》的一些早期草稿。

甚至这些作品的实际标题也表明了这一点。《法哲学》的副标题是“自然法和国家学”（*Natural Law and Political Science*）；黑格尔第一篇系统论述政治思想的论文发表于 1802 年，题目是“论自然法的科学探讨方式，它在实践哲学中的地位及其与实证法学的关系”（*On the Scientific Modes of Treatment of Natural Law—Its Place in Practical Philosophy and Its Relationship to the Positive Science of Law*❶）。早期的另外两个尝试是《伦理体系》（*System der Sittlichkeit*）和［82］两版《耶拿实在哲学》（*Jenaer Realphilosophie*），它们在黑格尔生前都没有发表。它们的结构和内容显然是黑格尔最后的成熟《法哲学》的一个雏形。

从自然法到社会团结

自然法❷论文发表于黑格尔和谢林两人合办的《哲学批判杂志》（*Kritisches Journal der Philosophie*）。两人都把这份杂志看作与旧哲学斗争的主要武器。在这篇论文发表的前一年（1801年），黑格尔已在耶拿出版了他第一部署名作品，这是一部论述

---

❶ ［中译者按］德文标题为“Über die wissenschaftlichen Behandlungsarten des Naturrechts, seine Stelle in der praktischen Philosophie und sein Verhältnis zu den positiven Rechtswissenschaften”。

❷ ［中译者按］此处“自然法”，英文原文为“Natural Law”，下文遇此情况，中译文一律用楷体标明，不再　说明。

费希特和谢林哲学体系差异的论著。[1]这部作品仍处于谢林自然哲学的强烈笼罩之下，深受它的影响，而自然法论文则有意识地力图将精神置于自然之上，表明尽管黑格尔有时仍然使用了让人恼火的谢林术语，但是他想要提出一种独立的哲学立场。[2]

虽然论文题目是自然法，但它处理的范围要比单纯讨论自然法广泛得多。在这篇论文中，黑格尔想要彻底批判康德的形式理性主义和英国的经验主义。他寻求一种能够成功保存他毕竟承认的先天理性主义和经验主义两者所包含的片面真理的立法的有效基础。

在黑格尔看来，经验主义者的主要不足在于，他们试图从诸如婚姻与惩罚等历史安排的经验特征中得出和确定这些社会制度的背景。黑格尔认为，对于认识这些制度的本质和本性来说，这样一份经验性因素的名单或目录毫无用处。[3]而且，当经验主义者谈论“强制”或者“必然性”时，他们就像传统形而上学家一样使用抽象的范畴。尽管经验主义者们不承认，但是他们仍然诉诸一些隐匿的前提；根本而言，他们的［83］观点只是“知性”（*Verstand*）的观点，知性只看到特殊的方面，看不到相关的总体。[4]

然而，正是在严格的政治领域中，黑格尔看到了传统自然法理论的崩溃。在卢梭那里，公意[5]被假定为政治秩序的终极合法

---

[1] “费希特与谢林哲学体系的差异”（Differenz des Fichte' schen und Schelling' schen System der Philosophie），载于 G. W. F. Hegel, *Gesammelte Werke*（Hamburg, 1966），卷Ⅳ，页 5 –92。罗森克兰茨说（页 149），黑格尔想用这篇论文对耶拿知识界产生影响。

[2] 同上，卷Ⅳ，页 432；参见 Kaufman,《黑格尔》，页 69 –108；Lasson 为其编辑的黑格尔《政法著作集》所写的导言，页 xxxiv – xxxvi。

[3] 《全集》，卷Ⅳ，页 421 –422。

[4] 同上，卷Ⅳ，页 428 –430。有意思的是，注意到下面这一点，即黑格尔在这里的上下文中用“反社会主义的”（anti – socialist）这样的术语来指称那些从“作为首要的和最高的［事实］的个人的存在”出发的自然法理论。

[5] ［中译者按］在翻译卢梭的用语时，“general will”译为“公意”，否则译为“普遍意志”。

性的根据；然而，问题在于，“公意”如何“在主体中必然成为现实的东西。”❶自然法理论倾向于通过在政府以外以监督机关的形式另设一个合法性机构，用它来约束并控制政府，从而解决这种困难。但在黑格尔看来，这种办法造成了一种对立，它不仅没有解决问题，反而带来了更多的问题。因为这个问题有两方面：其一，如何防止自称是代表公意的政府凌驾于公民之上；其二，如何防止无组织的人民直接支配政府。在黑格尔看来，自然法理论未能在霍布斯和罗伯斯庇尔之间找到一条中间道路。

黑格尔详细批评了一些想要解决这个问题的尝试。比如，他批评费希特的监察委员会（Ephorate）的观念。监察委员会是一个控制委员会，负责监督政府的活动。黑格尔指出，费希特的监察委员会实际上依赖于政府的善良意志，因此不能有效地控制它。另一方面，如果监察委员会被赋予实际的政治权力并且真正独立于政府的话，那它本身就是另一个政府，结果将是导致政治瘫痪的实际停滞。❷

就像反对软弱无力的监察委员会一样，黑格尔设想了内在于自然法理论之中的另一种可能性，即让人民代表机构成为具有最高支配权力的实际政治机关。黑格尔显然从中看到了同法国大革命暴虐时期类似的政治骚乱的危险：

> 但是最后，如果最高的掌权者们自愿允许普遍意志的这个第二代表机构召集民众，在他们和监督者之间进行判断——那么这帮暴民［*Pöbel*］会开始干什么呢？……他们既没有过过公共生活，因此也就没有［84］养成［*gebildet*］共同意志的意识，没有受到以整体精神去行动的教育。❸

❶ 《全集》，卷Ⅳ，页 443。［中译者按］引文中的“主体”（subject）兼有“臣民”之意。

❷ 同上，卷Ⅳ，页 445。

❸ 同上。

黑格尔在这里清楚地意识到，卢梭的“强迫人民自由”的建议只是回避了问题而已。黑格尔所要找的与其神学著作中在古代城邦中所发现的差不多：归依于一个共同体的意识，而不只是把共同体视为工具的情感。对黑格尔而言，“绝对伦理”（absolute Sittlichkeit）就是归依于这样一个共同体，归依于一个民族，这并不是因为就其本身来说民族代表了任何绝对的伦理理念，而是因为这种成员身份是绝对的，而不是相对的，民族是他自己的目的，而不是达到一种由自利、安全等所决定的目的的单纯手段。❶

这里古典 *virtus*［德性］重新出现了。然而，虽然黑格尔把它描绘得引人入胜，但是很明显，正如他的一些影射卢梭的离题话所明白暗示的那样，黑格尔并不想要古典德性复活。在这里，黑格尔也同样论述了古典德性消失的历史背景：在罗马晚期，人们仍拥有个人的（individual）勇敢，但是公共的（public）勇敢却消失了；私人地位取代了公共身份，这种向私人生活的沉沦标志着罗马帝国的衰落。❷

在黑格尔看来，正是生活的这种私人化构成了对绝对伦理（*Sittlichkeit*）和政治 *virtus*［德性］的最大威胁。黑格尔在旧德意志帝国状况中看到了这种私人化的当代形式。尽管黑格尔同意柏拉图（Plato）的“法律与诉讼的增多有害无益”的看法，但是他自己有理由认为：社会中讼案越多，就越是证明社会成员追求他们自己的个人利益，忽视 *res publica*［公共利益］。危险在于，在这种情况下，国家就成为公民经济利益的纯粹执行人。必须要避免这种危险：

---

❶ 《全集》，卷Ⅳ，页449。

❷ 同上，卷Ⅳ，页456－457。正是在这里，黑格尔也对古代奴隶制的消失给出了一种迷人的解释：“在罗马帝国的普遍性的经验现象中，那种奴隶制关系自动消失了；随着绝对伦理的丧失和贵族等级的堕落，以前那两个截然不同的等级成为平等的了；随着自由的消失，奴隶制也必然消失。”

> 绝对安全和轻松赚钱……是不够的……相反，伦理整体必须在［85］其内在的虚无感中维持这种财产体系……阻止财产向其自然倾向的更大的差别和不平等的方向发展。在每一个国家中，这或多或少是不自觉地、作为一种外在的自然必然性……以国家开支日益增长的形式发生的，结果，主要是通过战争，税收增加了，财产减少了，赚钱不易了。[1]

这里，与古典自然法理论的对立再也明显不过了：在任何情况下，国家都不能视为保护和捍卫财产的工具。但黑格尔在这条路上走得更远：他并不停留在单纯的假设上；他认为这就是国家的内在基本原理，国家按其本性来说就是侵犯财产，而不是保护财产。社会拥有的财富越多，国家征税也就越多。事实上，税收和战争是伟大的平衡器，它们各以自己的方式保障国家不去充当经济利益的遮羞布。黑格尔由此看到，在每一个历史社会中，国家的内在普遍性这只看不见的手显然一直都在起作用，尽管（如他所言）这种作用是“不自觉地”，并且表现为“外在自然的必然性”。

然而对黑格尔来说，问题在于，使这种隐秘的理性显露出来，把这种看不见的普遍性提升到意识的层面。黑格尔思想的这一建设性方面并没有清楚地表达出来，这主要是因为这篇论文的目的是批判自然法理论，而不是独立阐述黑格尔自己的观点。然而论文中仍然有迹可循：主要是因为生活已经达到了经济利益发挥关键作用、并且必须予以合法化的阶段，因而古老的 *virtus*［德性］不能复兴了。我们已经看到黑格尔痛心于社会的差别，但他仍把它看作这种事态的一种自然必然性：尽管如此，可以利用社会差别将经济利益融入国家的普遍性之中。

正是在这里，黑格尔阐述了他的社会等级理论，这种理论后来以更明确、更复杂的形式出现在《伦理体系》《耶拿实在哲

---

[1] 《全集》，卷Ⅳ，页450－451。

学》与《法哲学》中。根本而言，这种理论是一个想要将古典 *virtus* [德性] 融入以需要体系为中介的现代的、分化了的社会生活之中的尝试。不是每一个人都能过公共生活，但也并不是所有生活都应该向市场规则全面开放。因此，社会应有两个等级(*Stände*)，一个是献身于公共生活的“绝对”等级，另一个则是从事经济活动的等级。

[86] 绝对等级具有“真正的伦理意识”；它的自由在于，它完全摆脱了直接的物质生活条件。这表现在它不仅乐意献身于整体，而不是追求自己的特殊利益，而且最终表现在准备为共同体而牺牲自我；这是它与共同体绝对同一的最高表现。❶

黑格尔关于商业等级的论述非常有趣，因为在那里，他把现代世界的兴起与市民（bourgeois）的出现联系起来：

> 因此，这个等级的地位是由下述事实规定的：它的领域一般而言就是占有，以及与占有有关的正义；同时它还建立了一个紧密联系的体系，而且……占有关系接纳到了形式的统一性之中。由于每一个人都潜在地是一个占有者，因此也就作为普遍者，作为市民（*bourgeois*）的意义上的自由民与所有人发生关系：由于这个等级的成员是私人，因此他们在政治上是缺位的，对此的补偿是和平与工作的成果和绝对安全地享受这些成果。❷

黑格尔试图超越自然法理论的局限，但由于他不能或不情愿

---

❶ 《全集》，卷Ⅳ，页462。黑格尔关于“绝对”（或后来的“普遍”）等级的观念明显类似于柏拉图。但这一观念的哲学论证却非常不同于柏拉图的哲学人类学，而且它完全没有柏拉图的种族主义意味。因此，尽管类似，但黑格尔能够谴责柏拉图“等级体系”的封闭性。参见 M. B. Foster，《柏拉图与黑格尔的政治哲学》(*The Political Philosophies of Plato and Hegel*, Oxford, 1935)。然而，Foster 仅限于《法哲学》，而忽视了耶拿手稿。

❷ 同上，卷Ⅳ，页458。

详细讨论这两个等级之间的关系的本质，所以他的打算受到极大的阻碍。他的社会等级理论也没有以任何方式与一种理论基础或者普遍的哲学原理联系起来。它好像是作为事后的想法加进来的；有点像冲淡了的柏拉图方案。只有到了后来，当他把他的关于劳动及经济过程的观点——自从他熟悉政治经济学以来，这些观点就已经蕴含在他的早期作品当中了——与他关于人在宇宙中的位置的一般理论联系起来时，他才阐明了这种等级体系的理论维度。这一点可以在他的《伦理体系》手稿以及以《实在哲学Ⅰ》和《实在哲学Ⅱ》知名的两个系列讲座中看到。现在我们必须转向它们。

劳动、异化和市场的力量

［87］在《伦理体系》以及两版《实在哲学》中，黑格尔首次提出了他后来称作“客观精神”的理论，而《实在哲学》还包含了很多其他的内容。❶这两组文本在黑格尔生前都未出版。《伦理体系》大约作于1802～1803年，全文1913年第一次由拉松出版，之前莫拉特曾在1893年出版过一个节选本。黑格尔分别于1803～1804年与1805～1806年在耶拿大学所作的两次讲演以《实在哲学Ⅰ》和《实在哲学Ⅱ》知名，20世纪三十年代初，荷夫迈斯特第一次将它们出版。❷

---

❶ Rosenzweig，《黑格尔与国家》，页130及以下。《实在哲学Ⅰ》是黑格尔构建一个全面体系的较早尝试，这种看法最近已受到挑战：参见《实在哲学Ⅱ》（Hamburg，1967）新版的编辑评论。然而，我们仍然按照传统的做法，将这两部作品称作《实在哲学Ⅰ》和《实在哲学Ⅱ》。

❷ ［中译者按］阿维纳瑞这里所言的黑格尔耶拿时期的《实在哲学Ⅰ》和《实在哲学Ⅱ》，后收入《黑格尔全集》（历史考证版）第6卷和第8卷（G. F. W. Hegel，*Gesammelte Werke*，Hamburg：Felix Meiner Verlag，Band 6，1975；Band 8，1976）。

大多数传统的黑格尔评论家都不知道这两组文本。仔细分析这两组文本，我们可以看到，尽管黑格尔的主要兴趣一直都是想要创造出一个全面的哲学思辨体系，但是对社会与政治本质的高度关注自始至终都处于其理论兴趣的中心。这些文本也反映出黑格尔政治思想的明显连续性，同时也清楚表明，《法哲学》的政治哲学不能理解为只是对 1815 年复辟时期所作的一个辩护，因为《法哲学》的大多数主题和观念都可以追溯到黑格尔耶拿时期的思想。❶ 虽然《伦理体系》与《实在哲学》在诸多问题上有所不同，但我们在这里放到一起进行讨论。

《伦理体系》试图描述能够证成一种社会关系哲学的语境。黑格尔把伦理（Sittlichkeit）规定为个体与他的社会生活总体之间的同一性。❷他着手描述的是一系列对于个体要在这个总体中得其所哉来说实属必要的中介。

黑格尔的起点是自然；意识的第一个环节［88］是实现它与自然的分离和区分。这种活动引起了克服这种分离、并把自然纳入个人自身之中的冲动。意识试图在对象中认识其自身。这就是需要的观念，在这种观念中，人类主体与自然对象发生关系，他设法把后者统摄到他的主体性之下，以此恢复主体与客体的原始同一性。人要消费对象，黑格尔把这个过程分为三个阶段：（a）需要；（b）需要的克服与实现；（c）满足。❸通过满足，个体超越了分离，但这种超越只是直接层次上的超越：干掉对象的满足纯粹是感性的和否定性的。这种超越限于个别对象，不能普遍化。在每个统摄的个别行为之后，分离的意识依然故我。

---

❶ 参见 Marcuse，《理性与革命》，页 73 - 90；Lukács，《青年黑格尔》，页 407 - 431；Mihailo Marković，“经济主义或者经济学的人化”（Economism or the Humanization of Economics），载 *Praxis* V（1969），页 460 - 461。

❷ 《伦理体系》，载于《政法著作集》，页 419。

❸ 同上，页 422。

在黑格尔看来，财产的出现是人类在更高层次上将自然据为己有的另一尝试，此时，占有自然对象不再是为了否定与毁灭它；相反，现在自然对象保存了下来。但此时，被占有的对象的意义不再存在于它与占有主体的关系上，而在于这一事实：即其他主体承认该对象专属于这个特殊主体：

> 占有的权利直接与物发生关系，而不是与第三方发生关系。人有权利占有其作为个体能够占有的东西。他有这种权利，这种权利存在于他的成为自我（Selbst zu sein）的概念中：由此，他就是凌驾于万物之上的力量。但他的占有也就意味着对第三方的排斥。在这个意义上，是什么将（他与）他人联结起来？我能占有什么，而不伤害第三方？❶

黑格尔正是从这些考虑得出了财产权的跨主体性的、非个体性的本质：财产权属于那些被其他人所承认的个人，它绝不是这个个体在他人承认之前所固有的特质。占有关涉个体，财产权则关涉社会：因为占有通过他人的承认而成为财产，所以财产权是一种社会属性。因此黑格尔的财产权概念的根基不是个体主义的，而是以社会为前提的，而且财产权在他的体系中永远也不可能获得独立的［89］存在。这一点很重要，因为虽然如我们所知，黑格尔对经济过程的描述取自古典政治经济学，但是他对于财产权的根本性质的看法却完全不同。财产权总是以社会共识、意识为前提，而不是以单纯的占有事实为前提。因此，对黑格尔

❶ 《实在哲学Ⅱ》，页207（［中译者按］中译参考G. W. F. Hegel，《黑格尔全集》（*Gesammelte Werke*，Hamburg，1976），卷8，页214－216）；参考《实在哲学Ⅰ》，页240，论从占有到财产的过渡："我的占有的安全是所有人的占有的安全；在我的财产权中，有着所有人的财产权。我的占有获得了意识的形式。"［中译者按］中译参考黑格尔，《黑格尔全集》（历史考证版），卷6，页325。

来说，财产权构成了人为承认而斗争的一个环节。[1]财产权不是来自单纯的身体需要，因此它具有人类学意义，黑格尔哲学一直保留了它的这种意义。然而在占有中，甚至当占有变成财产权之后，仍然存在一种偶然因素，因为财产权的对象以完全任意的方式关系到这个人或那个人。

黑格尔正是在他的哲学人类学的这个阶段把劳动引入到他的体系中。黑格尔认为，只有通过劳动，“占有取得的偶然性才被扬弃（*aufgehoben*）了。”[2] 对黑格尔来说，劳动是原始享受的升华；在劳动中，“人们从享受中抽身出来，即人们不去享受……对象作为对象，未被消灭，而是被另一个对象取而代之了。”[3]

因此，劳动是对与对象的分离之感的间接超越；此外，劳动本质上是主观之物与客观之物的综合之所在。劳动工具促进了这种中介过程，而且正是通过劳动，一个人才被他人所承认。劳动是人和人之间的普遍联系，“劳动是人与人之间的普遍交互作用和教化（*Bildung*）……是一种相互承认，或是最高的个体性。”[4]在劳动中，人变成了“一个相对于他人的普遍物，他人也是如此”。[5]

因此，劳动表现为欲望的改造，将其从最初的消灭性欲望变为建设性欲望：原始人就像动物一样消耗自然，消灭对象，而劳动则不是通过否定，而是通过再创造，使对象继续存在，并且使之成为人的欲望的对象。因此，尽管生产的目标可以解释为是他人的承认，但生产的动机仍旧是需要。通过欲求一个对象，意识

---

[1] 《政法著作集》，页439。

[2] 《实在哲学Ⅱ》，页217。［中译者按］中译参考黑格尔，《全集》（历史考证版），卷8，页227。

[3] 《政法著作集》，页424。

[4] 同上，页430。

[5] 同上，页428。

驱使人去创造它，把需要从主观渴求与肉体欲望改造为一种外在的、客观的力量。因此，劳动总是意向性的，而非出自本能，因为劳动代表了人创造他自己的［90］世界的力量。生产是理性在世界上实现其自身的工具。在一个预示了他后来关于合理的东西和现实的东西的名言的段落中，黑格尔说道："理性终究只能存在于其劳作中；它只有在它的产品中生成，直接把自己理解为他者和他自身。"❶

但是黑格尔对于劳动作为工具性的观点——通过劳动，人熟悉了他的世界，发展这个世界，同时也发展了他自己——也包含了这种认识，即劳动的条件不仅预设了人的实现，而且也预设了人的可能退化。对黑格尔来说，作为在历史中得到实践的劳动具有双重性。一方面，劳动是人的能力与潜能的外化与对象化：通过劳动，自然成为人的自然历史的一部分："我做了某事；我外化了我自己；这种否定就是肯定；外化（*Entäusserung*）就是占有。"但另一方面，劳动也创造了阻碍使人自己融入其世界的条件。在黑格尔看来，劳动过程中的异化成分并不是劳动的一个可以矫正或者改革的微不足道的方面：对人类社会结构而言，异化是根本且内在的，异化的不断加剧，构成了现代社会的特征之一。❷黑格尔对异化问题的讨论包含了一个最早的、最根本的认识，即现代社会的发展——虽然受到黑格尔的热烈欢迎——又给人类生活的传统困境加上了新的重负。

黑格尔不是通过对当时德国社会或经济状况的经验研究而获得对于现代社会的这种运行状况的看法的。确实，他在《德国宪制》中对这些社会经济状况的阐述并没有描述出一个有生气的社会，遑论一个充满活力的、创造性的社会。他也没有提及其他更为发达的社会：黑格尔这里的观点毋宁是对于提高到哲学范式层

---

❶ 《实在哲学 I》，页 233。

❷ 《实在哲学 II》，页 218。

面的现代政治经济学所展现的社会模型的一个提炼。❶

[91] 劳动的异化方面与它的社会本性密切相关，因此是不可避免的。我们已经看到，对黑格尔来说，劳动是人与他人发生关系的中介。现在，黑格尔又加上另一维度：在生产中，人们不仅为自己生产，而且在交互的基础上，也为他人生产。劳动成为社会劳动，而且在劳动过程中，人们的目的不仅是他们个人的目的，而且是更加广泛的、跨个人的目的："为所有人以及所有人的满足而劳动。每个人都为其他人服务并维持自己的生计，只有此时，个人才第一次成为个体化了的存在；此前，他只是抽象的、不真的存在。"❷

在原子主义、个体主义观点看来，劳动是第一性的，交换是第二性的和派生的，是以剩余产品为基础的。与之相反，黑格尔认为，劳动总是以将交换统摄于其认识方面之下的交互关系为前提，没有人为自己生产，所有生产都以他人为先决条件——因此承认的基本要素总是内在于劳动之中。

但这种交互性产生了一个问题：虽然每个人的需要是具体的，但是生产的总体所要满足的需要总体则是抽象的，只有生产与分配的整个过程完成后，需要的总体才能具体表现出来。因此，生产成为抽象的，劳动分工与产品的需要相关，而与生产者

---

❶ 马克思清楚地认识到这是黑格尔的起点，他在《经济学哲学手稿》中写道："黑格尔站在现代国民经济学家的立场上。他把劳动看作人的本质，看作人的自我确证的本质。"但因为马克思不知道当时尚未出版的《伦理体系》与《实在哲学》的文本，因此他没有认识到，黑格尔确实意识到，劳动包含了异化。因此，马克思错误地认为，黑格尔"只看到劳动的积极的方面，没有看到它的消极的方面"。参见 K. Marx，《早期著作集》（*Early Writings*，London，1963），T. B. Bottomore 译，页 203。[中译者按] 中译参见《马克思恩格斯全集》第 2 版，第 3 卷，北京：人民出版社，2002 年，页 320。

❷ 《实在哲学Ⅱ》，页 213。[中译者按] 德文原文见黑格尔，《全集》（历史考证版），卷 8，页 223。正文中的英译文与《全集》德文原文略有出入："所有人的劳动，并且为了所有人而劳动，以及享受——所有人的享受；人人服务于他人，帮助他人——或者说只有此时个体才是个别的存在。此前他只是抽象的、不真的存在。"

的需要无关。人生产的不是他自己的特殊需要的对象，而是一种普遍的产品，他能用这种产品交换具体的物品或他所需要的东西。他生产的是商品（commodities）。他的品位越高雅，他想要的对象也就越多，他自己不能生产这些对象，而只能通过生产更多的商品进行交换，以获得他想要的那些对象。这样，就出现了一种每个人对于生产者之普遍性的普遍依赖，而劳动的性质也就发生了根本改变：

> 因为劳动只是为了作为抽象的自为存在的需要而进行的，因此劳动也只是抽象的……普遍劳动［就是］劳动分工、储存……由于这里每个人都是一个个人，因而都为一种需要而劳动。［然而］他的劳动内容超出了他的需要；他为了很多人的需要而劳动，人人皆然。因此，每个人都满足了许多人的需要，而且他的很多特殊需要的满足就是许多其他人的劳动。因为他的劳动就是这种抽象劳动，所以他表现为一个抽象的自我，或按照物的方式表现，［92］而不是表现为一个统治和主宰一个广泛领域的全面的、丰富的、周全的精神。他没有具体的劳动：他的力量在于分析、抽象，在于把具体东西肢解为很多抽象的方面。❶

因此，社会劳动的辩证性是显而易见的：一方面，通过创造社会性，每个人都普遍依赖于所有人，社会劳动使人成为一种普遍存在物。另一方面，各种需要的这种相互满足使得具体个人与他的特殊的、具体的需要断裂。通过为一切人劳动，个人就不再为自己劳动了；结果，在他的劳动与他的需要的满足之间产生了距离，并需要中介。社会劳动必然引起异化：

---

❶ 《实在哲学Ⅱ》，页 214 – 215。［中译者按］中译参考黑格尔，《全集》（历史考证版），卷 8，页 224 – 225。

> 因此，人的需要的满足，不是通过他自己的劳动加工出来的对象；通过满足他的需要，它变成了某种其他的东西。人不再生产他所需要的东西，或者不再需要他所加工的东西。与之相反，他的需要的满足的现实性就变成了这种满足的单纯可能性。他的劳动变成了形式的、普遍的、抽象的劳动，是一种个别性的劳动；他的劳动限于他的需要之一，并用它来换取其他需要的必需品。❶

人对人的这种普遍依赖在产生人的普遍性的同时，也产生出一种超出其控制之上的力量；在这些情况下，人生产的产品不是他们的直接欲望的对象，而是商品：

> 这个需要体系前面已经在形式上理解为一种普遍交互的、自然的彼此依赖的体系。没有人［只考虑］他自己的需要的总体。他的劳动，或者能够满足他的需要的任何财富，都不能保证他满足这个总体。他所拥有的剩余产品是否满足他的全部需要，取决于一种他不能决定的、并且依赖于它的异己力量。❷

因此，劳动分工与专业化越厉害，生产出来的商品也就越多；劳动离生产者的直接满足越远，它生产的产品也就越多。因此，在生产过程中，人越是抽象和异化，他也就越舒适：

> 他的劳动和占有不是为了他自己的劳动和占有，而是为了所有人的劳动和占有。需要之满足是一种所有人对所有人的普遍依赖；对每个人来说，他的劳动作为个别劳动直接合

---

❶ 《实在哲学Ⅰ》，页237－238。［中译者按］中译参考黑格尔，《全集》（历史考证版），卷6，页321－322。

❷ 《政法著作集》，页492。

> 乎他的特殊需要的一切保证和确定性都消失了；［他］作为个别的需要的［整体］变成了一个普遍的东西。❶

［93］原本为人通过他人而得到承认、旨在为每个人创造他自己的客观世界的劳动过程，变成了一个人们完全不能控制和指引的过程。人完全不能融入通过创造性的意识即劳动产生的客观世界；劳动的抽象本性，连同劳动分工一起，使人完全与这个客观世界疏离。因此，黑格尔开始被工厂劳动的实际状况所困扰，他的一般劳动人类学也就变成了社会分析。黑格尔引用斯密的话说道：

> 劳动的分化使产量成倍增加；在一家英国工厂，生产一口针需要18个人的劳动；每个人专门负责一个特殊的环节；单个人不能生产120口针，甚至不能生产一口针……但在同一部门，随着劳动生产力的增加，劳动价值却下降了。因此，劳动绝对变得越来越死板，变成了机械劳动。个人的技能完全受到限制，工厂工人的意识降低到最为枯燥乏味的地步。个别种类的劳动与无限多的需要之间的联系完全感知不到了，变成了一种盲目的依赖性。因此，一种远在万里之外的操作往往会突然影响到由以满足他们的需要的整个阶级的劳动，使之成为多余的和无用的了。❷

毋庸置疑，这种分析表明黑格尔是现代工业体系的最早的激烈批判者之一。黑格尔还指出了机器出现与异化加剧之间的联

---

❶ 《实在哲学Ⅰ》，页238。［中译者按］中译参考黑格尔，《全集》（历史考证版），卷6，页322。最后一句话阿维纳瑞的英译有误，据德文原文及H. S. Harris和T. M. Knox的英译本（G. W. F. Hegel，*System of Ethical Life and First Philosophy of Spirit*，H. S. Harris和T. M. Knox编译，New York：State University of New York Press，1979）第247页更正。

❷ 同上，页239。［中译者按］中译参考黑格尔，《全集》（历史考证版），卷6，页323－324。

系，这里，黑格尔又一次在美化机器者和捣毁机器者之间采取中间立场：他一方面承认采用机器所造成的异化，另一方面又把它看作是建立在不断增长的生产之上的现代社会的人类学规定中的一个必然因素。黑格尔认为，工具本来不过是人与他的外部世界之间的中介而已；作为这样的东西，工具总是生产者手中的一个被动的客体。但是，

> 同样，通过机器的劳动，[工人]变得越来越像机器，枯燥乏味、了无精神。生活的精神因素，亦即自我意识的充盈，变成空洞的活动。自我的力量在于丰富的全面性：它正在消失。他把一些劳动交给机器去做；他自己的劳动因此也就更加形式化了。他的无聊的劳动把他限制在某一个点上。劳动越完善，也就越片面……在机器中，人抛弃了他自己的形式活动，完全让机器为他劳动。但他对自然所行的每一欺骗……都会遭到报复。[94]人从自然拿走的东西越多，对自然征服得越厉害，人本身就变得越卑贱。通过大量机器对自然进行加工，人并没有消除他的劳动的必然性；他只是把它推开了，使它远离自然，不再以一种活生生的方式与自然发生关系，而是逃离这种否定自然的生动关系，留给他的劳动本身也就变成了机器般的劳动。劳动量的减少，只是就整体而言的，而非就个人而言：相反，对个人来说，劳动增加了，因为劳动越是机械化，它的价值也就越低，个人的劳动也就越多。❶

---

❶ 《实在哲学Ⅰ》，页232、页237。与马克思在《经济学哲学手稿》中的描述之间的相似当然令人吃惊（见《早期著作集》，页120－134）。然而，卢卡奇已指出过二者之间的重大差异：黑格尔认为，异化是对象化的一个必然方面，而马克思则认为，异化并不是生产过程本身固有的，而只是具体的历史条件的产物。因此，在马克思看来，存在最终救赎的可能性，而在黑格尔看来，我们永远不能让十字架脱离现实的蔷薇花。

劳动分工、机械化与劳动的异化本性之间的内在关联越来越成为黑格尔论述的核心：

> 以前，劳动对象是一个整体，现在这样的劳动发生了分化，变成了一种个别的劳动；由于劳动的多样性消除了，这种个别劳动也就越来越机械了……这种劳动也就与总体相疏离了。这种分化开来的劳动方式预设了其他的需要将会通过其他方式来获得满足，因为这些方式也必须要通过其他人的劳动得到实现。死板的机械劳动使人可能完全摆脱这种劳动：因为劳动完全是量化的，没有变化……是某种完全外在的东西……只要找到一种同样死板的运动原则、一种自然力量就行了，像水、风、蒸汽等的运动，如此等等，工具由此过渡为机器。[1]

这里，在德国观念论哲学的一个最具思辨性的文本中，我们看到了对于现代工业社会运行机制的最敏锐的洞见之一：黑格尔从一种先天的哲学人类学出发，把政治经济学的研究成果融入哲学体系中——在其体系化结构中，它几乎与 40 年后马克思的计划完全相同。然而，在黑格尔的早期文本中到底能够或隐或显地发现多少马克思后来的结论，需要单独讨论。[2]

[95] 在黑格尔看来，商品生产社会还需要一个作为劳动和

---

❶ 《政法著作集》，页 437。

❷ 我在我的《马克思的社会与政治思想》（*The Social and Political Thought of Karl Marx*, Cambridge, 1968）一书中讨论马克思的工人异化观时，在第 55 ~ 56 页提到了亚当·缪勒（Adam Müller）和弗兰茨·冯·巴德尔（Franz von Baader）的著作，以表明，在马克思和德国工业化时代到来之前，德国思想家已很好地理解到工业社会的后果。当时，我还不知道到黑格尔在多大程度上讨论过这些问题。事实上，黑格尔的讨论不仅先于缪勒和巴德尔，而且比他们更详细，同时还在他的社会哲学形成过程中占据了在前面两位思想家那里所没有的核心地位。当然，还有一个不同：缪勒和巴德尔的著作出版了，而黑格尔对这个问题的讨论仍旧是手稿，不为时人所知。

主体之间的中介的普遍的、抽象的尺度。这就是货币：

> 作为物的需要的这些多样性劳动同样必须实现它们的概念、它们的抽象：因此它们的普遍概念必须像它们一样是一种物，但是这种物［必须是一种］代表一切的普遍物。货币就是这种作为物质存在的普遍概念，是需要的所有物的统一性或者可能性的形式。在一个大的民族中，上升到这种普遍性的需要与劳动就自为地形成了一个巨大的公共性（*Gemeinschaftlichkeit*）和相互依赖的体系，死物的一种在自身中推动其自身的生命（*ein sich in sich bewegendes Leben des Toten*），这种生命在其运动中以一种盲目而根本的方式到处运动，并像一头野兽一样需要持久地强烈控制和约束。❶

在商品生产社会，市场的力量是终极力量："在这个体系中，主宰因素是需要以及满足需要的方法的无意识的、盲目的整体。"❷市场的力量与客体的使用价值转变为商品的交换价值有关。❸人的劳动最初旨在获得他人的承认和超越于对象之上的力量，但是劳动最终却把人置于一种直接相反的彻底依赖于他和他自己的主体性创造出来的力量、并且在这种力量面前完全无能为力、完全不能控制这种力量的境地。

---

❶ 《实在哲学 I》，页 239 - 240。［中译者按］中译参考黑格尔，《全集》（历史考证版），卷 6，页 324。黑格尔后来道出了关于货币的名言："货币是所有外在必然性的简化形式"（《柏林著作集》，页 731）。它也非常接近于马克思的"论货币"（《早期著作集》，页 189 - 194）和赫斯（Moses Hess）关于同一主题的小册子。

❷ 《政法著作集》，页 493。参考页 492："这种价值依赖于需要的总体以及剩余产品的总体；而且这个总体是一种鲜为人知的、看不见的、无法计算的力量。"

❸ 同上，页 438："这样，对主体的实践感来说，这种占有已失去其意义，它不再是主体的一种需要，而是变成了剩余产品；因此，它与使用的关系是一种普遍关系。"

黑格尔对商品生产社会的阐述多处明确谈到这种社会的社会学结构。[96] 黑格尔认识到这一事实，即国家财富只能以整个一个等级的贫困为代价才能建立起来："工厂和制造厂以一个等级的痛苦作为它们存在的基础"，黑格尔如是说。❶在他的这一描述中，阶级统治的方面异常醒目地表现了出来。在另一处，黑格尔坦率的描述同样直接冷峻："［这种力量］注定使一个群体在劳动与贫困中过着原始的生活，使他们迟钝呆滞，只有这样，别人才能积累巨额财富。"❷

这个群体所处的贫困状况是商品生产社会的顽症："财富的这种不平等自在自为地就是必然的"，因为财富具有积累和增殖的必然的、内在的倾向。❸这种驱使人们参与市场活动的力量是无限的，它不知道任何界限：

> 虽然享受表现为一种被限定和限制的东西，但它的无限性是它的理想性，在这种理想性中它是无限的……有教养的享受克服了那些粗俗的需要，它必须寻找和准备最高雅的享受，而且享受的高档产品越多，则生产这些产品所必需的劳动也就越多。❹

---

❶ 《实在哲学Ⅱ》，页 257。［中译者按］中译参考黑格尔，《全集》（历史考证版），卷 8，页 270。参见页 232："在工厂、制造厂及矿井等地，一个群体注定会变得完全迟钝、不健康和不安全。"［中译者按］中译参考黑格尔，《全集》（历史考证版），卷 8，页 244。

❷ 同上，页 238。［中译者按］中译参考黑格尔，《全集》（历史考证版），卷 8，页 252。

❸ 《政法著作集》，页 495。在这些段落中，黑格尔明确谈到了劳动阶级（die arbeitende Klasse，页 498）。应当注意的是，只有在提到工人时，黑格尔才使用了"阶级"（*Klasse*）这一现代用语，而不是"等级"（*Stand*）这一传统术语，这是黑格尔讨论其他社会阶级时使用的术语。

❹ 同上，页 494 – 495。参考页 496："与巨额财富相关的是极度的贫困……劳动一方面在观念的普遍性上成为［普遍的、客观的了］，另一方面则在实在的普遍性上成为机械的了。"

黑格尔从中得出如下结论，即财富与贫困相互依赖，二者构成市场固有力量的雅努斯般的两面。市场的快速扩张使得不断膨胀和不断变化的需要成为必要的了。不断变化的需要也为不断增加的生产造成了压力，黑格尔对这种辩证法的洞见非同寻常。他说："需要由此成倍增长；每一种需要都分化为许多种需要；品味变得精致了、多样了。人们要求使用的物品进一步人性化，以便更加易于使用。"❶

时尚成为生产的决定因素，黑格尔［97］因此就是把握到了不断变化的时尚与喜好的内在逻辑及其在生产过程中的作用的首批思想家之一。这里，黑格尔也从消费者的视角描述了工业社会中具体生活的变化无常：

> 但是这种多样性创造了时尚、在这些物的使用中的变换和自由。衣服款式、家居风格都不是永久的，它们的变化才是根本的、合理的，远比固守一种样式、宣称在这种特殊形式中有某种永恒的东西——美不属于任何时尚——更加合理。但是这里没有任何自由之美，只有诱惑性的美……因此，它本身就具有偶然性。❷

口味的这些波动与现代社会的特征即根本缺乏安全有关。所有人都按照任意变化的时尚生活。如果我们认识到，黑格尔是通过内在地阐明政治经济学理论的成果而得出他的这些结论的，那么他对那些陷入贫困的阶级的生活状况的描写就着实令人咂舌：

---

❶ 《实在哲学Ⅱ》，页231－232。［中译者按］中译参考黑格尔，《全集》（历史考证版），卷8，页243。这种稍带批评的语气与卢梭相呼应；但黑格尔从不认为可以设想一种更为简单、更少差异的社会。黑格尔这里完全没有在柏拉图和卢梭两人那里显而易见的对原始淳朴的渴望。

❷ 同上，页232。［中译者按］中译参考黑格尔，《全集》（历史考证版），卷8，页243－244。

> 养活一个庞大阶级的工业部门由于时尚的变化而突然衰落，或因为其他国家的新发明导致他们的产品价值下滑。整个群体陷入无力自拔的贫困之中。出现了巨富与赤贫——一种完全无能为力的贫困——之间的对立……
>
> 像每一个庞然大物（Masse）一样，财富使自己成为一种力量。财富的积累一方面通过偶然，一方面通过生产与分配的普遍模式。财富是一个引力中心……它把周围的一切都聚集起来——就像大物质把小物质吸引过来一样。凡有的，还要给他。❶ 获得成为一个多方面的体系，它向小生意不能盈利的所有方面发展。最高抽象的劳动越是进入到最为特殊的领域之中，其范围也就越是不断扩大。财富与贫困之间的这种不平等——这种需要与必然性——变成了意志的最高撕裂（*Zerrissenheit*），变成了内心的反抗（*Empörung*）与仇恨。❷

这些状况导致的最终后果是把无助的穷苦大众推到对其雇主即富人的人身依附［98］上。经济不平等导致了一种支配关系，而且从这种经济关系中产生了一种不平等和权力的危险模式：

> 这种必然的［贫富］不均……通过其量的性质产生

❶ ［中译者按］见《新约・马太福音》第 25 章。

❷ 同上，页 232 - 233。［中译者按］中译参考黑格尔，《全集》（历史考证版），卷 8，页 244。注意到下面这点非常有趣，即黑格尔这里所用的词语“内心反抗”（Empörung）与他在《法哲学》第 244 节“补充”中的词语完全一样。他在这里写道：“贫困自身并不使人就成为贱民，贱民只是决定于跟贫困相结合的情绪，即决定于对富人、对社会、对政府等的内心反抗。”（［中译者按］中译参见黑格尔，《法哲学原理》，范扬、张企泰译，北京：商务印书馆，1961 年，页 244。）而且，马克思间接提及过黑格尔在《法哲学》中对贫困的讨论，并且暗示内心反抗（Empörung）是不够的；参见 K. Marx/F. Engels，《神圣家族》（*The Holy Family*，Moscow，1956），R. Dixon 译，页 51。

> 了……一种支配关系。个别极端富有的人成为一种势力，他抛弃了对于普遍物而非特殊物的持续不断的自然依赖。❶

人的普罗米修斯式的努力的结果真的是糟糕透顶：人的创造性意识释放出来的力量已经变成了桎梏，人的普遍性被他自己的需要以及满足这些需要的方式所奴役。

国家与社会等级

黑格尔由此描绘了一幅极为细致而且对其时代来说令人震惊的需要体系的图景，他后来把这个体系称为“市民社会”。因为耶拿手稿一个多世纪来没有出版，所以人们实际上一直都不知道黑格尔对工业社会的激烈批判。这种批判在《法哲学》中只有一些模糊的回音，这些回音向黑格尔的政治哲学本身提出了一些令人困扰的问题；不过在《法哲学》中，它们只是一些非常次要的现象。❷写《法哲学》时，黑格尔认为他已经找到了问题的答案，因此批判也就退居次要地位，而他提出的解决方案则占据了论述的中心。然而，在耶拿手稿中，黑格尔还正在寻找解决之道，而且问题也才开始显出它的全部威力。因此，在这些早期著作中，问题也就异常突出、明显。

任何人，只要追随黑格尔对现代商品生产社会的本质的论述，自然会认为黑格尔现在应进一步讨论怎样对这个社会进行根本改造。正是在黑格尔表明现代社会如何使整个劳动阶层陷入贫穷与匮乏之时，彻底改造这种社会的可能性就摆在他的面前

---

❶ 《政法著作集》，页495。

❷ 参见 Eric Weil，《黑格尔和国家》（*Hegel et l'état*，Paris，1950），页93－97。

了——但黑格尔却对此掉头不顾。根本而言，这种可能性——用黑格尔自己的话来说——只是一种“内心的反抗”，而非一种表现于外的行为。根本说来，黑格尔在对［99］工业社会的恐怖的批判达到顶点时，仍旧是清静无为的。他寻求的解决方案是，把这种恐怖的现实纳入一套能够融合并适应它的体系中。哲学只能解释世界，而不能改变世界。

黑格尔正是在这种语境下思考政治结构本身，并且引入了作为一个旨在克服经济领域的原子论的个人主义的整合体系的国家。正如我们所见，对黑格尔来说，一个国家仅仅表达占统治地位的经济利益，是令人憎恶的。他正在形成的政治理论试图实现一种普遍性（一个“普遍意志”），这种普遍性既不仅仅是各个个人意志的集合，也不是这些个人意志的纯粹外在的强制性的对立面。为此，黑格尔必须找到一个中介环节，而这就是他要做的事情。

因此在《实在哲学》中，国家在黑格尔对现代社会的批判分析达到高潮之际出现。它表现为一种规范和整合经济活动的力量，一种通过其自身的普遍性而超越市场的离心力的力量。在阐述这种思想的过程中，黑格尔指出，为了保持国内的稳定与繁荣，国家可以对外进行经济扩张，从而进一步描述了他的工业社会图景：

> 政府出现了，它必须关心每个领域的保存……［它必须寻找］出路，在其他国家寻找销售渠道，由于这会损害其他国家，因而也就更加困难。商业自由是必要的，干预必须尽可能隐蔽，因为干预属于任意（*Willkür*）的领域。必须避免使用权力，不要挽救无法挽救的，而是让受苦的阶级有其他事情可干。政府是普遍监督者，个体只沉溺在个别事务中。诚然，［个别］职业将被它自己所抛弃，但要以牺牲这一代人

为代价，并导致贫困增加。贫困税与慈善机构是必要的。[1]

当社会似乎要面临崩溃与混乱时，国家就成为必要的了：正是在经济生活已经分殊化、原子化并使它的活动变为一种抽象活动之后，它重新把自己整合为一个普遍的存在。这里，在一个表现了思辨哲学与政治经济学的综合的语境下，霍布斯的基本方案重新出现：*bellum omnium contra omnes*［一切人对一切人的战争］的抽象通过人的活动和意识而成为具体的了。

［100］因此，黑格尔一方面强调，在其侵犯经济生活的活动方面，国家功能应当最小化（“商业自由是必要的，［国家］干预必须尽可能隐蔽……必须避免使用权力”），但他同时又指出政治生活的内在性：“个人只有在普遍物中才有他所谓的权利。国家是权利（Recht）的定在、力量，是契约的维持……语词的存在的统一性。”[2]

国家必须处于需要领域的相互竞争的利益之上，它必须“超然于社会的各个部分之上。”[3]因此，国家必须介入市场的各种力量的相互作用，以保障每个人有权享受的最低生活标准；如果市场的自动的调节性力量不能保障这一点，那么国家就必须介入，通过税收与价格控制进行调节：

> 可以从个人的必要需要之总体出发进行决定。这个总体可以从两个方面来认识，一方面是不同气候下的原始的自然条件，另一方面是文化条件，这个方面可以从一个民族中维持必需生存的平均水平出发进行估计。很自然的是，一方面

[1] 《实在哲学Ⅱ》，页233。［中译者按］中译参考黑格尔，《全集》（历史考证版），卷8，页244－245。

[2] 同上，页234。［中译者按］中译参考黑格尔，《全集》（历史考证版），卷8，页246。

[3] 《政法著作集》，页494。

这种恰当的平衡会在轻微的波动下得到维持，一方面也会通过巨大的波动得到恢复。但在其他地区发展同样的劳动或者价格下跌等而造成的第二种情况下，政府必须反对自然［的影响］，恢复平衡。❶

尽管黑格尔明确指出，经济不平等本身的存在是必要的，因为这是商品生产过程所固有的，但是他也明言，政府也必须消除极端的经济不平等：

政府最重要的任务是反对这种不平等以及由此造成的普遍破坏。通过直接阻止获得高额利益，即可实现这一点。当政府使这个等级的一部分人陷入机械劳动和工厂劳动并使他们处于野蛮状态之中时，那么它就必须绝对维持整个这一部分人的可能生存。❷

［101］国家是这些社会弱势阶级的保护者。作为最早认识到工业社会的异化和贫困化后果的人之一，黑格尔也是最早提出一些具有很多现代福利国家特征的建议者之一——虽然用语不尽相同。黑格尔反复提到税收作为收入重新分配的重要平衡器和工具；在一个地方，他辩证地说道："征收高额税收是接受财产不平等的前提。"❸

---

❶ 《政法著作集》，页493。［中译者按］阿维纳瑞的英译不是特别准确，兹据德文原文及 H. S. Harris 和 T. M. Knox 的《伦理体系》英译本（G. W. F. Hegel, *System of Ethical Life and First Philosophy of Spirit*, H. S. Harris 和 T. M. Knox 编译，New York，1979）第168页订正。在耶拿时期，黑格尔明确支持政府强制推行的最高定价。他认为，在战争及匮乏状态下，价格将会飞涨，使广大公众买不到很多产品（参见《资料集》，页372－373）。

❷ 同上，页496。黑格尔也小心指出，税收不应使"工人阶级"穷困（页498）。

❸ 《实在哲学Ⅱ》，页238。黑格尔也提到了个人慈善，但就像他在后来《法哲学》中一样，这种慈善在这里也被归之于主观情感，而且它不应当取代有关贫困的着眼于普遍性的国家调控的需要，也不能以此为托词，罔顾这种需要（《政法著作集》，页472）。

在阐述其理论的过程中，黑格尔赋予国家双重特性。这种双重特性突出了黑格尔整个态度的辩证性：在纯粹主观层面，国家仅仅是工具；人们把它看作一种便利的设置，以保护他们的目的，使经济制度顺利运行，缓和商品生产体系造成的一些明显张力。但在更高的层面上，国家体现了人的根本的普遍本性，体现了人之超越个体利益、达到黑格尔后来所言的“客观精神”领域的内在必然性。

由此产生了许多推论。国家的含混地位使黑格尔后来将艺术、宗教与哲学领域构建为既超出国家之上、又作用于国家之中的领域。虽然国家把个人纳入一个普遍统一性之中，但它并不使个人活动附属于国家的存在之下。因为一方面，个人把国家用作实现他自己的特殊目的的工具，另一方面，国家是个人的真正存在，个人与国家之间的经典的手段/目的关系被超越了：

> 因此，个体性与普遍物的这种统一以双重的方式存在；在自身即为个体性的普遍物这一极，即政府，不是国家的一个抽象，而是一个以普遍物本身为目的的个体性，另一极则以个人为目的。❶

因此，普遍意志以一种迥异于卢梭的方式出现在黑格尔的体系中。黑格尔在多处指出，任何社会契约理论都是 *petitio principi* [循环论证]，因为它把同意，即愿意遵守契约条款，视为 [102] 理所当然。同样，就像自然状态没有权利一样，普遍意志也不能被看作是政治体的构成性方面。❷对黑格尔来说，不论是

❶ 《实在哲学Ⅱ》，页 248 – 249。[中译者按] 中译参考黑格尔，《全集》（历史考证版），卷 8，页 261。

❷ 同上，页 205、页 245 – 247。参考黑格尔在《哲学批判杂志》上发表的一篇文章的观点，即契约的“附属形式”决不等于政治秩序的“总主权”（the total majesty，Rosenkranz 著《黑格尔传》第 176 页所引）。

历史上还是逻辑上，普遍意志都不是国家赖以建立的前提，而是长期教化过程的自然产物。通过差异与对立，教化从人们为承认而斗争的多种因素中创造了政治意识。普遍意志就是在国家制度内对象化了的各个个体的意志：

> 普遍意志就是所有人和每个人的意志……首先，它必须从各个个人的意志出发把自己建构为普遍意志，从而个人的意志似乎是原则和原理，然而相反，普遍意志是第一位的东西，是本质。个别的意志必须通过否定他们自己，通过外化和教化（*Entäusserung und Bildung*），使自己成为普遍意志。❶

个体意志在其出现于普遍意志、出现于国家之中时的这种对象化就包含了个体的这种承认，即表现为某种异化和外在之物的东西——政治权力——不外是他自己意志的外化。法律体系就是主观意志的这种对象化：

> 法律的统治并不是这种仿佛他人并不存在的立法活动：相反，他们是在那里的。关系就是将个人教化成服从共同体的运动……第二个环节就是信赖的出现，即个体知道他自己身处其中，作为他的本质，发现自己在其中得到保存。❷

这种从外部对个体意志进行限制的需要就是黑格尔称作警察（*Polizei*）的本质。如果我们想到，对黑格尔来说，警察（*Polizei*）

❶ 《实在哲学Ⅱ》，页 244 – 245。[中译者按] 中译参考黑格尔，《全集》（历史考证版），卷 8，页 256 – 257。

❷ 同上，页 248。[中译者按] 中译参考黑格尔，《全集》（历史考证版），卷 8，页 260。

“源自 Politeia，它是公共生活和治理，是整体自身的行动”，[1]那么由 Polizei 一词的现代用法可能造成的误解至少可以得到部分澄清。这种公共权威是必要的，因为当个人只关心自己，并安享其财产权利的洪福时，他可能仅仅因为忽视其行为对他人生活可能造成的影响而伤害其他人。当黑格尔描述个人为了他们的自保和受到更好的［103］保护而如何希求国家（这种国家同时也代表了一种超越于这种利益之上的现实性）时，一种理性的狡计（*List der Vernunft*）的因素就出现了：

> 这种普遍形式就是个体向普遍物的这种生成，以及普遍物的生成。但它不是一种盲目的必然性，而是一种以知识为中介的必然性。换言之，每个人对自己而言都是目的，也就是说，目的就是动力，每个人直接都是原因。他的利益推动着他，但是普遍物对他同样有效，是把个体与他本身的特殊利益和现实性结合起来的中间物。[2]

在《伦理体系》中，黑格尔区分了两种伦理：相对伦理与绝对伦理。相对伦理指的是从个体主义出发的人与他人之间的关系；绝对伦理则是个人与共同体之间的关系。[3]相对伦理与绝对伦理这两个术语大致相当于黑格尔后来所用的道德（Moralität）和伦理（Sittlichkeit）。在这种语境下，“绝对”意味着，这种形式的伦理行为是自我指涉的，它的标准是内在的，而“相对”伦理则涉及外部标准，由此产生了它们的“相对”性。因此，这种与总体、与人民（*Volk*）——不是任何种族意义上的，而是

---

[1] 《实在哲学Ⅱ》，页 259。［中译者按］中译参考黑格尔，《全集》（历史考证版），卷 8，页 272。

[2] 同上，页 243。［中译者按］中译参考黑格尔，《全集》（历史考证版），卷 8，页 255。

[3] 《政法著作集》，页 469－472。

在卢梭的人民（*peuple*）意义上的——的关系刻画了政治生活的特征：

> ［绝对伦理］不是表现为爱祖国、爱人民和爱法律，而是表现为在祖国中以及为了人民的绝对生活……它是绝对的无私，因为在永恒物中，没有私自的东西。绝对伦理以及它的每一运动都是最高的美和自由。❶

因为政治生活是个人与他自己的普遍本性的这种经过中介了的同一性，所以正是在政治生活中，“个人在每一个他人那里都看到他自己”——不是作为一种抽象的概念，而是在具体生活中。因此黑格尔大胆地把这种统一叫作“神圣的”，因为它超越了个人利益，最终也超越了个体与他人之间的界限，“达到了更高的主观 - 客观性”。❷

然而，它不是一种直接的同一，就像过去城邦中表现出来的那种同一：在现代社会，这种同一必须是经过中介了的。这种同一通过黑格尔的国家的双重性——既是工具性的，又是内在性的——而辩证地达到。这种［104］模糊性表现在个人的双重角色上，即他既是一个特殊存在物，又是一个普遍的存在物。黑格尔有一段最为犀利的话，既预示了他自己的成熟思想，也预示了马克思后来同它的争论。在这段话中，黑格尔说，人既是市民社会的成员，又是国家的公民，必须维持其存在的这两个方面的平衡：

---

❶ 《政法著作集》，页 469。参见页 468：“在对象性意义上，伦理概念是对特殊性的扬弃（*Aufhebung*）。主观物消融于客观物之中，就是特殊物绝对接收到普遍物之中。”

❷ 同上，页 466 - 467。马克思在共产主义中所要实现的正是这一点；见《早期著作集》，页 154 - 155。

> 这两种个体性是相同的。同一个体关心他自己，关心家庭，他劳动、订合同等，同时他也为普遍物劳动，并把它作为目的。按照前一方面，他叫市民（*bourgeois*），按照后一方面，他叫公民（*citoyen*）。❶

人的活动的这两个方面导致黑格尔去讨论社会阶级（classes）❷。当然，关键在于，黑格尔并不认为，作为市民（*bourgeois*）的人与作为公民（*citoyen*）的人之间的这种对立并不需要在一个全新的统一中得到克服；它是人实现其自我承认的辩证过程中的一部分。这点应牢记在心，因为在讨论黑格尔的这个问题时，一个常见的错误在于仅仅看到黑格尔对市民社会的讨论与马克思的一些方面的分析之间的明显相似性。事实上，黑格尔的出发点与马克思正好相反。对马克思来说，阶级是由通过阶级成员与生产资料之间的共同关系结合起来的不同类型的社会劳动形成的、并且在政治上寻求它们的社会经济利益的表达的集合体。对马克思来说，相对于国家自称表达了与市民社会的特殊主义和利己主义相对立的普遍物的主张而言，政治权力的阶级性就是一种原罪。对黑格尔来说，通过阶级关系在政治结构中的制度化，市民社会的原子主义即被融合到一个综合的总体之中。黑格尔认为，不同的阶级不仅代表了不同的生产方式，还代表了不同的意识形式。这些意识形式与按照黑格尔的一般体系的标准而发生结构分化的社会有关。在马克思看来，阶级代表了必须予以克服的劳动分工；对黑格尔来说，阶级则代表了这种令人遗憾然而必然

---

❶ 《实在哲学Ⅱ》，页249。[中译者按] 中译参考黑格尔，《全集》（历史考证版），卷8，页261。法文词语出现在黑格尔的原文中，就像它们出现在马克思的“论犹太人问题”（On the Jewish Question，载于《早期著作集》，页13－31）中一样。然而，对于马克思来说，人之分裂为市民（*bourgeois*）和公民（*citoyen*）构成人在现代社会中的异化的尺度，而对黑格尔来说，这种分裂则是人融入现代社会的基础。

❷ [中译者按] 此处的“阶级”（classes），黑格尔一般用 Stände（等级）一词，这里为了行文一致，译为“阶级”。

的分工到一个有意义的整体的融合。阶级反映了意识的不同阶段，就像［105］历史上的不同时期［代表了意识的不同阶段］那样。[1]对黑格尔来说，阶级在它们代表了一种合法性差异的意义上，仍然是等级（*estates*）。每一等级代表一种不同的意识形式：农民等级代表直接信赖与服从的原则；中间等级代表了法律与秩序的原则；官僚等级，即普遍等级，代表了普遍性原则。虽然分类原则与《法哲学》类似，但在这里，等级的内在划分更加复杂，而且与黑格尔后来采用的简洁分工相比，这种等级划分代表了一种更加复杂的等级区分意识。而且，在《实在哲学》中，每一等级的劳动形式也表现得更加突出，因此等级与劳动人类学之间的联系也就阐述得更为清晰。

根据黑格尔，每一等级本身都是普遍性的一种表达，因为它以每一等级成员的共性为基础。这种普遍性并不在每一等级之外，它也不只是一种修辞：正是通过属于一个等级，一个人才获得了与其他人的联系。每一等级“承认自己看作平等的，并自己形成为一个与［其他］普遍物相对的普遍物，不同等级之间的关系不是特殊与特殊之间的关系。每个人通过属于一个等级而是成为普遍的，并因此而是一个真正的个体，一个人（person）。”[2]

等级的主要功能是把需要体系关系中所固有的自然依赖性化为一种彼此互相依赖的伦理关系，在这种伦理关系中，自然和经济力量的野蛮暴力升华为政治组织：

> 自然依赖关系是一种绝对分离并且依赖于某种纯粹思想物、抽象物的关系。［诸等级的］构成表现为一种有生机的依赖，一种个体与个体、与他人之间的关系，表现为一种并

---

[1] 《实在哲学Ⅱ》，页253。它们也反映了伦理行为的各种方式；因此，每一等级都有一种独特的、与它的地位相适应的伦理方式（《政法著作集》，页475）。

[2] 《政法著作集》，页475。奴隶们不能成为普遍的，因此他们不是一个“等级”：“作为一个特殊物，奴隶与他的主人发生关系。”

> 非自然依赖关系的内在的能动关联。这个等级是自身构成的，也就是说，在这个等级的限制内，它是一种活生生的普遍性……富人被要求去缓和统治关系，甚至［106］通过普遍参与统治关系来减少对它的怀疑，外在的不平等也就外在地减少了……而且对无限财富的冲动也被根除了。❶

我们现在可以开始描述这些等级本身了：农民等级、商人等级和公务员等级。农民等级的特征是，它是直接劳动等级，他们的具体劳动与一种自然对象（土地）——而非产品——发生关系。因此，农民等级代表了一种低级意识，它尚未与主观性相区分。在社会层面上，这一点反映在农民等级不加质疑地接受他们自己的劳动与角色；农民等级是直接信赖的等级，它没有反思意识：

> 直接信赖与原始具体劳动的等级是农民等级……因此，农民等级就是这种没有个体性的信赖，这种信赖只在无意识的个体、土地中具有个体性。至于劳动，农民的劳动不是抽象形式的劳动：他几乎关心大多数需要、他的所有需要……他的目的及其实现之间的联系是无意识的、自然的。他耕地、播种，但是上帝使庄稼成长，种瓜得瓜、种豆得豆，对此的保证是季节与信赖。生长活动是秘密完成的。农民缴纳捐税，因为它就是如此；这些田地和房屋自古如此；就是这样，仅此而已……具体劳动是基本的劳动、实体性的生存。在战争中，这一等级构成了基本兵源。❷

---

❶ 《政法著作集》，页496［-497］（［中译者按］原文标注为“页496”，有误，中译据德文原文更正）。黑格尔以雅典法律为例，它要求城区首富承担节庆费用。

❷ 《实在哲学Ⅱ》，页254-255。［中译者按］中译参考黑格尔，《全集》（历史考证版），卷8，页267、页268。在《伦理体系》中，黑格尔还说，农民等级能够有低级形式的勇敢，因此有资格担任军中的低级职位（《政法著作集》，页480）。

在谈到下一等级即商业等级时，黑格尔区分了市民等级（*Bürgerstand*）和商人等级（*Kaufmannstand*）。市民等级主要由手工艺者组成，其劳动特征是对自然进行加工改造；另一方面，商人等级的特征是从事交换。手工艺者与商人都以法律与秩序作为他们生存的原则；财富、获利欲与社会流动是他们存在的支柱。黑格尔有一段对市民等级的社会精神的精彩描绘，触及到了许多中产阶级价值的根本：

> ［市民等级］确知自己是财产所有者，不仅因为他占有财产，还因为这是他的权利，并且主张这种权利；他知道自己在其特殊性中得到承认。❶ 与农民不同，他不以一种粗陋的方式喝啤酒或者白酒，以超越普遍的［107］愚钝……而是由此表明，正如用他的西服、妻儿的服饰来表明一样，他与其他人一样优秀，而且他确实做到了这一点。在这过程中，他享受他自己，享受他的价值和正直；他为此而辛苦工作，而且实现了它。他享受的不是满足的享受，而是这种自我想象的享受。❷

另一方面，在商业等级中，一种更高程度的抽象实现了：

> 商人的劳动是纯粹的交换，既不是自然地，也不是通过技术进行生产或制作。交换是活动，是精神性的东西，是中介，它不仅摆脱了使用和需要，也摆脱了劳动、直接性……❸

---

❶ ［中译者按］此处黑格尔的原文还有一句：“und drükt dieser allenthalben den Stempel auf［到处给这种特殊性盖上印签］。”见黑格尔，《全集》（历史考证版），卷8，页269。

❷ 《实在哲学Ⅱ》，页256。［中译者按］中译参考黑格尔，《全集》（历史考证版），卷8，页268–269。

❸ 同上。［中译者按］中译参考黑格尔，《全集》（历史考证版），卷8，页269。

商人等级的成员“沉溺于占有与特殊性中”，“受役于金钱，正是这一点使他成为‘市民，*bourgeois*（资产阶级）’”。[1]

商人的这种生存方式导致了作为商品自身的货币的出现：

> 对象本身被一分为二：一是特殊部分，即贸易物，二是抽象部分，即货币——一项伟大的发明。所有的需要都被还原为这种统一性。[2] 需要的对象已成为一种纯粹表象的、不可享受的东西。因此这里对象是这样一个东西，即纯粹根据其意义，而不是自在地——也就是说，对于需要来说——有效的东西……一个人有钱，他才是真实的人……理性的形式原则在这里出现了——它从一切特殊性、性格等，从个人的技能[3]中抽象了出来。商人的性情就是这种严厉的精神，在这种精神中，现在完全放弃了的特殊物不再有效。只有严格的权利。交换必须得到尊重，希求之物——家庭、福利、生活等——都可能被毁灭——毫不吝情。[4]

再一次，这里突出的不是与马克思之间的相似，而是黑格尔的与这种状态之间的直接相反的和解：在严厉分析之后，黑格尔并没有激烈地号召采取行动。如果考虑到这些文本的写作时期的话，那么黑格尔对现代社会之本质的清醒把握着实令人惊叹；一切都被融合进国家的整合功能之中。既无造反，也无偏离。

---

[1] 《政法著作集》，页 477。“正直”（Rechtsschaffenheit）是这个等级的行动方式，财产法是它的工具。

[2] ［中译者按］《全集》（历史考证版）原文无“所有的需要都被还原为这种统一性”这一句。见黑格尔，《全集》（历史考证版），卷 8，页 269。

[3] ［中译者按］德文原文为“Geschiklichkeit”，英文译为“历史性”（historicity），当为“Geschiklichkeit”被误认作“Geschichtlichkeit”。德文原文见黑格尔，《全集》（历史考证版），卷 8，页 270。

[4] 《实在哲学Ⅱ》，页 256－257。［中译者按］中译参考黑格尔，《全集》（历史考证版），卷 8，页 269－270。参见《政法著作集》，页 478。

这种整合是通过第三等级即普遍等级的调和实现的："公共等级为国工作……履行职责是这个等级的政治信念。"❶ [108] 商业等级已表现了一种普遍性，即市场普遍性，但这种普遍性仍是抽象的。只有在代表了"普遍物对所有特殊性的介入"的公务员等级中，普遍性才成为具体的；公务员被喻为遍布全身的动脉与神经，尽管他当然并不等同于全身。

普遍等级处于社会金字塔的顶端，这不仅是因为它的普遍意向性，而且也因为它是唯一以知识本身为目标的社会等级，其他所有等级则以自然、人工制品或抽象为目标。德国官僚制度传统所特有的学术背景非常明显地出现在这个作为教养等级的普遍阶级的概念中，这一等级不仅包括狭义的公务员，也包括了教师、医生、律师等：

> 这种纯粹的知识必须得到实现，必须自己给予自己一种内容，一种自由的内容，这种内容同时也是一种无利害的对象……这就是一般意义上的科学。这里，精神对它的任何一个对象的处理，都与欲望与需要无关。它是实现了的思想、自知的理智。❷

因此，等级体系使黑格尔将一种分化了的社会结构——黑格尔发现这种结构的根基在于现代社会的必然运作之中——与一套高度整合的政治体系结合起来。黑格尔所描述的诸等级不是中世纪的旧行会：这些等级没有任何限制性条件，它们的组织原则是功能性的和理性的，是建立在社会流动之上的，而不是建立在世

❶ 《实在哲学Ⅱ》，页 259。[中译者按] 中译参考黑格尔，《全集》（历史考证版），卷 8，页 273。在《伦理体系》中，黑格尔用"普遍等级"这个术语称呼这个等级，而且更强调它保卫国家，而非管理国家的功能（《政法著作集》，页 476）。

❷ 《实在哲学Ⅱ》，页 260。[中译者按] 中译参考黑格尔，《全集》（历史考证版），卷 8，页 273 - 274。

袭或因袭（ascription）[1] 之上的。在原子化社会中，这些等级旨在在个体与普遍政治体之间进行调解；而且我们已经看到，黑格尔在他的 1817 年讨论符腾堡的文章中赞成的是以职业团体为基础的代议制体系，而不是基于纯粹机械主义的和原子主义的直接代议制。在黑格尔看来，现代国家要生存下去，就不能建立在公民与政治体系的总体的直接同一的基础上：一系列中介是必要的，黑格尔认为它们在等级体系中制度化了。

然而，黑格尔在《伦理体系》与《实在哲学》中所阐述的体系似乎有一个严重缺陷，当黑格尔试图解决这个中介问题时，这个缺陷就显现出来了。我们已经看到黑格尔对现代社会结构的精湛论述，也指出了他对现代工业的降临所带来的社会问［109］题的理解。在这一语境下，黑格尔的重要成就是他对直接卷入生产和工厂劳动的那些人的处境的分析。然而，正是这个群体——而非其他群体——的需要要求整合和中介。但在黑格尔的等级体系中，人们找不到这个等级。很明显，工人不是农民等级的一部分，他们也不属于公务员。而商业等级，即商人等级，也不包括工人：在黑格尔对这个等级的阐述中，人们能找到独立的小手工业者，但就工人而言，他的缺席引人瞩目；而且可以肯定的是，黑格尔的市民精神范畴当然与工人无关。

仅仅因为黑格尔忽略了工人——他最为敏锐地认识到并且描述了工人的痛苦——，就认为黑格尔的整个体系大厦坍塌了，从而一笔勾销黑格尔的巨大思想成就，这是愚蠢的；从后来的工人阶级史出发评判黑格尔，并在此基础上发现黑格尔的不足，也是明显的时代错乱。事实上，要是黑格尔本人没让我们注意到现代社会中工人阶级生活存在的问题的话，我们显然不会因为他没有提出一种解决这个问题的办法而指责他。但既然他自己提出了这

[1] ［中译者按］与“achievement”［自致］相对，“ascription”［因袭］指因出生而获得社会地位的方式，又译作“先赋”。

个问题，那他没能在他的体系中找到一种解决之道，就似乎证实了一种令人苦恼的质疑。我们将看到，同一个问题将重新出现在《法哲学》中；但至少我们能向黑格尔思想上的诚实致敬，他没有用一种简单的解决方案来取代真正的解决方法。

政府及其形式

黑格尔在耶拿手稿中讨论政治时提出了一套政治结构，这套结构能够克服现代社会的出现所带来的诸问题。因此，黑格尔所谓的国家面临着将社会与经济变化整合到不断发展的政治结构之中的挑战。在法国大革命的暴力改造后，国家必须完成革新与保存的双重任务。接受变化——有时甚至是引起变化，然而同时又不被变化的结果所淹没，这就是政府面临的艰巨任务：

> 如今，人们在各个国家的治理与生活不同，然而这些国家的宪制却完全一样——而且这种宪制逐渐与时俱变。［110］政府必须不能站在过去一边，抱残守缺；但同样，政府也应当对变化高度警惕，万勿轻信。❶

这种对变化进行掌控的精致辩证法使黑格尔进一步讨论公共舆论在政治过程的作用。虽然政府似乎是自我的真正同一性的表现，但它并不是在真空中指导公共政策。对黑格尔来说，政府与公共舆论以一种必然达成共识的方式相互作用，而且在这里黑格尔又认识到了一个非常现代的问题：

❶ 《实在哲学Ⅱ》，页 251。［中译者按］中译参考黑格尔，《全集》（历史考证版），卷 8，页 263。

> 人们不能反对有见地的公共舆论……一切变化都源于公共舆论，它不过是不断前进着的精神意识到了的不足。不论精神把什么东西变成它自己的东西，都不需要暴力去保护它。一旦信念，即内在必然性，丧失了，那么任何力量都无法保住它。❶

在《法哲学》中，在立法与新闻出版中得到制度化的政府与公共舆论之间的关系将成为黑格尔讨论敏感的政策创制（policy initiation）领域的核心部分。在这里，黑格尔只是用它来总结他对自古至今政治结构发展的历史阐述。

这种阐述转而预示了黑格尔后来在其历史哲学演讲中详细得多的历史思辨。然而，他的基本论证的核心在这里已经显露无余了。对黑格尔来说，僭主制、古典城邦民主制和现代君主制构成了三种典型模式，它们是自我意识实现其自身的不同阶段。在某种意义上，从古代僭主制到现代立宪君主制的演变就是一个圆圈：起点是一人之治，终点是以一人为首的结构。但是，古代僭主制是一种无差别的、原始的政府形式，而现代君主制则代表了意识到其自身的主观性。对古代僭主制的讨论转变为对新国家的产生条件的一般分析，这里黑格尔聚焦于伟人的历史作用。

黑格尔认为，所有国家都是通过伟人的非凡努力建立起来的。建国的历史根基既不是社会契约，也不是单纯的暴力：毋宁说，它们是通过伟大领袖的精神力量而创始的。[111] 伟人在黑格尔的早期著作中的位置类似于立法者在卢梭《社会契约论》中的地位。事实上，我们已经看到，黑格尔在《德国宪制》中所寻找的正是这样一个人物。国家领袖与建国者是他的人民的教育者：他教育他们遵守纪律、服从以及从事社会活动，他强使他

---

❶ 《实在哲学Ⅱ》，页260。[中译者按] 中译参考黑格尔，《全集》（历史考证版），卷8，页273，注3。

们服从共同福利。他从一群人中创造出一个民族。黑格尔在这里用“马基雅维利主义”这个术语来指称建国的技艺，而不是指国家建立后进行管理的方式。❶一旦建国的任务完成了，这种制宪专政（constituent dictatorship）也就随之消失：“僭主制被人民推翻了，因为它是可憎的、堕落的，等等；但真正原因在于，它已成为多余的了。”❷

制宪僭主制完成其历史功能后，一旦被推翻，那么一种从推翻它的人民力量之中产生的政府形式就会取而代之。这就是古典城邦所实行的民主制类型。然而，这是一种没有分化的民主制形式；黑格尔并未将城邦理想化，他指出，城邦缺少普遍性，没有一般性规范，并且也指出这一事实，即既然一切都由人民决定，那么一切事情都易受任意的意志影响，从而没有超出市场舆论的偶然性之上的普遍规则：

> 在这种民主制中，各个人的意志仍旧是偶然的，因为总的来说，它表现为意见，而且当个体面对大多数时，不得不让步……决定和法律仅与特殊情境有关……官员与军事领袖的选举交给普通人；但这种信任只有通过成功才能得到检验和证实，因此，情况往往各不相同。❸

缺乏普遍法律使城邦成为美的自由——特殊物与普遍物之间

---

❶ 《实在哲学Ⅱ》，页 246 – 247。[中译者按] 中译参考黑格尔，《全集》（历史考证版），卷 8，页 260。

❷ 同上，页 247 – 248。[中译者按] 中译参考黑格尔，《全集》（历史考证版），卷 8，页 260。这种模式与马克思的通过无产阶级专政扬弃（*Aufhebung*）国家确实惊人地相似。扬弃的辩证法要求，一旦这两种专政的目标实现了，就必须要将它们废除。

❸ 同上，页 249。[中译者按] 中译参考黑格尔，《全集》（历史考证版），卷 8，页 261 – 262。在“官员与军事领袖的选举交给普通人”这句的后面，《全集》原文还有一句，即“sie ist ein Zutrauen zu ihnen”[选举是对他们的一种信任]，见同前，页 262。

的无中介的、非反思的、直接的统一——的表达。城邦不知道公私之别；个人附属于政治体总体。在一个极易令人想起他在早期神学著作中描述城邦的段落中，黑格尔写道：

> ［112］这就是一直令人羡慕的希腊人的美丽的幸福的自由。民族同时分裂成公民，又组成一个个体，即政府。它仅与自己处于交互关联之中。同一个意志既是个体，又是普遍。意志的特殊性的让渡就是它的直接保存……这里没有反抗：每个人都知道他自己直接就是普遍的，也就是说，他抛弃他的特殊性，而不知道这种特殊性就是其本身，就是这个自我，就是本质。❶

因此，尽管城邦显然是美的，但它奴役个体，而且城邦结构的民主性只突出了个体完全投入政治体系之中。在黑格尔看来，现代立宪君主制就是这种形式的替代物。现代立宪君主制的基础是法治与个人自由。此时，个人既与国家同一，同时又与国家相区分。❷君主是个体性原则的间接表达，他是“古人、柏拉图所不知道的现代的更高原则。”❸因此，通过表达自己的意志，通过说“我们命令”，君主就是希求自身的纯粹主观性。❹

---

❶ 《实在哲学Ⅱ》，页249－250。［中译者按］中译参考黑格尔，《全集》（历史考证版），卷8，页262。黑格尔认为柏拉图的《理想国》就是这种个人和普遍不分的表现。就像在他的晚期著作中一样，黑格尔这里认为，柏拉图的国家就是当今所言的极权主义体系的象征：“在古代，美的公共生活是所有人的伦常，美就是普遍和个别的直接统一，这是一件艺术品，其中每一部分都不与整体分离……柏拉图的理想国，就像斯巴达的国家一样，是自知的个体性的完全消失。”（《实在哲学Ⅱ》，页251。）［中译者按］中译参考黑格尔，《全集》（历史考证版），卷8，页263。

❷ 同上，250。

❸ 同上，251。［中译者按］中译参考黑格尔，《全集》（历史考证版），卷8，页263。

❹ 同上，252。［中译者按］中译参考黑格尔，《全集》（历史考证版），卷8，页264，注1。

这就是黑格尔对现代君主制的辩护。现代君主制表达了主体性，它是通过自我实现来寻求承认的意识的最高形式。在现代社会，人被市场运作撕成碎片。但也正是在现代社会，人回归自身，并向自我承认发展。活在劳动之中的现代人，处于再次在产品中失去自我的危险之中。这种政治结构则反映了人认识到自己是主体，并且要克服这种张力。在《实在哲学》中，黑格尔构想了一个以君主为首（君主象征着主观性）的、分化为不同等级的社会，作为解答。后来，《法哲学》给出的解答完全相同，只不过要精致得多。因此，文本证据表明，任何想要把耶拿时期的早期激进的黑格尔与柏林时期的晚期保守的老年黑格尔对立起来的企图，都是站不住脚的。

［113］然而，黑格尔对人寻求自我承认的讨论并不以君主制而告终。在客观精神领域之上，黑格尔察见到了人在哲学、艺术与宗教中表现自我的需要。对这些主题的讨论再次引起了黑格尔政治理论的内在张力。黑格尔从极力表现人性中的根本二元性开始，这种二元性驱使人超出客观精神亦即国家的领域：

> 人生活在两个世界中。在一个世界中，他有他的消逝着的现实性，他的自然性，他的牺牲，他的消亡；在另一世界中，有他的绝对保存，他知道自己就是绝对本质。❶

这种绝对无法在地上实现；它只能通过地上制度的精神来表现，但是这些制度不能与它共存。想“将永恒之物、天国引入尘世”，这是宗教的根本错误；教会因此把自己与国家对立起来，它力图——用黑格尔生动的语言来说——“使火［燃］于水”。❷永恒天国在有限的尘世生活形式中无法实现，因此，教会

❶❷　《实在哲学Ⅱ》，270。［中译者按］中译参考黑格尔，《全集》（历史考证版），卷8，页284。

宣称自己至高无上，实在大谬不然。在这个世界上，国家是终极存在，人通过国家所获得的认识是人在尘世所能达至的最大成就。任何想要在客观结构中把人的绝对的、超验的存在制度化的尝试都将导致其客观存在的完全异化。黑格尔的一段宗教批判让人想起后来费尔巴哈（Feuerbach）和赫斯阐述的主题：

> 在宗教中，每个人都把自己提升到这种其自身为普遍自我的直观。他的自然，他的地位，宛如梦境，宛如遥远天边云雾般的小岛一样，沉没了。他与君王平起平坐了。这是他作为精神的知识；他像每一个其他人一样被看作是上帝。它是他的全部领域、他的存在的全部世界的让渡；这种让渡不只是形式、教化，而其内容仍为感性存在的让渡，而是全部现实性的普遍让渡。宗教将这种让渡归还给作为完善者的自己。❶

艺术也有些类似，艺术品试图代表一种在客观世界范围以内无法表现的本质：

> 绝对艺术是内容与形式同一的艺术……艺术创造了作为精神世界和直观对象的世界……因此，艺术只能赋予其各种形态［114］一种受限制的精神。这种有限性的媒介，直观，不能把握无限。它只是意想的无限……
>
> 美更多地是遮盖真理、而非表现真理的面纱……因此，艺术家经常要求［他］与艺术的关系仅仅是与形式的关系，要求从内容中抽离出来。但是人们不允许自己失去这种内

❶ 《实在哲学Ⅱ》，页267。［中译者按］中译参考黑格尔，《全集》（历史考证版），卷8，页281。参见页266："上帝是存在于普通时空中的人……神性并不异于人性……"［中译者按］中译参考黑格尔，《全集》（历史考证版），卷8，页280。

容。人们要求本质，而不仅仅是形式。❶

因此，黑格尔总结道，由于艺术、宗教与哲学领域超出了国家的严格范围，因而人不能脱离他在客观世界中的政治存在，单独生活在这些领域当中。

❶《实在哲学Ⅱ》，页264－265。［中译者按］中译参考黑格尔，《全集》（历史考证版），卷8，页278－280。

第 6 章　密涅瓦的猫头鹰与批判精神

[115] 黑格尔在海德堡待了两年后，1818 年来到柏林，此后直到 1831 年去世为止，他一直在柏林担任哲学教授。正是与普鲁士的这种关系使黑格尔招致后来批判者们的阵阵反对之声。

鲁道夫·海谋在他的《黑格尔及其时代》（1857 年）一书中首次严厉批评黑格尔迎合普鲁士。在海谋的著作出版时，普鲁士是德国统一的主要敌人。海谋是流产的 1848 年法兰克福国民议会的资深成员。他攻击黑格尔，说黑格尔既是亲普鲁士的反动人士，又是德国民族主义的敌人。十五年之后，普鲁士通过"铁血政策"成为德国民族统一的捍卫者，普鲁士的这种新角色在黑格尔身上反映了出来，他仿佛一夜之间——尤其是在许多英文著作中——成了德国民族主

义的吹鼓手。❶

上述情况大多基于对历史事实所作的时代错乱的解释以及对“普鲁士”和“普鲁士主义”含义的落后看法。对海谋这样一位1848 革命中的民族主义者和自由主义者来说，普鲁士是反动、保守主义与反民族主义的堡垒；因此，与普鲁士有过联系的黑格尔也就同样有罪。相反，对于 20 世纪英语界的著作家来说，“普鲁士主义”则是德国民族主义与军国主义之类的邪恶势力；是故，黑格尔与它的关系使他要在某种程度上为纳粹主义负责。因此，在德国民族主义语境下，普鲁士角色的不断变化［116］造就了黑格尔政治理论的新形象。

只有从历史背景本身出发，才能用与黑格尔政治哲学这一主题相关的术语重述这种争论。关键在于，黑格尔在 1818 年与之打交道的普鲁士不是 1848 年的普鲁士，遑论 1914 年的普鲁士了。1818 年的普鲁士是改革后的普鲁士，这个普鲁士出现于拿破仑战争之后，并且经过了冯·施泰因和哈登堡（Hardenberg）的现代化与自由化改造。在 1815 年之后的欧洲国家中，普鲁士肯定是相对开明的国家之一。甚至批判黑格尔最为严厉的海谋也不得不承认，“虽然普鲁士还不是一个立宪国家，但是官僚制度可敬地、能干地管理着它。普鲁士确实没有国民代表机构，但它仍然承认启蒙运动和科学进步的原则。”❷在 1806 年之后的改革中建立起来的柏林大学就是这种从旧的、贫乏的、军国主义的容

---

❶ 参见 Popper，《开放社会》（*The Open Society*），页 244 – 273；同时参见诺克斯与 E. F. Carritt 就“黑格尔与普鲁士主义”（Hegel and Prussianism）这个问题进行的激烈争论，这场争论最初发表在 1940 年的《哲学》（*Philosophy*）上，现在重印于考夫曼的《黑格尔的政治哲学》，页 13 – 52。对这些争论的细致研究，参见考夫曼自己的《黑格尔神话及其方法》（*The Hegel Myth and Its Method*）一文，同上，页 137 – 171；同时参见胡克、佩尔岑斯基和我之间最初在《遭遇》（*Encounter*）上展开的争论，后来重印于前述考夫曼的著作，页 55 – 105。罗森克兰茨书中关于黑格尔与普鲁士的章节已经译成英语并发表在《思辨哲学杂志》（*Journal of Speculative Philosophy*），卷Ⅵ，1872 年，页 263 – 279。

❷ Haym，《黑格尔及其时代》，页 360。

克普鲁士向现代化的、合理组织的并且相对自由的君主制国家转变的象征之一。旧的封建农奴制度被废除了，城市被授予了市镇自治的权利，军队通过普遍征兵制而得到了改造，开明的、富有远见的官僚政治取代了旧的军事等级，而且柏林也开始取代耶拿或海德堡，成为德国文化之都。只有在1840年代弗里德里希·威廉四世（Friedrich Wilhelm Ⅳ）的浪漫主义的、中世纪式的反动统治时期，一些旧普鲁士因素才得以死灰复燃。

黑格尔在《德国法制》中把1806年之前的未改革的旧普鲁士斥为贫乏的、毫无生机的机械国家。对黑格尔来说，1815年之后的普鲁士，和现代化了的巴伐利亚、符腾堡一样，代表了从之前的25年的动荡中产生出来的新型现代德国。

《法哲学》是黑格尔以系统的方式最全面地界定现代国家之本质的努力。不论从哲学上还是从传记上来看，认为这种努力是黑格尔对普鲁士的神化，都是毫无意义的。黑格尔指出，没有国家能够完全符合此书阐述的国家的哲学理念。此外，在黑格尔移居柏林甚至与普鲁士打交道之前，他就已经在海德堡、巴登讲授这一主题，从而为《法哲学》作准备了。最后，这本书还包括了一些内容［117］——比如代议制议会的选举，这些内容是普鲁士所没有的，无论如何想象，都不能视为普鲁士现实的反映。如果确有所指的话，那么《法哲学》中讨论代议制的部分可以认为是对普鲁士现状的委婉批评。

当黑格尔自己亲自面对普鲁士的政治现实时，他也并不是盲目接受。虽然他在柏林大学很有实力，但宫中以秘密警察头子冯·维特根斯坦伯爵（Count von Wittgenstein）为首的保守势力多次试图以各种方式进行刁难。[1]处于施莱尔马赫（Schleiermacher）影响之下皇家科学院从不接纳黑格尔，因为在神学家们看来，黑格尔的哲学立场还不够正确。当黑格尔向柏林官员发表评

---

[1] 见《黑格尔通信集》，卷Ⅲ，页461。

论，说巴伐利亚比普鲁士更自由时，他似乎很难获得普鲁士官僚阶层的欢心。❶在他生前最后一年，他在发表《论英国改革法案》一文上面遇到了普鲁士书报检查令给他带来的麻烦；我们将在后面努力揭示这段不寻常的插曲的缘由，在这个过程中，普鲁士政府试图钳住其最杰出的哲学家、柏林大学前校长之口。我们还能看到黑格尔早些时候在给出版商的信中关于普鲁士书报检查官格拉努（Granow）之死所作的斯多葛派式的评论，他说，哎呀，书报检查官会死，但书报检查制度不会死。❷而且当黑格尔将《法哲学》献给普鲁士首相哈登堡公爵时，他在附带短简中说，此书可能有助于首相认识国家理论与普鲁士国家之间的关系现状及其可能发展。❸

尽管如此，黑格尔仍在改革与重建后的普鲁士清楚地看到了智识生活与发展的希望。黑格尔后来在其柏林大学就职演说中更为详细地阐明了他在海德堡大学就职演说中燃起的希望：在经历了战争和革命的动荡之后，哲学可能最终在德国找到自己的家园，并且像古代的犹太人一样，现在可以将保存精神遗产的重任托付给德国人了。❹

在柏林大学就职演说中，黑格尔也确实曾经俯就于［118］当时的流俗观念，比如称法国统治为“外国暴政”。尽管我们知道反法战争时期黑格尔在这个问题上面的观点，甚至他在《法哲学》中对拿破仑赞赏有加，但是要他在这种场合下公开赞美拿破仑，这显然是不可想象的。然而，除了就职演说场合下这种明显的应酬话之外，黑格尔演说的主题仍然坚守了他的哲学立场的信条。

黑格尔柏林大学就职演说的主要观点针对的是康德的哲学遗

---

❶ “黑格尔致尼塔默”，1821年6月9日（同上，卷Ⅱ，页270）。

❷ “黑格尔致 Freiherr Cotta von Cottendorf”，1831年5月29日（同上，卷Ⅲ，页342）。

❸ “黑格尔致哈登堡”，1820年10月（同上，卷Ⅱ，页242）。

❹ Rosenkranz，《黑格尔传》，页328；Haym，《黑格尔及其时代》，页335。

产。根本而言，康德主义坚持认为不存在关于真理、上帝以及宇宙之本质的充分知识，因此，它就用信仰、情感和直观取代了知识。黑格尔把这种停留在时间性的东西、纯粹现象之物的哲学立场称作绝望的忠告，并且说：

> 凡生活中真实的伟大的神圣的事物，其所以真实、伟大、神圣，均由于理念。哲学的目的就在于掌握理念的普遍性和真形相。
>
> 追求真理的勇气，相信精神的力量，乃是哲学研究的第一条件。人应尊敬他自己，并应自视能配得上最高尚的东西。精神的伟大和力量是不可以低估和小视的。那隐蔽着的宇宙本质自身并没有力量足以抗拒求知的勇气。对于勇毅的求知者，它只能揭开它的秘密，将它的财富和奥妙公开给他，让他享受。❶

对黑格尔来说，哲学必须理解存在的东西，而且当前状况使哲学有可能完成这一任务。现代不同于古希腊。在古希腊，哲学是私事，公民们闲暇时私下破费，从事哲学研究。现代国家已经认识到，使哲学成为 *res publica* ［公共事务］的一部分，实为它的义务。现代大学是哲学的这种公共制度化的一种表现："于是时间已经到来，在国家内，除了现实世界的治理之外，思想的自由世界也会独立繁荣起来……由此足见教育和科学所开的花本身即是国家生活中的一个主要的环节。"❷

---

❶ 《柏林著作集》，页 8。［中译者按］中译参见黑格尔，《小逻辑》，贺麟译，北京：商务印书馆，1980 年，页 35 – 36。

❷ 同上，页 3 – 4。［中译者按］中译参见《小逻辑》，页 31 – 32。参见 Knox 的看法，载于 Kaufmann，《黑格尔的政治哲学》，页 19。我们已经看到，黑格尔参与巴伐利亚改革时，即已在中学公开讲授哲学。亦见 1816 年 8 月 2 日黑格尔给 Raumer 的信（《黑格尔通信集》，卷Ⅱ，页 96 – 102）。

《法哲学》“序言”试图达到同一目的。“序言”极力重申黑格尔的下列论点，即世界是向人类的认识敞开的，根本而言，世界结构是理性的，其自身也是可知的。[119] 同时，“序言”也攻击了哲学中的主观主义；它试图指出，主观主义哲学可能导致浪漫主义的政治恐怖主义，致使公共生活和社会生活的讨论失去了任何理性尺度。

黑格尔的攻击集中在雅各布·弗里斯（Jacob Fries）的哲学与行动上，由于他的批评的这种高度个人性，使黑格尔招致了大量批评。❶导致黑格尔愤怒的直接原因是，弗里斯参加了瓦特堡的学生庆祝大会。因为组织瓦特堡庆祝大会的［全德］大学生联合会（Burschenschaften）后来被德国政府残酷镇压了，在后来的自由主义者眼里，他们的行动在身后获得了神圣光环。事实上，在它们的思想与行动中，这些学生联合会预示了德国极端民族主义中最危险、最可怕的方面。认为它们的目的仅仅是鼓吹德国的统一，这是头脑简单的看法：它们是德国社会里最具沙文主义的。他们排斥外国人，拒绝接受犹太学生作为它们的成员，参与1819年法兰克福的反犹暴动；在瓦特堡庆祝大会上，他们焚烧了他们反对的作家的大量书籍。最后，他们当中的一员，即卡尔·桑德（Karl Sand）刺杀了诗人科采布（Kotzebue），他被学生们怀疑为俄国间谍。大学生联合会的反理性主义、仇外、反犹主义、不宽容以及恐怖主义，与纳粹们在不同的背景下想要制度化的东西，完全是一路货色。❷

弗里斯赞同学生运动。他在瓦特堡庆祝大会上的演讲是浪漫

---

❶ 甚至可敬的罗森克兰茨也对此感到不安（《黑格尔传》，页337）。

❷ 参见 Marcuse，《理性与革命》，页179－181；Eleonore Sterling，“德国1819年的反犹暴乱：社会抗争的错位”（Anti－Jewish Riots in Germany 1819：A Displacement of Social Protest），载于 *Historia Judaica*，Ⅻ（1950），页105－142。关于大学生联合会的历史，参见 H. Haupt，《大学生联合会的历史和德国统一运动的来源和阐述》（*Quellen und Darstellungen zur Geschichte der Burschenschaft und der deutschen Einheitsbewegung*，Heidelberg，1911）。

主义狂热与蒙昧主义的典范，黑格尔在《法哲学》序言中就是要批判这次演讲。弗里斯也出版了一本充满暴力色彩的反犹小册子，即“论犹太人对德国人的福利与性格的危害”。在这本小册子中，弗里斯指控犹太人是人民的吸血鬼，他们玷污了德国生活的纯洁性。他赞成对犹太人的教育制度进行压制，鼓励犹太人［120］迁出德国，禁止犹太人迁入。弗里斯还进一步建议，应当立法禁止犹太人与异教徒通婚；不应当允许基督徒佣人，尤其是女仆，为犹太人工作；而且犹太人的衣服应有明显的标志。[1]

在攻击弗里斯时，黑格尔指出下列事实，即在弗里斯那里，严谨的康德哲学沦为一种单纯主观意向的道德准则——黑格尔经常在康德主义哲学中发现这种危险：

> 不仅如此，这种自许自封的哲学明白表示，真的东西本身是不可能被认识的；关于伦理的对象，主要关于国家、政府和国家制度，据说个人从他的心情、情绪和灵感发出的东西就是真理。为了适合特别是青年的胃口还有什么应谈而没有谈到的呢？[2]

---

[1] J. F. Fries，“论犹太人对德国人的福利与性格的危害”（Über die Gefährdung des Wohlstandes und Charakters der Deutschen durch die Juden），载于 *Heidelberger Jahrbücher*，卷 16 – 17，1816 年。弗里斯的当代辩护士胡克承认（考夫曼，《黑格尔政治哲学》，页 104），弗里斯——除此之外，胡克把他描绘成一名自由主义者——确实发表了一本反对犹太人的小册子，“但不是基于宗教或种族主义”。我们可以仁慈地猜测，胡克从未读过弗里斯的小册子，不然的话，他的话就十分不可信：弗里斯的计划读起来就像纳粹的纽伦堡法律草案。关于黑格尔与大学生联合会的关系以及他对接纳犹太人的海德堡学生联合会的决议（这是唯一的一份接纳犹太人的决议）的可能影响。参见我的论文，“对黑格尔的犹太人解放观的一个说明”（A Note on Hegel's Views on Jewish Emancipation），载于 *Jewish Social History*，XXV（1963），页 145 – 151。

[2] 《法哲学》，页 5。［中译者按］中译参见黑格尔，《法哲学原理》，“序言”，页 5；亦见黑格尔 1819 年 11 月给辛利希斯（Hinrichs）的信（《黑格尔通信集》，卷Ⅱ，页 222）。

黑格尔确实在意识中为主观信念提供了适当的位置，但他认为，任何想要把政治忠诚建立在这些基础之上的做法都必然导致危险后果：

> 这就是肤浅思想的要义，它不把科学建立在思想和概念的发展上，而把它建立在直接知觉和偶然想象上，同时，它把伦理自身的丰富组织即国家，以及国家的合乎理性的建筑结构……把这种已完成的建筑融解于“心情、友谊和灵感”的面糊之中。依照这种见解，伦理世界应该属于私见和任性的主观偶然性……如果用简单的家常疗法，而把数千年来理性和它的理智作品都归属于感情，那么，在能思维的概念的指导下的一切理性洞察和认识上的努力，当然都可省掉。❶

黑格尔在《法哲学》的主体部分指出，这种主观主义要对那些宽恕谋杀科采布的人的想法负责，因为不管杀人犯桑德的行为的本质如何，毕竟他具有“纯粹的意图”。当［121］神学家德·维特（de Wette）以这种心情给桑德之母写信时，黑格尔就攻击他，指出：这种道德主观主义可用来替所有罪行进行辩护。❷

依黑格尔之见，这种道德主观主义的理论后果有二：第一，反感所有客观的、成文的法律体系，第二，道德相对主义。对黑格尔来说，反对成文法典是那些最终反对理性标准之人的特征，不管他们是符腾堡“优良的古老法律”的支持者，还是狂热的学生：

---

❶ 《法哲学》，页6。［中译者按］中译参见黑格尔，《法哲学原理》，页6；亦见黑格尔评辛利希斯的宗教哲学的文章（《柏林著作集》，页60）。

❷ 同上，第126节和第140节。在1819年10月30日写给Greuzer的信（《黑格尔通信集》，卷Ⅱ，页218－219）中，黑格尔写道，由于弗里斯、德·维特以及其他人倡导主观主义伦理学，因此他们要为学生的极端主义负责。

> 但是贴在额骨上的标志却是憎恶法律。法和伦理以及法和伦理的现实世界是通过思想而被领会的，它们通过思想才取得合理性的形式，即取得普遍性和规定性，这一形式就是规律；至于给自己保留肆意妄为的那种感情，把法的东西归结为主观信念的那种良心，的确有理由把这种规律看作它的最大敌人。它感觉到法（作为一种义务和一种规律）的形式，是一种死的、冷冰冰的文字，是一种枷锁……因此……法律主要是识别所谓人民的假兄弟假朋友的暗号。❶

通过比较弗里斯与智者派，黑格尔注意到弗里斯观点所带来的相对主义后果：

> 因此，真的东西的概念、伦理性东西的规律，也无非就是私见和主观信念；最恶劣罪犯的基本原理，作为信念，与伦理性的规律在价值上视同一律；同时，任何贫乏的特异的客体，以及任何干燥无味的材料，也与构成所有能思维的人的兴趣和伦理世界的纽带的那些东西，在价值上视同一律。❷

这种民族主义、民粹主义、浪漫主义以及反理性主义的学生运动让黑格尔深受困扰："我希望那些叫得最响的人多研究一下概念"，他在一篇通信中如是评论到。❸在黑格尔对柏林学生骚乱的反应中，我们听到他的抱怨中带有一种担忧，即唯恐他认为

---

❶ 《法哲学》，页7。［中译者按］中译参见黑格尔，《法哲学原理》，"序言"，页7。参见页6："凭着皈依宗教和圣经，它就以为获得了最高权能来蔑视伦理秩序和规律的客观性。"［中译者按］中译参见黑格尔，《法哲学原理》，"序言"，页7。

❷ 同上，页9。［中译者按］中译参见黑格尔，《法哲学原理》，"序言"，页10。早在1811年，黑格尔就认为弗里斯的观点"浅薄"（*Seichtigkeit*）；参见"黑格尔致尼塔默"，1811年10月10日（《黑格尔通信集》，卷Ⅰ，页388）。

❸ "黑格尔致Rabow"，1831年3月30日（《黑格尔通信集》，卷Ⅲ，页337）。

1815年即已终结的动乱时期仍未过去："我马上就50岁了，30年来我都是在［122］恐惧与希望的惴惴不安中度过的。我希望这些恐惧与希望早日结束。"❶

大学生联合会以及他们的思想导师释放出来的力量与一个多世纪以后最终在德国纳粹的胜利中达到极致的力量毫无二致。虽然复辟政府所做的每一件事情自然都令现代自由主义深恶痛绝，但是我们应该警惕德国政府1818～1819年所采取的措施——即卡尔斯巴德决议（the Carlsbard decrees）——的压迫本质使人对下述事实视而不见，即大学生联合会的许多政治活动都表现了德国政治生活中最疯狂的因素，因而令人反感。黑格尔为反对这些力量的措施进行辩护，是无可厚非的；那些遭到镇压的意见，那些黑格尔憎恶并且害怕的意见，是最为蒙昧主义的、非理性主义的与沙文主义的。如果黑格尔在1819年有过错的话，那他并不是错在反对弗里斯和瓦特堡的狂热分子，而是错在他的根本上就是天真的想法，即那些民族主义和主观浪漫主义势力仅仅是过去留下的后遗症而已。不幸的是，这些势力后来成为德国未来的潮流，这股潮流席卷了一切，包括黑格尔想要通过理性手段去面对现代社会问题的努力。

根本说来，与当前对手的这种论战不过是处于《法哲学》主体外围的一场小冲突而已。黑格尔在《法哲学》序言中的主要目的是要确立其关于哲学与现实性的关系的观点，以及阐明他所言的哲学的"科学"本性。❷

当然，"Science"（科学）是对德语词 *Wissenschaft* 的翻译，而且当黑格尔认为他对哲学的讨论是科学的（*wissenschaftlich*）

❶ "黑格尔致 Creuzer"，1819年10月30日（《黑格尔通信集》，卷Ⅱ，页219）。

❷ 《法哲学》，页2、页6、页7。同时参见黑格尔1822年7月30日写给 Duboc 的纲领性书信。信中，黑格尔阐述了他的使哲学科学化（*wissenschaftlich*）的目的（《黑格尔通信集》，卷Ⅱ，页329）。

时，我们应当尽可能避免把它与自然科学的实证分析混为一谈。对黑格尔来说，科学（*Wissenschaft*）与可知的东西有关，它等同于希腊词 *episteme*［知识、认识］。在这种意义上，通过一个用来理解它的严格的“科学的”概念体系，而不是松散的“观念”和“感觉”，就可以达到对现实性（actuality）的认识。依黑格尔之见，科学（*Wissenschaft*）的根本特征是内容和形式的统一，正是这种统一将理性（*Vernunft*）和单纯的知性（*Verstand*）区分开来，［123］后者停留在内容与形式的分裂上，它不能克服这种分裂。

黑格尔在《法哲学》序言中试图把历史现实性和理性关联起来。这种努力造成了对其立场的很多严重误解。当然，这里的关键表述是“凡是合乎理性的东西都是现实的，凡是现实的东西都是合乎理性的”。[1]这句话概括了黑格尔想要把哲学从康德的二分法的哲学遗产中解放出来的努力。早在1821年，这一表达就已经被理解为对现存权力的全面辩护，而且它那警句般的犀利显然使它很容易脱离语境。[2]

尽管这句格言非常出色（对黑格尔的名声来说，实属不幸），然而黑格尔探究这个问题的方式远比一句简括的格言要复杂得多。黑格尔论述的语境表明他对哲学任务的理解带有批判

---

[1] 《法哲学》，页10。［中译者按］中译参见黑格尔，《法哲学原理》，“序言”，页11。

[2] 参见 Heinrich Paulus 在1821年《海德堡年鉴》（*Heidelberger Jahrbücher*）上（第392～395页）对《法哲学原理》的评论。同时参见罗森克兰茨，《黑格尔传》，页335；Haym，《黑格尔及其时代》，页367；以及 Emil L. Fackenheim，“论合理的东西的现实性与现实的东西的合理性”（On the Actuality of the Rational and the Rationality of the Actual），载于 *Review of Metaphysics*，XIII（1970年7月），页690－698。恩格斯在《费尔巴哈与德国古典哲学的终结》中引用这句话时歪曲了它，从而增加了理解的困难：恩格斯颠倒了这两个命题的先后次序，让黑格尔的说法变成了“凡是现实的东西都是合乎理性的，凡是合乎理性的东西都是现实的”（Marx－Engels，《选集》（*Selected Works*），卷Ⅱ，页361）。大多数人似乎记住的都是黑格尔的名言的这种篡改了的歪曲形式。

性。哲学必须理解存在的东西，即现实性（Wirklichkeit）的真正本性。但这种知识是辩证的：为了理解存在的东西，仅仅满足于外在的现象与形式是不够的；这是单纯的“知性”。“科学的”知识要求穿透外表，进入有待认识的对象的内核，探究维系该对象的内在原理和固有联系。[1]这种深刻的理解有时会与广泛接受的公共舆论相对立，并可能与实证权威相抵触。在他的“哲学不能停留在纯粹给予的和实证的东西上”这一信条（credo）中，我们在黑格尔早期面对“实证性”时看到的一切重又出现。哲学将一直发问，它不能认为权威就是真理的终极证明：

> ［124］这种自由思维不死抱住现成的东西，不问这种现成的东西是得到国家或公意这类外部实证的权威的支持，或是得到内心情感的权威以及精神直接赞同的证言的支持都好。
>
> 天真心灵所抱的态度是简单的，它十分信赖地坚持大众所接受的真理，并把它的行为方式和一生固定的地位建立在这种巩固的基础之上。[2]

然而，哲学的重要任务遇到了用单纯否定代替批判态度的危险。虽然惟有超越现象才能达到现实性的“科学”知识，但是经常否定的精神也应该当心自己代替现实本身。一方面，就追求真理而言，任何公众承认的东西均应受到不断的质疑，另一方面，公共组织本身的存在和本质也不应遭受威胁。在黑格尔看来，以对国家的直接反对程度来衡量哲学研究的品性，这是错误

---

[1] 参见《法哲学》，第324节：“哲学知道偶然性是假象，它在这种偶然性中识别其本质，即必然性。”［中译者按］中译参见黑格尔，《法哲学原理》，页340：“一般说来，概念和哲学会使纯粹偶然性这种观点消失，而在表现为假象的偶然性中识别其本质，即必然性。”译文有改动。

[2] 同上，页3。［中译者按］中译参见黑格尔，《法哲学原理》，“序言”，页3。

的。主观主义伦理学倾向于使每个个体成为反对国家整体的核心。各国政府"对那些献身于哲学这门专业的学者们表示信任，它们把哲学的发展和内容完全托付他们"，一些哲学家错误地利用了这些政府——不是因为这些哲学家反对政府的这个或那个措施，而是因为他们质疑政治权威的基础本身。❶实际情况是，主观主义哲学认为自由仅仅存在于与国家的对立之中，并且使之成为通则，从而也就忽略了黑格尔所理解的国家的内在真理，即理性自由的现实性：

> 目前有一种观念，以为思维的自由和一般精神的自由只有背离、甚至敌视公众承认的东西，才能得到证明，这种观念可能在对国家的关系上最为深固，因此，特别是关于国家的哲学看来本质上具有发现并提供另一种理论、一种新的特殊的理论的任务。如果我们看到这种观念和依据这种观念所做的事，就该认为，似乎世界上从未有过国家和国家制度，现在也还没有，但是现在……似乎应该从头开始。❷

那些脱离现实性并且不管现实性而行动的哲学家们的危险在于，他们在子虚乌有中建造空中楼阁。人们用这些幻想代替现实，其结果只能是灾难；［125］启蒙运动的体系构建者们的乌托邦思想导致了法国大革命中的一些最为野蛮残酷的行为。❸黑格尔反复申明，哲学研究世界，研究现实性；我们已看到，哲学不应当停留在外部现象上，也不应害怕顺从适应现存的权力。哲

❶ 参见《法哲学》，页7。［中译者按］中译参见黑格尔，《法哲学原理》，"序言"，页8。

❷ 同上，页4。［中译者按］中译参见黑格尔，《法哲学原理》，"序言"，页4。

❸ 参见《精神现象学》，页599－610。在那里，黑格尔把启蒙理论中的"绝对自由"与雅各宾派的恐怖联系起来。

学确实是以现实性为研究对象，这意味着，如果某物存在，那么它的存在最终必须有一个理由（reason），不管这个理由多么隐秘，多么难以捉摸，哲学都必须使它大白于天下。情况可能是，这种存在的内在原理完全不同于它在无批判的心灵面前显现出来的样子，因此，哲学的任务就是调和现象与内容。但是因为哲学拥有其对象的理性（reason），因此它不能在单纯的思想中，而必须在现实性中寻找这种理性。我们说世界是向我们的知识敞开的，这并不意味着，它在任何 *a priori*［先天的］意义上都是理性的；它的合理性是历史的、发展的理性，它随着时间的变化在现实性中展开其自身。在一个段落中，黑格尔严厉批评了康德的哲学遗产。在另一个语境下，它也可以用来阐明马克思后来批判乌托邦思想的哲学基础：

> 正是哲学对现实所处的这种地位引起了误会；因此我回复到从前所说过的，即哲学是探究理性东西的，正因为如此，它是了解现在的东西和现实的东西的，而不是提供某种彼岸的东西，神才知道彼岸的东西在哪里，或者也可以说（其实我们都能说出），这种彼岸的东西就是在片面的空虚的推论那种错误里面。[1]

依黑格尔之见，这种主观愿望缺少验证的标准；我们如何在来自应受称赞的动机的种种计划之中进行选择呢？最终，我们走投无路——或许动用武力，在各种千禧年道路之间做出决定。黑格尔的选择是，在现实性中寻找上帝之城的种子：

[1] 《法哲学》，页10。［中译者按］中译参见黑格尔，《法哲学原理》，“序言”，页10。当黑格尔说国家是“内在地合乎理性的”东西时，这句话并不是说，任何国家的任何事物都是合乎理性的，而是说，国家的现象本身——人们在一个共同的纽带下生活——表现了人的生活的一个理性的方面。否则，就不会有国家。

现在这本书是以国家学为内容的，既然如此，它就是把国家作为其自身是一种理性的东西来理解和叙述的尝试，除此以外，它什么也不是。[126] 作为哲学著作，它必须绝对避免把国家依其所应然来构成它。本书所能传授的，不可能把国家从其应该怎样的角度来教，而是在于说明对国家这一伦理世界应该怎样来认识。

Hic Rhodus，hic saltus.

[这里是罗陀斯，就在这里跳罢。]

哲学的任务在于理解存在的东西，因为存在的东西就是理性。❶

因此，上帝之城只能通过完全、深入地理解地上之城来达到：

在现在的十字架中去认识作为蔷薇的理性，并对现在感到乐观，这种理性的洞察，会使我们跟现实调和；哲学把这种调和只给予那些人，他们一度产生内心的要求，这种要求驱使他们以概念来把握。❷

正是在这种上下文中，黑格尔提出了他关于理性的东西与现实的东西的格言：

凡是合乎理性的东西都是现实的，凡是现实的东西都是合乎理性的……所以最关紧要的是，在有时间性的瞬即消逝的假象中，去认识内在的实体和现在事物中的永久东西。其实由于理性的东西（与理念同义）在它的现实中同时达到

❶ 《法哲学》，页11。[中译者按] 中译参见黑格尔，《法哲学原理》，“序言”，页12。

❷ 同上，页12。[中译者按] 中译参见黑格尔，《法哲学原理》，“序言”，页13。

外部实存，所以它显现出无限丰富的形式、现象和形态。❶

我们知道，正是在这一格言上，黑格尔学派后来才分裂为“左派”与“右派”，因此，为此而仔细研究文本也是必要的。首先应指出的是，这里（遵照诺克斯的卓越建议）被翻译成“现实的”的德语词是 *wirklich*。它的特殊含义源自它的动词词根“活动”（“to act”，德文 *wirken*），从而“现实性”（*Wirklichkeit*）显然不是一个单纯被动地、自然地给予。“现实的”东西总是行事（deed）、活动（action）的结果；因此，一种强烈的行动主义意蕴贯穿在这句格言中。

其次，黑格尔的警句开头说的并不是（如恩格斯的误引那样）“现实的东西都是合乎理性的”，而是“合乎理性的东西都是现实的”：他不是从设定现实的东西的合理性开始，而是从设定理性的东西的现实性开始，也就是说，理性的东西自身就有实现其自身、把 *potentia*［潜能］转化为 *actus*［现实］的力量。理性不是一种抽象，也不只是一种休谟式的［127］认识能力；它是力量，是在世界中得到实现的希腊的 *Nous*［努斯］。只有在说出了“理性的东西终将胜利，将现实化其自身”之后，黑格尔才加上了第二句，即“现实的东西就是合乎理性的”，它是第一句的一个推论。

尽管如此，黑格尔非常清楚地意识到，由于这一警句的绝对力量，从而容易使他受到十分明显地误解。因此，在 1830 年版《哲学科学百科全书》（*Encyclopedia of Philosophical Sciences*）的一个长注中，黑格尔强调指出，现实性（*Wirklichkeit*）不等同于所有现存的事物。黑格尔在这里区分了定在（*Dasein*）与现实性（*Wirklichkeit*）。定在（*Dasein*）包括了存在的一切事物，而现实

---

❶ 《法哲学》，页 10。［中译者按］中译参见黑格尔，《法哲学原理》，“序言”，页 11。黑格尔此书的最早读者之一，Nikolaus von Thadden 在 1821 年 8 月 8 日的私信中正是在这一点上攻击黑格尔（《黑格尔通信集》，卷Ⅱ，页 278）。

性（*Wirklichkeit*）则只是本质与定在相符的那一部分实存，正因为如此，我们就可以说现实性是合乎理性的。[1]不论这种解释造成何种哲学上的困难（这些困难似乎使这组对句成为某种同义反复的东西），但它清楚地表明，黑格尔自己无论如何都不希望把这句话理解为是对所有现存事物的全面辩护。在《法哲学》中，黑格尔对现实性与实存作出了类似的区分：

> 哲学……指出，只有概念……才具有现实性，并从而使自己现实化。除了概念本身所设定的这种现实性以外，其他一切东西都是暂时的定在、外在的偶然性、私见、缺乏本质的现象、谬妄、欺骗，等等不一。[2]

然而，在《法哲学》序言结尾，黑格尔的论述还有另一方面或转折。我们已经看到黑格尔如何强调哲学的此世性，并且警告哲学家们不要构建一种应然国家的乌托邦。黑格尔结束告诫时的语气似乎是听天由命与清静无为的。黑格尔从“这里是罗陀斯，就在这里跳罢”开始，接着便警告哲学家：

> 就个人来说，每个人都是他那时代的产儿。哲学也是这样，它是被把握在思想中的它的时代。妄想一种哲学可以超出它那个时代，这与妄想个人可以跳出他的时代，跳出罗陀斯岛，是同样愚蠢的。[3]

从理论上说，这种对于哲学意识的界限看似公开的承认无非反映了黑格尔关于理性之历史性的观点。既然哲学家的理性

---

[1] G. W. F. Hegel，《哲学科学百科全书》（*Enzyklopädie der philosophischen Wissenschaften*，Hamburg，1959），F. Nicolin 和 O. Pöggeler 编，第 6 节。

[2] 《法哲学》，§1。［中译者按］中译参见黑格尔，《法哲学原理》，页 1。

[3] 同上，页 11。［中译者按］中译参见黑格尔，《法哲学原理》，“序言”，页 12。

[128] 能力就像理性本身一样不是先天给予的，而是与时发展的，那么每个哲学家的认识范围自然都要受到其自身经验的历史处境的限制，而且他也不能克服这种局限。因此，哲学往往也是对它那一代人的充分见证，每一代人的成功都是站在前人的肩膀上，因而能够更好地把握它自己的现实性。与我们平常相信的"唯心主义"与"唯物主义"之间的正统区别相比，黑格尔的立场与马克思的名言"意识无非是意识到了的存在"之间的距离要小得多。

因此，如果哲学无非是被把握在思想中的它的时代，那么自然就有一个有趣的推论：如果哲学家只能理解存在的东西，那么哲学家已经理解了他的历史现实性这一事实也就证明，一种生活形式已经变老了，因为哲学只能理解完全发展了的东西。因此，在黑格尔的明显的消极陈述下面，我们可以发现一种根本的批判理论。黑格尔以一个哲学家写过的最具诗意，而且现在被公认为最有名的段落结束了《法哲学》序言。这一段需要非常细致地阅读：

> 关于教导世界应该怎样，也必须略为谈一谈。在这方面，无论如何哲学总是来得太迟。哲学作为有关世界的思想，要直到现实结束其形成过程并完成其自身之后，才会出现。概念所教导的也必然就是历史所呈示的。这就是说，直到现实成熟了，理想的东西才会对实在的东西呈现出来，并在把握了这同一个实在世界的实体之后，才把它建成为一个理智王国的形态。当哲学把它的灰色绘成灰色的时候，这一生活形态就变老了。对灰色绘成灰色，不能使生活形态变得年青，而只能作为认识的对象。密涅瓦的猫头鹰要等到黄昏到来，才会起飞。❶

---

❶ 《法哲学》，页 12。[中译者按] 中译参见黑格尔，《法哲学原理》，"序言"，页 13 – 14。

哲学是成熟的智慧，历史上的任何时期，只要其伟大的哲学家将现实生活的精华变成了思想的语言，那么这个历史时期也就终结了。在《法哲学》序言前面，黑格尔提到了柏拉图，此时，这个例子肯定浮现在他的眼前：通过写作作为希腊城邦之理想的“理想国”，柏拉图无非是把存在于真实的希腊历史生活中的制度和安排提升到一个理想的层面。虽然没有一个［129］希腊城邦与《理想国》类似，而且它也批评了所有的现存城邦，但是柏拉图的理想城邦仍然是对清除了历史事件的偶然性与任意性的城邦的基本理想的提炼。但是城邦的这种理想的典范也是它衰落的一个标志，因为在城邦寿终正寝之前，《理想国》是写不出来的。这就是哲学之为后思（*Nach - denken*）的意义。

然而，这个动人的段落并不是黑格尔对柏拉图的续貂，而是他自己政治哲学的序言。而且既然他自己政治哲学的目的不是要“教导世界应该怎样”，而仅仅是在观念的层次上理解“存在的东西”，那么结论必然就是：虽然黑格尔不是在宣布新世界的降临或为之宣扬，但是他理解他自己所处世界的能力本身即已指出了这个世界的可能消亡。

当下的十字架中的蔷薇是黑格尔辩证地理解他所处的世界时所使用的悲剧式反讽，它意味着，当黑格尔认为他自己理解了1789之后（或1815年之后）的欧洲的新世界时，这本身就意味着他在《精神现象学》中宣布的这个新世界已经成熟，而且开始缓慢然而确凿无疑地走向消亡。确实，黑格尔把他自己的时代理解为历史的顶峰，理解为现实的东西与理性的东西的和解。黑格尔甚至走得更远，认为不可能有更高的哲学知识了。在《哲学史》中，关于他所处的时代，黑格尔说道：“看来世界精神现在已经成功地排除了一切异己的、对象性的本质”，他接着说：

> 有限的自我意识同绝对的自我意识的斗争……就停止了……一般讲来，这就是此前的整个世界历史所达到的目

> 标，特殊讲来，这就是整个哲学史所达到的目标，而历史的唯一工作就在于阐述这个斗争。现在看来它似乎达到它的目标了，因为绝对自我意识（历史具有绝对自我意识的观念）已不再是异己的东西，而精神也成为现实的精神了。❶

然而，尽管这里黑格尔强烈倾向于认为他自己的历史时代与他自己的哲学是绝对的时代和绝对的哲学，但《法哲学》序言结尾的评论丝毫也不表明，他认为适合于一切哲学的东西——即一切哲学都是它的时代的总结——并不适用于他自己的哲学。通过总结它的时代，一切哲学都在某种程度上宣布了这个时代的死亡。[130] 如果黑格尔设定他的时代为自由与理性的最终完成，那么另一方面，也有强烈的迹象表明，黑格尔多么清楚地意识到，现实的东西与理性的东西之间的这种和解也不能解决一些非常关键的问题；而且我们一不小心就会看到黑格尔在审视他自己时代的边界，虽然图像一直故意显得昏暗且模糊不清。

“密涅瓦的猫头鹰要等到黄昏到来，才会起飞”：这个看似清静无为的、充满了听天由命和明显的保守主义的句子隐含了一种关于哲学的这种作用的批判性讯息。我们借用并且颠倒一下马克思的隽语，哲学确实不能改变世界，只能解释世界；但是通过解释世界的行为本身，哲学改变了世界，哲学告诉这个世界，它的时间完了。

---

❶ G. W. F. Hegel，《哲学史讲演录》（*Lectures on the History of Philosophy*，London，1985）Ⅲ，E. S. Haldane 和 F. H. Simson 译，页 551－552。［中译者按］中译参见黑格尔，《哲学史讲演录》，第四卷，贺麟、王太庆译，商务印书馆，1978 年，页 377－378。

注　释

黑格尔对弗里斯和德·维特的攻击已经造成了如下普遍看法，即在当时时代背景下，黑格尔站在警察当局一边，反对言论自由。然而，我们不必同意黑格尔对弗里斯的态度下面的细节，即可指出，弗里斯自己的立场并无多少可资辩护的自由主义根据。

尽管如此，黑格尔的观点已被曲解到如此程度，以至于人们现在完全不知道，在科采布被杀后的镇压期间，黑格尔非常积极地为了那些因为与大学生联合会的或真或假的联系而陷入与警察当局的麻烦之中的学生、同事与朋友进行斡旋。仔细研究相关事件，就会发现，黑格尔的公民勇气给人留下了非常深刻的印象。这一点值得记录在案，因为人们在这一方面说了很多反对黑格尔的话，但是没有人去仔细考察一下可资利用的证据。

（a）当黑格尔的助手亨宁（Leopold Henning）被捕时，黑格尔与当局进行了斡旋；参见黑格尔“1821年6月9日给尼塔默的信”（《黑格尔通信集》，卷Ⅱ，页271）以及《柏林著作集》，页598－607。

（b）黑格尔努力——虽然没有成功——为他以前在海德堡的学生Carové保住助手职位。Carové因为与大学生联合会的联系而被大学解雇。黑格尔多次为他向哲学系主任佐尔格（Solger）写信，但徒劳无用（《柏林著作集》，页581－584）。

（c）1824年，黑格尔以前在海德堡的学生，也是他在耶拿的一个朋友的儿子，Gustav Asverus被捕入狱。Gustav Asverus非常积极地参与学生运动，也是一个激烈地反黑格尔主义者。我们现在从保存在莫斯科马克思恩格斯研究院的书信中得知，黑格尔反复为Asverus的父亲就如何为他的儿子辩护提供建议［131］（《黑格尔通信集》，卷Ⅳ，页20－27）。黑格尔也为Asverus向普鲁士警察部恳求（同上，卷Ⅱ，页216－217），最后为他的获释进行担保，并提供500塔勒的保释金（同上，卷Ⅱ，页440）。

（d）虽然黑格尔因为德·维特写给桑德母亲的信而猛烈攻击他，但黑格尔反对大学随意开除德·维特。当同事们设立基金以在经济上帮助德·

维特时，黑格尔捐了25塔勒；参看 Varnhagen von Ense 的《普鲁士历史散叶》（*Blätter aus der preussischen Geschichte*，Ludmilla Assig 编，Leipzig，1868），卷Ⅳ，页235。

（e）1824年，普鲁士警察当局怀疑黑格尔最忠实的学生之一、法国哲学家 Victor Cousin 与极端的大学生联合会密谋而逮捕了他。黑格尔为了他而向警察部门调停（《黑格尔通信集》，卷Ⅲ，页75－76）。柏林警察长官冯·坎普茨（von Kamptz）在多个场合斥责黑格尔的干预，尤其是在法国报纸公开报道此事之后。黑格尔的同时代人，甚至他的敌人，都极为赞赏他在这个拖了一年的事件中所表现出来的公民勇气；参见 von Ense 的《普鲁士历史散叶》，卷Ⅲ，页155－162、页227。

第 7 章　现代社会的政治经济学

前　　提

［132］在《哲学科学百科全书》中，黑格尔把“精神哲学”分成三个部分：主观精神、客观精神和绝对精神。讨论客观精神的部分在《法哲学》中得到了更为详细的论述。正是这个部分讨论作为精神之客观的制度化表达的法律、道德与伦理（Sittlichkeit）。正如我们将看到的，虽然国家处于客观精神的顶端，但它仍然低于（如我们已在《实在哲学》所见）绝对精神领域——即艺术、宗教与哲学。

在客观精神领域，人类意识才来到其自身的所在：“伦理是在它概念中的意志和单个人的意志的统一。”[1]这种内容与形式的统一融合到意识之中时就是自由；它的政治表达已经在《伦理体系》中得到确切地阐述，在那里，黑格尔说：“有机的原则就是自由，亦即统治者自己也是被统治者。”[2]

然而这种自由的实现并不是给予的；它必须经过中介。人的历史就是人通过与其周围的客观世界的相互作用而获得自我意识的历史。这就是教育，*Bildung*[3]；人［由此］成为自由的了。人的自由不是在任何虚构的自然状态中发现的，而是通过努力摆脱原始野蛮状态而逐渐获得的：“野蛮人是懒惰的，他同有教化的人的区别在于他只对着面前的事物呆想。”[4]

［133］卢梭对教育的浪漫思想与单纯实用主义和工具主义的教育观有很多共同之处，对此，当黑格尔确立他自己的教育观——教育就是人通过其自身的真正的自我实现——时，做出了敏锐的暗示：

> 有一种思想，认为自然状态是纯洁的，未开化民族的风俗是淳厚质朴的，根据这种思想，教育就被看成只是某种外在的东西和腐蚀性的东西；另有一种见解，认为私人生活上需要、需要的满足……都是绝对目的，根据这种见解，教育就被看成只是达到上述那些目的的手段……
>
> 因此，教育的绝对规定就是解放以及达到更高解放的工

[1] 《法哲学》，§33，“补充”。［中译者按］中译参见黑格尔，《法哲学原理》，页 43。译文据英文稍作改动。

[2] 《政法著作集》，页 500。

[3] ［中译者按］“Bildung”即“教育”，黑格尔此词也常译为“教化”。

[4] 《法哲学》，§ 197，“补充”。［中译者按］中译参见黑格尔，《法哲学原理》，页 210。参见第 153 节的“补充”：“教育家想把人从日常一般生活中抽出，而在乡村里教育他（如卢梭在《爱弥儿》中），但这种实验已经失败，因为企图使人同世界的规律疏隔是不可能的。虽然对青年的教育必须在偏静的环境中进行，但是切不要以为精神世界的芬芳气味到底不会吹拂这偏静的地方。”［中译者按］中译参见同前，页 172。

> 作。这就是说，教育是推移到伦理的无限主观的实体性的绝对交叉点，这种伦理的实体性不再是直接的、自然的，而是精神的、同时也是提高到普遍性的形态的。❶

这种使人达到自由意识的中介是《法哲学》的核心论题。意志的这种中介的各个阶段如下：（a）直接意志——绝对法或形式法；（b）得到反思的意志——主观道德；（c）二者的统一——伦理。伦理自身分为三个环节：

（a）家庭——“自然或直接阶段”的伦理；

（b）市民社会——“分裂或现象中”的伦理；

（c）国家——“表现为特殊意志的自由独立性的那种自由，既是普遍的又是客观的自由。”❷

大多数对黑格尔社会哲学的传统讨论往往以第三个环节即国家为核心。黑格尔的国家哲学无疑是他对社会哲学领域的主要贡献，但是如果不在其体系阐述的前两个环节（家庭与市民社会）的前提下讨论国家，那它就会完全不可理解，甚至遭到歪曲。我们将努力通过详细论述家庭与市民社会这两个环节来恢复黑格尔社会理论的内在平衡。

伦理的三个环节也可以视为人际关系的三种选择模式。黑格尔的论点是，人与人能在下列三种模式的任何一种［134］当中发生关系：特殊的利他主义——家庭；普遍的利己主义——市民社会；普遍的利他主义——国家。我们从家庭即特殊利他主义模式出发审查这三种模式。在这种模式中，我从他们的——而不是我的——利益出发与其他人发生关系。在家庭中，我准备为他人

---

❶ 《法哲学》，§ 187。［中译者按］中译参见黑格尔，《法哲学原理》，页201－202。关于*Bildung*［教化］，参见George A. Kelly在《观念论、政治与历史》(*Idealism*, *Politics and History*, Cambridge, 1969) 一书第341～348页的精彩论述。

❷ 《法哲学》，§ 33；以及§ 157。［中译者按］中译参见黑格尔，《法哲学原理》，页41；以及页173－174。

而牺牲——为孩子上学而工作、关心老人与弱者的福利等。所有这些活动都是为他人着想的，是在这种分析（而非道德主义）意义上的“利他主义的”。所有这些行动都不是为了行为者自己的利益，而是为了某个其他人的利益。行为者通过所谓的“家庭纽带”与之发生联系。这些活动也限制在一个固定的人际关系以内：我不是为所有的妇女和儿童服务，而只为我的妻子和我的孩子服务。因此，这种利他主义是有限的、特殊的，它不能应用于所有人。这就是家庭。

其次是市民社会。市民社会是普遍利己主义的领域。在市民社会中，我把每个人看作达到我自己的目的的手段。经济生活是它最深刻、最典型的表现，我进行买卖不是为了满足他人的需要（他的衣食住行的需要），而是以他人的需要为手段，满足我自己的目的。我的目的以他人的需要为中介：其他人越是依赖于我所能提供的需要，我自己的处境也就越好。市民社会就是这种每个人都根据其所认为的明白的个人利益而行动的领域。

最后是国家。与源自霍布斯和洛克的传统自由主义理论相反，黑格尔不把国家看作一种旨在保护人的自身利益的组织（这是市民社会所要完成的事情），而是看作某种超越了这种组织的东西。对黑格尔来说，国家是普遍的利他主义——这种模式是这样一个人类世界，它的根源不是来自自身利益，而是来自团结、来自于其他人生活在一个共同体之中的意志。就此而言，国家类似于家庭，但它的范围不同，而且它的纽带的基础是自由意识，而非生物学上的规定。因此，如果有人认为国家在于保护个人利益，那么黑格尔会说，这个人错把市民社会当成国家了。进而言之，从自身利益的角度来说，国家对我们的要求——征税、服兵役——肯定不是合法的。这是霍布斯熟知的困境。霍布斯最终不得不承认，如果主权者要求臣民在战争中［135］牺牲生命，那么这种要求绝不是合法的。毕竟，税收是用来改善其他人的命运的，而不仅仅是提供作为报答的服务的，服兵役的义务必然包含了我死你活的可能性，从明白的自身利益的角度来看，这种情况是荒谬的。传统的保卫家庭、保卫财产的解释也不能证明服兵役是正当的。在一个可能被杀的处境中，我根本就不能保护我的家庭或者财产。如果我真的想要保护我的家庭和财产，那么最好的方法是一旦战争危险逼近时，就迅速和家人一道撤离国境，并且严格保证在我们逃离受到战火威胁的国家抵达安全地带时，我的财产也已经安然无恙地正在那里等待着我们。从我自己的明白的自身利益的角度来看，这是唯一合理的行为。事实上，人们往往选择其他行为方式，甚至指责这种“合理的”行为，这就清楚地表明，他们与国家的关系，不是一种单纯自身利益的关系。对黑格尔来说，普遍利他主义模式、准备为他人而牺牲自我、团结与共同体的意识，这些都是把一个人与通常所称的他的国家（his country or his state）连在一起的纽带。❶

但在详细讨论这些伦理关系之前，必须澄清一些重要的概念——即抽象法和主观道德概念。在黑格尔看来，抽象法属于财产权领域，《法哲学》用整整一章来讨论财产权，接下来的一章讨论契约。❷自然法理论将财产权降至单纯必需和自然需要的水平，黑格尔则在一个比自然法理论广泛得多的语境下看待财产权。对他来说，对财产权的讨论是他的普遍哲学人类学的一部分。财产权不仅仅是手段；如在《实在哲学》中所见，它是人为承认而斗争的基本前提，也是他在客观世界中的实现的基本前提：“人［136］为了作为理念而存在，必须给它的自由以外部

---

❶ 在当今美国社会，战争与贫困问题似乎造成了非常大的压力，这可能源于下列事实，即美国从来都不是一个黑格尔意义上的国家，而只是一个“市民社会”，在那里共同纽带往往被看作保护个人生活、自由与追求幸福的单纯工具。顺便一提，这也是黑格尔在1820年代对美国的看法（《历史中的理性》（*Vernunft in der Geschichte*），页207）。尽管之后美国经历了很多变化，但这在今天也可能基本上是正确的。在美国社会思想观念中，“纳税人”一直先于“公民”。

❷ 参见《法哲学》，§§41－71以及§§71－81。

的领域。”[1]通过财产权，人的存在被其他人所承认，因为其他人通过不侵犯他的财产权而表现出来的对他的财产权的尊重，也就反映了他们接受他是一个人（person）。因此，财产权是自我的客观化，它将自我从纯粹主观性领域提升到了外部存在的领域：

> 财产权所以合乎理性不在于满足需要，而在于扬弃人格的纯粹主观性。人惟有在财产权中才是作为理性而存在的。[2]

因此财产权是“人格的定在”，[3]而且在黑格尔的社会哲学中，私人财产权成了一种 *conditio sine qua non* ［不可缺少的条件］：

> 在财产权中，我的意志是人的意志；但人是一个单元，所以财产权就成为这个单元意志的人格的东西。由于我借助于财产权而给我的意志以定在，所以财产权也必然具有成为这个单元的东西或我的东西这种规定。这就是关于私人财产权的必然性的重要学说。[4]

在黑格尔社会哲学的进一步发展中，财产权与人格之间的这种内在联系产生了极为重要的结论。直接推论之一就是黑格尔为私人财产制度辩护，根本反对任何类型的共产主义。在一个地方

---

[1] 参见《法哲学》，§ 41。［中译者按］中译参见黑格尔，《法哲学原理》，页 50。

[2] 同上，§ 41，“补充”。［中译者按］中译参见黑格尔，《法哲学原理》，页 50。译文有改动。同时参考 § 46：“因为我的意志作为人的意志，从而作为单个人的意志，在财产权中，对我说来是成为客观的了，所以财产权获得了私人财产权的性质。”（［中译者按］中译参见同前，页 54。译文有改动。）

[3] 同上，§ 51。［中译者按］中译参见黑格尔，《法哲学原理》，页 59。

[4] 同上，§ 46，“补充”。［中译者按］中译参见黑格尔，《法哲学原理》，页 55。译文有改动。

（§ 46），黑格尔实际上批评了柏拉图的《理想国》，因为它通过废除私人财产权、提出共产主义而削弱了个体人格。这是非常明显的。但是把人格设定在财产基础上，这必定会使黑格尔意识到那些被剥夺了财产的人（即穷人）的问题。而且由于财产构成了黑格尔人格观的基础，因此对他来说，贫困就不仅仅是那些不能满足自然需要的人的困苦，而且也是那些被剥夺了人格与人性（humanity）的人们的困苦。

这种对无财产之人的关注非常明显地体现在讨论财产权的段落中。黑格尔在反对了柏拉图的共产主义之后说道，财产平等不是解决财产匮乏问题的方法，因为即使财产平等分配了，但新的不平等不久又会由于［137］人的技术与家庭大小的差异而产生。依黑格尔之见，一方面财产平等是不可欲的，也是不可能实现的，另一方面则必须保障每个人拥有一些财产：

> 人们（Mensch）当然是平等的，但他们仅仅作为人（Person），即在他们的占有来源上，是平等的。从这意义说，每个人必须拥有财产。[1]

黑格尔没有建议任何可能会保证这种普遍占有财产的机制。尽管他对财产的关键作用的认识使他批判共产主义方案，但是这也使他后来在讨论市民社会的运作时意识到贫困问题，他承认，这是现代社会所面临的最让人头疼的问题之一。如果不从黑格尔最初把人格的定义建立在财产权上面这种语境出发，那么这种对待贫困的态度就是完全不可理解的。因此吊诡的是，从财产权出发界定人格就成为评判现代社会的一个批判手段。

黑格尔有意识地仿效康德的绝对命令，来规定人格的命令：

---

[1] 参见《法哲学》，§ 49，“补充”。［中译者按］中译参见黑格尔，《法哲学原理》，页 58。

“法的命令是：‘成为一个人，并尊敬他人为人’。”[1]然而正是在这个阶段上，黑格尔在向康德的道德理论致敬的同时，也引入了一种区分，这种区分最终超越了康德的绝对命令，并且导致黑格尔在其更加广泛的体系内扬弃了康德的绝对命令。

这就是道德（*Moralität*）与伦理（*Sittlichkeit*）之间的区分：前者是个体的、主观的道德，后者是更加广泛的伦理总体。在黑格尔体系中，道德拥有一个合法的领域，但这是一个有限的领域：它调节个体与个体之间的关系。但凌驾于其上的是更加广泛的共同体的伦理，是彼此之间不是以个体、而是以一个更大的共同体的成员而发生关系的人们的伦理。黑格尔反对康德遗产的主要论点之一是，正如绝对命令不适用于家庭一样（在家庭中，它被爱所取代），它的条文也不能在政治生活中起作用。而且，把个体道德的考虑引入到政治问题之中，也可能会造成混乱，因为正如我们已在黑格尔谴责弗里斯的所作所为时所看到的，这种考虑用纯粹主观的善良意图（不管它们的后果如何）代替由普遍考虑所规定的客观行为准则。康德的道德，[138] 依黑格尔之见，仍是某种“应当”（Sein - sollendes），关键在于找到一种全面、普遍并因此能够实现的制度形式。

黑格尔坚持区分主观意图与客观后果，这对他的体系至关重要，这一点我们稍后将在讨论他的历史哲学时看到。在他反对纯粹主观道德主义时，他更是极力主张这种区分：

> 尤其目前有一种腐朽的格言，源出于康德以前的好心肠时代，构成例如有名的动人的戏剧作品的精华，这种格言对于不法行为注意其所谓道德的意图，而且设想坏人具有恰如其应有的好心肠，即他希求自己的福利以及必要时他人的福

---

[1] 参见《法哲学》，§ 36。[中译者按] 中译参见黑格尔，《法哲学原理》，页 46。

> 利；现时人们重提这种陈腐学说，而且更加夸大，竟把内部灵感和心情，即特殊性的形式本身，变成准则，以衡量什么是合法的、合理的和卓越的。❶

要用国家所表达的法律的普遍性代替个人的单纯意图。黑格尔符腾堡论文中赞成理性的法典编纂的观点再次出现在他对浪漫主义的主观主义的抗辩中：

> 同样，在作为理性概念的客观性的国家中，法律上的责任就不应停留在下列几点上：其人是否根据他的理性而行事，他对于合法性或不法性、善或恶的主观判断，以及他为满足其信念而提出的要求等……通过法律的公布和通过一般习俗，国家从判断的法除去其在道德观点上尚为主体保留着的形式方面和偶然性。❷

不难发现，人们可能这样解释黑格尔的这一立场，从而认为黑格尔使个体的自我决定“附属于”国家之下。❸事实上，在其所卷入的争论语境中，黑格尔的论述针对的是浪漫派观念之中的这种恐怖主义思想：国家的任何限制都是纯粹外在的限制。黑格尔的论点非常接近卢梭的观点，即我们所称的“这种国家”无非是我们自己的自我决定的另一层面。认为［139］国家是外在的——如许多主观的浪漫派之所见——意味着，人注定要受奴役。而依黑格尔之见，人的解放依赖于将人从自然的依赖与支配

---

❶ 参见《法哲学》，§ 126。［中译者按］中译参见黑格尔，《法哲学原理》，页 128－129。同时参考 § 135。黑格尔在这里指责康德的“纯粹形式主义”。

❷ 同上，§ 132。［中译者按］中译参见黑格尔，《法哲学原理》，页 134－5。同时参考 §140：“把恶曲解为善，善曲解为恶这种高深莫测的恶的形式，以及自知为实行这种曲解的力量从而是绝对者的这种意识，乃是道德观点中的主观性的最高峰。”（［中译者按］中译参见同前，页 146。）

❸ 参见 Haym，《黑格尔及其时代》，页 375。

的野蛮关系提升到彼此间的自觉的相互依赖关系的能力。

家　　庭

黑格尔讨论家庭的引人注目之处在于，他坚持认为家庭不是契约。他认为，契约关系是市民社会的手段，并且是可以任意解除的。从契约出发看待家庭——或国家——也就意味着，把一切都归到市民社会之下，从而把市民社会的关系模式搬到了人类生活的所有领域。黑格尔认识到，市民社会概念想要霸占其他所有生活领域的倾向非常强烈；但是当市民社会侵犯家庭和国家领域时，黑格尔就反对它：

> 契约的客体是个别外在物，因为只有这种个别外在物才受当事人单纯任性的支配而被割让。
>
> 这样看来，婚姻不可能归属于契约的概念下，而康德竟把它归属于契约的概念下（见康德的《法哲学》，节 24 – 7），可说竭尽情理歪曲之能事。同样，国家的本性也不在于契约关系中，不论它是一切人与一切人的契约还是一切人与君主或政府的契约。❶

黑格尔认为，如果婚姻是一纸契约，那就会把婚姻关系降格为“按照契约而互相利用的形式”。❷婚姻不能是契约，因为它具有一种伦理的 *telos*［目的］——即一个人的意识在他人那里得到

❶ 《法哲学》，§ 75。［中译者按］中译参见黑格尔，《法哲学原理》，页 82。译文据英文有改动。参考黑格尔在《实在哲学 I》，页 222 的类似论述。

❷ 同上，§ 161，“补充”。［中译者按］中译参见黑格尔，《法哲学原理》，页 177。

实现。虽然在进入婚姻状态的行为中似乎有一种契约的因素，但事实上它的目的是要扬弃契约："婚姻不是契约关系，因为婚姻恰恰是这样的东西，即它从契约的观点、从当事人在他们单一性中是独立的人格这一观点出发来扬弃这个观点。"❶权利是契约关系的核心，但在婚姻中，只有义务，没有权利：只有当婚姻解体时，才会产生权利——这要么是通过死亡（继承），要么通过[140] 离婚（赡养费、抚养费等）。❷如果夫妻双方都在法庭上主张各自的权利，那么这种婚姻就已处于解体的过程之中了。

爱是联结家庭成员的纽带。虽然黑格尔不能忍受浪漫派在讨论爱这个主题时所表现出的典型幻想（Schwärmerei），但他还是融合了——虽然是以一种有节制的方式——这种标志着浪漫派的态度的意识当中的一些东西，并把它提升为对爱中的基本矛盾的辩证实现。黑格尔认为，在家庭中，"人们的情绪就是意识到自己是在这种统一中、即在自在自为地存在的实质中的个体性，从而使自己在其中不是一个独立的人，而成为一个成员。"❸在这种统一中，人们超越了他们自己的利己主义，并"抛弃自己自然的和单个的人格。在这一意义上，这种统一乃是作茧自缚，其实这正是他们的解放，因为他们在其中获得了自己实体性的自我意识。"❹然而，内在矛盾一直都是存在的：

---

❶ 《法哲学》，§ 163。[中译者按] 中译参见黑格尔，《法哲学原理》，页 179。

❷ 同上，§ 159："个人根据家庭统一体所享有的权利……只有在家庭开始解体……才以权利（作为特定单一性的抽象环节）的形式出现。"[中译者按] 中译参见《法哲学原理》，页 175 – 6。黑格尔允许离婚，但他认为不应当使离异太容易，从而使得婚姻变成单纯的任性（§ 163，"补充"）。

❸ 同上，§ 158。[中译者按] 中译参见黑格尔，《法哲学原理》，页 175。

❹ 同上，§ 162。[中译者按] 中译参见黑格尔，《法哲学原理》，页 177。参考黑格尔早期论述"爱"的片段（《早期神学著作集》英译本，页 302 – 308。[中译者按] 中译参见《黑格尔早期神学著作》，页 424 – 429）。在《实在哲学 Ⅱ》（页 228）中，黑格尔把婚姻看作人格（personality）与非人格（impersonality）、自然之物与精神之物的统一。有趣的是，这些看法都类似于马克思在《早期著作集》（页 154）中对性关系所作的非同一般的附论。

> 爱的第一个环节，就是我不欲成为独立的、孤单的人，我如果是这样的人，就会觉得自己残缺不全。至于第二环节是，我在别一个人身上找到了自己，即获得了他人对自己的承认，而别一个人反过来对我亦同。因此，爱是一种最不可思议的矛盾。❶

然而在婚姻中，除了这种爱的主观方面外，也有客观方面。虽然黑格尔把这种主观方面、爱看作是性冲动向一种要与他人合一的意志的升华，但他也警惕不要让爱停留在浪漫主义层面上。比如施莱格尔（Schlegel）就认为，只要有爱，那就不需要任何仪式或者任何其他的“客观”方面。像在其他任何地方一样，黑格尔在这里也坚持制度化（institutionalization），并在家产中看到这个客观方面。黑格尔甚至详细指出，家庭财产［141］不属于个人，而属于家庭，否则亲属的继承就没有任何正当性。❷

家庭本身的客观化表现在子女身上。黑格尔沿用《实在哲学》阐明的一个主题，说“在子女身上这种统一本身才成为自为地存在的实存和对象；父母把这种对象即子女作为他们的爱、他们的实体性的定在而加以爱护。”❸

然而按其自身的定义，家庭是一个过渡的环节；它的自然统一融合到“多数家庭，这些家庭一般都以独立的具体的人自居。”❹我们由此进到市民社会。

---

❶ 《法哲学》，§ 158。［中译者按］中译参见黑格尔，《法哲学原理》，页 175。

❷ 同上，§ § 170 – 171，§ 178。

❸ 同上，§ 173。［中译者按］中译参见黑格尔，《法哲学原理》，页 187。亦见第 123 和 125 两节的“补充”。参见《实在哲学 I》，页 221、页 223。

❹ 《法哲学》，§ 181。［中译者按］中译参见黑格尔，《法哲学原理》，页 195。

市民社会：普遍的相互依赖

> 市民社会才是惊人的权力，它把人扯到它自身一边来，要求他替它工作，要求他的一切都通过它，并依赖它而活动。❶

市民社会的这种力量在人类世界中的实现，是黑格尔《法哲学》讨论市民社会时的核心。我们已经看到，在《实在哲学》中，黑格尔如何在其哲学人类学体系中为劳动安排一个关键的位置；尽管那里对劳动分工和商品生产社会的讨论尽管表现了惊人的远见，但在概念层面上仍然相当初级。虽然《实在哲学》相关章节的内部划分已与《法哲学》的那些部分相对应，但是只是到了后来，"市民社会"（*bürgerliche Gesellschaft*）这个术语才在他的思想中独立成形。确实，在讨论市民社会的运作时，《法哲学》似乎缺少了《实在哲学》所具有的某些有力的批判锋芒；但把《法哲学》单纯地看作清静无为的，则是错误的。虽然在晚期作品中，批判的语言可能更为谨慎，但是它的理论意义则是明白无误的。而且稍后我们将会看到，与《实在哲学》的类似论述比较起来，这种批判性论述的含义有时甚至更加具体。❷

[142] 市民社会作为利己目的的领域，黑格尔对其解释的突出之处在于它与历史发展之间的关系。作为一个分化开来的制

---

❶ 《法哲学》，§ 238，"补充"。[中译者按] 中译参见黑格尔，《法哲学原理》，页241。

❷ 有证据证明，黑格尔在柏林时期重读了亚当·弗格森（Adam Ferguson）的《市民社会史》（*Essay on the History of Civil Society*），参见《柏林著作集》，页690。

度化领域，市民社会是现代世界的产儿：

> 市民社会是在现代世界中形成的，现代世界第一次使理念的一切规定各得其所。❶

这里必须要区分的是，一个是作为普遍利己主义领域的市民社会的原则，它存在于任一社会中，另一个是这个原则完全发达的制度化，并且成了一个不同的、区分开来的社会领域。后者才是现代社会所特有的。在现代社会，个体的自身利益合法化了，并且摆脱了宗教以及伦理－政治的考量。在此之前，这些考量一直最大限度地束缚着个人利益的自由活动。

黑格尔对市民社会的定义沿用了古典经济学家的自由市场模型，黑格尔早期对斯图亚特与斯密的熟悉也明显体现在这个定义中：

> 市民社会，这是各个成员作为独立的单个人的联合，因而也就是在形式普遍性中的联合，这种联合是通过成员的需要，通过保障人身和财产的法律制度，和通过维护他们特殊利益和公共利益的外部秩序而建立起来的。❷

黑格尔意识到，这个模型与自然法传统之间的相似性可能导致市民社会和国家的混淆（“civil society”这个英语术语也确实部分反映了这种混淆）。因此他警告道：

> 这种［普遍的相互依赖的］制度首先可以看成外部的

---

❶ 《法哲学》，§ 182，“补充”。［中译者按］中译参见黑格尔，《法哲学原理》，页 197。

❷ 同上，§ 157。［中译者按］中译参见黑格尔，《法哲学原理》，页 174。

> 国家，即需要和知性的国家。❶

黑格尔接着说，这种混淆在政治思想中非常普遍："如果把国家想象为各个不同的人的统一，亦即仅仅是共同性的统一，其所想象的只是指市民社会的规定而言。许多现代的国家法学者都不能对国家提出除此之外任何其他看法。在市民［143］社会中，每个人都以自身为目的，其他一切在他看来都是虚无。"❷对黑格尔来说，社会契约理论所言的国家无非就是建立在需要和一种低级认识即"知性"之上的市民社会。知性（*Verstand*）这种低级认识与发现于国家之中的更加高级的理性（*Vernunft*）相对立。在这种语境下，知性意味着只能把握使人结合在一起的外在必然性的认识能力，它不能认识其内在原因。比如说，这一点表现在下列事实中，即虽然市民社会在逻辑次序上先于国家，但是其自身的存在和保存最终依赖于国家。❸

这种认识论上的区别也使黑格尔在其自身的语境下对待政治经济学这门市民社会的理论。黑格尔的讨论阐明了政治经济学的辩证性。他一方面赞赏政治经济学的理论成就，同时又指出它的局限，并将其归咎于"知性"的认识层次：

> 政治经济学就是从上述需要和劳动的观点出发、然后按

---

❶ 《法哲学》，§ 183。［中译者按］中译参见黑格尔，《法哲学原理》，页198。译文有改动。第258节也强调了国家的种差："如果把国家同市民社会混淆起来，而把它的使命规定为保证和保护财产权和个人自由，那么单个人本身的利益就成为这些人结合的最后目的。由此产生的结果是，成为国家成员是任意的事。"［中译者按］中译参见《法哲学原理》，页253－254。

❷ 同上，§ 182，"补充"。［中译者按］中译参见黑格尔，《法哲学原理》，页197。

❸ 同上："市民社会是处在家庭和国家之间的差别的阶段，虽然它的形成比国家晚。其实，作为差别的阶段，它必须以国家为前提，而为了巩固地存在，它也必须有一个国家作为独立的东西在它面前。"［中译者按］中译参见同前，页197。亦见§ 256。

照群众关系和群众运动的质和量的规定性以及它们的复杂性来阐明这些关系和运动的一门科学。这是在现代世界基础上所产生的若干门科学的一门。它的发展是很有趣的，可以从中见到思想（见斯密，塞伊，李嘉图）是怎样从最初摆在它面前的无数个别事实中，找出事物简单的原理，即找出在事物中发生作用并调节着事物的理智。……但从相反的观点看，这又是主观目的和道德意见的理智发泄它的不满情绪和道德上愤懑的场地。❶

正是因为这个原因，市民社会的普遍性仅仅是工具性的，而不是——像在国家中一样——目的本身：

个别的人，作为这种国家的市民来说，就是私人，他们都把本身利益作为自己的目的。由于这个目的是以普遍物为中介的，从而在他们看来普遍物是一种手段。❷

市民社会的基础是需要的体系；然而人的需要不是原始的自然需要，相反，它们是以人的劳动为中介的：

[144] 替特异化了的需要准备和获得适宜的，同样是特异化了的手段，其中介就是劳动。劳动通过各色各样的过程，加工于自然界所直接提供的物资，使合乎这些殊多的目的。这种造形加工使手段具有价值和实用。这样，人在自己消费中所涉及的主要是人的产品，而他所消费的正是人的努力的成果……

---

❶ 《法哲学》，§ 189。[中译者按] 中译参见黑格尔，《法哲学原理》，页 204 - 205。

❷ 同上，§ 187。[中译者按] 中译参见黑格尔，《法哲学原理》，页 201。亦见 § 182 与 § 184 “补充”。

> 用不着加工的直接物资为数极少。[1]

这样，劳动就是人与自然之间的中介物。因此，在劳动中总存在一个内在的解放环节，因为劳动使人超越了自然所加诸于人的物理局限。不仅人的需要的满足依赖于人的劳动和意识，而且人的需要本身也不是纯粹物质的、自然的需要。这些需要的渐次表达也包含了意识的中介作用，由此人的需要就不同于纯粹自然的动物需要。因为人的需要是“直接的或自然的需要同观念的精神需要之间的联系”，因此在规定和满足这些需要的过程本身中就存在解放的一面：

> 由于……［观念的需要］作为普遍物在社会需要中占着优势，所以这一社会环节就含有解放的一面，这就是说，需要的严格的自然必然性被隐蔽了，而人就跟他自己的、同时也是普遍的意见，以及他独自造成的必然性发生关系，而不是跟仅仅外在的必然性、内在的偶然性以及任性发生关系。[2]

人的需要以意识为中介，通过意识而产生。这意味着人的需要不同于动物的需要，它没有固定的、可以确定的界限：

> 动物用一套局限的手段和方法来满足它的同样局限的需

[1] 《法哲学》，§ 196 及“补充”。［中译者按］中译参见黑格尔，《法哲学原理》，页 209。

[2] 同上，§ 194。［中译者按］中译参见黑格尔，《法哲学原理》，页 208。译文据英文有改动。这与马克思把人看作 *homo faber*［劳动者］的观点极为相似。马克思不知道《实在哲学》中的相关内容，然而，虽然他在 1843 年对《法哲学》的详细评注局限于第 261 ~313 节，但他当然熟悉《法哲学》全书；参见马克思，《黑格尔〈法哲学〉批判》（*Critique of Hegel's 'Philosophy of Right'*, Cambridge, 1970），J. O'Malley 编。

> 要。人虽然也受到这种限制，但同时证实他能越出这种限制并证实他的普遍性，借以证实的首先是需要和满足手段的殊多性，其次是具体的需要分解和区分为个别的部分和方面，后者又转而成为各种不同需要……
>
> 动物是一种特异的东西，它有其本能和［145］满足的手段，这些手段是有限度而不能越出的……能理解差别的理智使这些需要殊多化了。趣味和用途成为判断的标准，因此需要本身也受其影响。❶

当然，这种观点与将“自然状态”理想化为人与其需要以及人的意识与自然之间的典型平衡的原始浪漫观点正好相反。黑格尔这里与卢梭发生了争执，这场争执触及他们关于人类文明的对立观点的根源：

> 有这样一种观念，仿佛人在所谓自然状态中，就需要说，其生活是自由的；在自然状态中，他只有所谓简单的自然需要……这种观念没有考虑到劳动所包含的解放的环节……因此是一种不真确的意见，因为自然需要本身及其直接满足只是潜伏在自然中的精神性的状态，从而是粗野的和不自由的状态，至于自由则仅存在于精神在自己内部的反思中，存在于精神同自然的差别中，以及存在于精神对自然的反射中。❷

然而，正是人的欲望中的这个不为其自然规定性所限的人的

---

❶ 《法哲学》，§ 190及“补充”。［中译者按］中译参见黑格尔，《法哲学原理》，页205–206。译文有改动。参考§ 185，“补充”：“人通过表象和反思而扩张他的情欲——这些情欲并不是一个封闭的圈子，像动物的本能那样，——并把情欲导入恶的无限。”［中译者按］中译参见同前，页200。

❷ 同上，§194。［中译者按］中译参见黑格尔，《法哲学原理》，页208。

解放方面驱使人类社会漫无止境地去追求商品。这就是市民社会的内在的不安息，黑格尔在《实在哲学》中已经提到这一点。人们认为，通过获得新的商品，他们扩展了他们的意识，但事实上他仅仅满足了生产者追求更多利润的欲望。市民社会这种机制不仅满足了人们的切身需要，而且生产者们也通过这种机制创造出了新的需要："因此，对于更加舒适的需要并不是直接从具有需要的人那里产生出来的，它倒是那些企图从中获得利润的人所制造出来的。"❶在一个让人强烈地想到托克维尔的段落中，黑格尔认为，追求平等的倾向——这是现代社会的典型特征——更是将市民社会推向扩大生产的方向，因为平等意味着更多消费的压力：

> ［需要中的社会环节］还直接包含着同别人平等的要求。这种平等的需要和向别人看齐即模仿，以及同样在这里存在的另一个需要，［146］即特殊性用某种突出标志肯定自己，——这两种需要本身就成为需要殊多化和扩张的现实泉源。❷

然而，这种对无限欲望的渴求导致它的必然的对立面——即贫困——产生。社会不仅创造了"无止境的新欲望"；"不足与匮乏也是无限量的"，对无限财富的追求造成了贫困："市民社会在这些对立中以及它们错综复杂的关系中，既提供了荒淫和贫困的景象，也提供了为两者所共同的生理上和伦理上蜕化的景象。"❸

---

❶ 《法哲学》，§ 191，"补充"。［中译者按］中译参见黑格尔，《法哲学原理》，页 206－207。译文据英文有改动

❷ 同上，§ 193。［中译者按］中译参见黑格尔，《法哲学原理》，页 207。译文据英文有改动。

❸ 同上，§ 185。［中译者按］中译参见黑格尔，《法哲学原理》，页 199。

因此，贫困不是市民社会偶然产生的副产品；它是市民社会本身所固有的。黑格尔在《法哲学》中的立场与他在将近 20 年之前的《实在哲学》中的立场一样都是批判性的。

市民社会的辩证法造成了人与人之间的普遍依赖。不再有人是孤立的，每个人都发现他不可避免地被交织进生产、交换和消费的结构中："利己的目的，就在它的受普遍性制约的实现中建立起在一切方面相互依赖的制度。个人的生活和福利以及他的权利的定在，都同所有人的生活、福利和权利交织在一起"。❶

这种普遍的相互依赖通过劳动分工而得到进一步强化，反过来，通过机器的采用，劳动分工不断使生产和利润最大化：

> 同时，技能和手段的这种抽象化使人们之间在满足其他需要上的依赖性和相互关系得以完成，并使之成为一种完全必然性。此外，生产的抽象化使劳动越来越机械化，到了最后人就可以走开，而让机器来代替他。❷

因此，机械化和工业化是市民社会的必然结果。市民社会由此不知不觉地达到了顶点——正是在这里黑格尔通过把斯密的"看不见的手"转变为在市民社会中起作用的辩证理性，把斯密的自由市场模型综合到他的哲学体系中。[147] 在市民社会中，自身利益与自我主张是活动的动力；但这一切只有通过个人与他人的相互合作以及他人的承认才能实现。❸所有人对所有人的相

❶ 《法哲学》，§ 183。[中译者按] 中译参见黑格尔，《法哲学原理》，页 198。译文有改动。同时参考第 192 节"补充"："我必须配合着别人而行动，普遍性的形式就是由此而来的。我既从别人那里取得满足的手段，我就得接受别人的意见，而同时我也不得不生产满足别人的手段。于是彼此配合，相互联系，一切各别的东西就这样地成为社会的。"[中译者按] 中译参见同前，页 207。

❷ 同前，§ 198。[中译者按] 中译参见黑格尔，《法哲学原理》，页 210。

❸ 这是一个反复出现的主题：见 § § 48、57、133、153、207、214 – 15、218 – 19、355。

互依赖是每个人的着眼于自我的活动所固有的：

> 在劳动和满足需要的上述依赖性和相互关系中，主观的利己心转化为对其他一切人的需要得到满足是有帮助的东西，即通过普遍物而转化为特殊物的中介。这是一种辩证运动。其结果，每个人在为自己取得、生产和享受的同时，也正为了其他一切人的享受而生产和取得。❶

这就是政治经济学在黑格尔体系中所起的作用。当政治经济学家们把他们的有限推理作为对人类行为的终极解释时，他们就错了。还有超出政治经济学的视野之外或者不为它所知的东西。经济学是在世间活动着的理性的婢女；在市民社会中的自利、偶然性和任意性背后赫然耸立着固有的理性：

> 在需要的领域中认识这种包含在事物中而且在起作用的合理性的表现，一方面是为了要找到调和的东西……
>
> 这里所要发现的这种必然性的东西就是政治经济学的对象。这门科学使思想感到荣幸，因为它替一大堆的偶然性找出了规律。在这里，一切的联系怎样地起着反作用，各特殊领域怎样地分类并影响别的领域，以及别的领域又怎样促进或阻挠它，这些都是有趣的奇观。这种相互交织的现象……是最值得注意的。❷

因此，市民社会作为人的自由意识的实现过程中的一个必然环节，被黑格尔融入其体系之中。它从属于国家的更高的普遍性。亚当·斯密由此就被扬弃（*aufgehoben*）——既被保存又被

---

❶ 《法哲学》，§ 199。［中译者按］中译参见黑格尔，《法哲学原理》，页 210。

❷ 同上，§ 189 及“补充”。［中译者按］中译参见黑格尔，《法哲学原理》，页 204－205。

超越——到黑格尔的体系之中了。

贫困与市民社会的局限性

我们先前已经看到过，黑格尔在《实在哲学》中认识到，市场机制怎样造成社会的两极分化、贫困和异化。在《法哲学》中，在黑格尔讨论允许市民社会自由统治所造成的后果时，对市民社会作出了同样激烈的批判。在这两部著作中，黑格尔都提出要用国家干预来缓和［148］贫困的某些残酷的方面；然而最终他也不能提出一个激进的解答。

黑格尔接受斯密的“看不见的手”的理论，但并不接受其所包含的乐观主义与和谐主义内涵。斯密认为，如果每个人都理性地遵从他所谓的明白的自我利益，那么就会从这些利益的冲突中形成所有人的共同善。黑格尔接受斯密的下列观点，即在市民社会的利己利益的无谓的、相互矛盾的冲突背后，可以察见到一个更高的目的。但是他不同意这里隐含的假设，即社会中的每个人都由此而得到良好照顾。贫困居于斯密模型的边缘；而在黑格尔那里，贫困则呈现出另一面相。对黑格尔来说，贫困以及随之而来的与社会的异化不是这个体系的偶发现象，而是它的痼疾。而且，黑格尔还非常详细地表明，人们为了克服现代社会的贫困而提出的每一救治政策都似乎无济于事，甚至其中某些政策可能还会适得其反。黑格尔在《法哲学》中对这些社会问题的讨论的非同寻常之处在于，在他试图描述现代社会在其有差别的结构中如何通过中介来克服它自身的问题时，他自己也承认，唯一悬而未决的问题就是贫困问题。

依黑格尔之见，贫困与财富的增长适成比例；它们是零和方程的两端，一个街区的贫困正是社会为另一街区的财富所付出的价格。现代社会的贫困绝非落后的旧社会的遗物，相反，它与商品生产社会的结构本身一样摩登：

> 社会状况趋向于需要、手段和享受的无穷尽的殊多化和细致化。这一过程如同自然需要与高尚需要之间的差别一样，是没有质的界限的。这就产生了奢侈。在同一过程中，依赖性和贫困也无限增长。贫困跟对它进行无限抵抗的物质有关，即跟成为自由意志所有物的那特殊种类的外部手段有关，因此，这种物质的抵抗是绝对顽强的。❶

正是市民社会的经济扩张，引起并加强了社会的两极分化。现代贫困随着工业过度生产而来，工业过度生产不能找到足够的［149］有充分购买力的消费者来购买市场提供的产品。引起贫困的，不是市民社会的失灵，反倒是市场力量的顺利运作：

> 当市民社会处在顺利展开活动的状态时，它在本身内部就在人口和工业方面迈步前进。人通过他们的需要而形成的联系既然得到了普遍化，以及用以满足需要的手段的准备和提供方法也得到了普遍化，于是一方面财富的积累增长了，因为这两重普遍性可以产生最大利润；另一方面，特殊劳动的细分和局限性，从而束缚于这种劳动的阶级的依赖性和匮乏，也愈益增长。与此相联系的是：这一阶级就没有能力感受和享受更广泛的自由，特别是市民社会的精神利益。❷

黑格尔对市民社会的辩证运作的最有魅力的洞识之一是，他

---

❶ 《法哲学》，§ 195。［中译者按］中译参见黑格尔，《法哲学原理》，页 208。

❷ 同上，§ 243。［中译者按］中译参见黑格尔，《法哲学原理》，页 244。应当注意的是，如在《实在哲学》中一样，黑格尔这里用阶级（*Klasse*）这一现代术语，而不是他在其他情形下一直使用的等级（*Stand*），来指代工人们（workers）。

认识到，贫困不能仅从客观方面去理解。先前讨论需要体系时，他已清楚地指出，需要既有客观方面又有主观方面。他还指出，不存在能够预先确定和规定的最低生活标准。需要的历史性以及市民社会的发展使最低生活标准成为一种总是与当前状况有关的尺度。❶穷人最主要的问题是，当他们达不到特定社会所公认的最低生活标准时，他们仍然觉得他们需要达到这种水平。因此，市民社会成功地把它的消费标准变成其成员的意识，甚至当它不能满足这些标准时，也是如此。由于市民社会不断过量生产，而大众因为缺少购买力，又买不起这些商品，因此这种状况就更加恶化了。因此，贫困变为一个辩证的概念。它表现了市民社会引起的需要与它不能满足这些需要之间的冲突：

> 但是同任性一样，偶然的、自然界的、和外部关系中的各种情况，都可以使个人陷于贫困。贫困状态一方面使他们对市民社会处于嗷嗷待哺的状况中，另一方面，由于市民社会使他们丧失了自然的谋生手段，并解散了家庭……的纽带，使他们在或多或少的程度上丧失了社会的一切好处：受教育和学技能的一般机会，［150］以及司法、保健，有时甚至于宗教的慰藉等。❷

这是对贫困文化的极为现代而又深刻的描述，它类似于社会

---

❶　§ 244，“补充”：“最低生活水平，即贱民的生活水平，是自然而然地形成的。可是这一最低限度在不同民族之间有着极大的差别。在英国，最穷的人相信他们也享有权利。”［中译者按］中译参见黑格尔，《法哲学原理》，页244。

❷　同上，§ 241。［中译者按］中译参见黑格尔，《法哲学原理》，页243。参考第244节补充：“贫困自身并不使人就成为贱民，贱民只是决定于跟贫困相结合的情绪，即决定于对富人、对社会、对政府等的内心反抗（*Empörung*）。此外，与这种情绪相联系的是，由于依赖偶然性，人也变得轻佻放浪，害怕劳动，而像那不勒斯的游民那样。这样一来，在贱民中就产生了恶习，它不以自食其力为荣，而以恳扰求乞为生并作为它的权利。”［中译者按］中译参见同前，页244－245。

科学家们最近所努力阐明的观点，即贫困不能只从定量方面来描述。对黑格尔来说，贫困文化包含了下列情况：无法接受教育和职业技能培训，被排除在司法体系的正常运转和公共福利服务之外，甚至还被排除在以缓解人的精神痛苦为目标的社会制度机构——有组织的宗教——之外。既然黑格尔在其社会哲学中寻找一种能把人整合到他自己的世界之中的体系，那么他就必定比其同时代人更好地认识到，排除在这些整合机构之外到底意味着什么。

只有当贫困达到这种质的排斥时，贱民（*Pöbel*）才产生出来。贱民是大量完全原子化了的人物，他们脱离社会，缺少对社会的忠诚感，甚至不再希望融入社会中。在黑格尔对这个群体从市民社会产生（这个群体发现自己处于市民社会之外）的描述中，意识因素再次居于核心地位：

> 当广大群众的生活降到一定水平——作为社会成员所必需的自然而然得到调整的水平——之下，从而丧失了自食其力的这种正义、正直和自尊的感情时，就会产生贱民。❶

黑格尔一再强调贫困之出现的辩证性，亦即赤贫与巨富并蒂而生的事实："贱民之产生同时使不平均的财富更容易集中在少数人手中。"❷

[151] 这种分析使黑格尔要求国家干预。他相信，只有通过居于其上的国家，这种状况才可能变得和谐。❸然而，正如在《实在哲学》中一样，黑格尔的国家干预方案充满了内在困境，因为很清楚，黑格尔从其体系的理论前提出发，认为必须保持市民社会的自治。因此，他倡导的国家干预仅限于外部控制，不同

---

❶❷ 《法哲学》，§ 244。[中译者按] 中译参见黑格尔，《法哲学原理》，页244。

❸ 同上，§ 185。

意国家简单地接管经济活动。并且当他要求更直接的主动权时，他自己很快就认识到，由于整个体系没有得到彻底检修，因此这种要求不过是一种权宜之计。黑格尔的困境是严重的：如果他把国家置于经济活动之外，那么市民社会成员的整个群体都将处于国家之外；但是如果他能以某种方式解决这一问题，将其引入国家，那他对市民社会和国家所作的区分也就消失了，同时通过差异而走向融合的整个中介体系和辨证过程亦将坍塌。

黑格尔要求主要通过价格控制来约束工业。这种要求基于他的这种观点，即市民社会终究存在于一个公共背景之中。不是通过自动的“看不见的手”，而是只有通过有意识的指导与监督，才能克服利益冲突：

> 生产者和消费者之间的不同利益，可能发生冲突。诚然，正确的关系会在整体中自然而然地建立起来，然而，为了平衡起见，需要进行一种凌驾于双方之上的、有意识的调整工作。对个别事件进行这种调整的权利（例如规定日常生活必需品的价格）在于，完全普遍的、日常需要的商品向公众陈列之后，就不是对个人本身供应，而是对作为普遍买者的个人、对公众供应；因此，公众权利不应受到欺骗，以及对商品进行检查，都可以作为共同事务而由公共权力出面来进行管理，并予照料。❶

黑格尔进一步意识到，大型工业企业也需要管制：

> 至于大的工业部门，依赖国外情况和远地配合，在这些工业部门工作并赖以生活的人，不可能对这些情况一目了

❶ 《法哲学》，§ 236。［中译者按］中译参见黑格尔，《法哲学原理》，页 239 – 240。

然，因而尤其需要普遍的监督与指导。❶

[152] 然而在同一节中，黑格尔提到古代东方社会，比如法老统治下的埃及，在那里，国家接管了市民社会的功能，自己变成了经济企业家。黑格尔反对这种侵害自由的体系，并特别警告这种国家侵犯经济活动、满怀保护弱势公民的热情直接干涉经济活动的倾向。不管市民社会有多少毛病，它都不应当被国家碾碎。

然而，黑格尔确实进一步讨论了能缓解大多工业贫困者的命运的各种机制。这种讨论既显示了他对市民社会本性的罕见的、惊人的理解，也显示出他最终不能解决贫困问题。一方面他赞许个人慈善，另一方面他又清楚地看到，这是不够的："如果它硬要把贫困的救济只保留给同情的特殊性以及情绪和认识的偶然性……这是一种错误的观点。"❷ 与私人慈善一起，公共权威必需介入进来。

黑格尔提出了缓解贫困的三种办法：（1）通过自愿机构；（2）对由直接征税而来的财富进行重新分配；（3）通过公共劳动。然而，问题在于这些方法没有一个能够解决这个生产过剩与消费不足的问题。而黑格尔亦因此而理解了现代社会的内在问题。一方面，由于黑格尔认为市民社会是以自认为能够自立的个人为基础的，因而方案（1）和（2）不能使福利——不论是自愿福利还是公共福利——的接受者恢复他自己的作为市民社会的自立的一员的尊严和他的自我意识。另一方面，方案（3）只是

---

❶ 《法哲学》，§ 236。[中译者按] 中译参见黑格尔，《法哲学原理》，页 240。同时参见本节后面的话："也需要这种调整……使 [利益冲突导致的] 危险的震荡得以缓和，使冲突由于无意识的必然性而自动平复的间隔期间得以缩短。" [中译者按] 中译参见黑格尔，《法哲学原理》，页 240。译文据英文稍有改动。

❷ 同上，§ 242。[中译者按] 中译参见黑格尔，《法哲学原理》，页 243-244。

向充斥着销售不了的商品市场投入更多的商品。虽然后来凯恩斯主义福利经济学能够通过不生产直接消费品的公共劳动而找到了摆脱后一种困境的方法，但是黑格尔对第三种解决方案的不满却是来自他对当时经济理论的熟悉，而且这种不满证明了他的下列基本洞识，即现代社会的危机不同于以往时代的传统的贫困问题。社会现在能生产无限［153］多的商品；现代的问题是分配与消费的问题，而不是生产的问题。与此有关的段落应当全文摘引如下：

> 如果由富有者阶级直接负担起来，或直接运用其他公共财产（富足的医院、财团、寺院）中的资金，来把走向贫困的群众维持在他们通常生活方式的水平上，那么，穷人用不着以劳动为中介就可保证得到生活资料；这与市民社会的原则以及社会上个人对他独立自尊的感情是相违背的。反之，生活资料通过劳动（通过给予劳动机会）而获得，生产量就会因之而增长。**但是祸害又恰恰在于生产过多，而同时缺乏相应比数的消费者——他们本身是生产者。**因此，不论前一种方法或后一种方法，祸害只是越来越扩大。**这里就显露出来，尽管财富过剩，市民社会总是不够富足的，这就是说，它所占有而属于它所有的财产，如果用来防止过分贫困和贱民的产生，总是不够的。**❶

在抛弃了各种或许能够消除贫困的方案之后，黑格尔郁闷地评论到，贫困仍然是内在于现代社会的痼疾。这段文字本身证明了他深深的悲观主义："没有一个人能对自然界主张权利，但是在社会状态中，匮乏立即采取了不法的形式，这种不法是强加于

❶ 《法哲学》，§ 245（强调为引者所加）。［中译者按］中译参见黑格尔，《法哲学原理》，页 245。黑格尔接着援用英国的例子来说明这些情况。

这个或那个阶级的。怎样解决贫困，是推动现代社会并使它感到苦恼的一个重要问题。”❶ 然而，黑格尔自己没有提供任何解决方案。

黑格尔进一步补充道，任何现存市民社会都可能会通过向国外寻求市场和原材料，以找到解决其特有的工业过度生产与贫困问题的办法。想想下面这段写于1820年左右的话，又非常迷人：

> ［154］市民社会的这种辩证法，把它——首先是这个特定的社会——推出于自身之外，而向外方的其他民族去寻求消费者，从而寻求必需的生活资料，这些民族或者缺乏它所生产过多的物资，或者在工艺等方面落后于它。❷

市民社会要想在它外部寻求解决问题的方案，这种冲动的另一方面就是殖民，即多余的社会成员出口和移民到海外领土。在那里，他们不仅能找到经济保障，还能找到他们在大都市的野蛮生活中所没有的伦理寄托和社会融合：

> 这种扩大了的联系也提供了殖民事业的手段。成长了的市民社会都被驱使推进这种事业——零散的或系统的，并且由于这种事业，市民社会使其一部分人口在新的土地上回复

❶ 《法哲学》，§ 244，“补充”。［中译者按］中译参见黑格尔，《法哲学原理》，页245。黑格尔对犬儒学派的一段离题话令人吃惊，他认为，犬儒学派的出现，是对晚期雅典社会奢侈与贫困的两极分化的一种反抗：“第欧根尼所采取的完全犬儒派的生活方式，原只是雅典社会生活的产物；他的整个生活方式所反抗的那种意见决定了他。因此，他的生活方式不是无所依据，而是那种社会的东西所产生的；它本身是奢侈的一种粗野的产物。一方面，穷奢极侈，另一方面，贫病交迫，道德败坏，犬儒主义就是由于反对精炼而产生的。”（§ 195，“补充”。［中译者按］中译参见同前，页208－209。）

❷ 同上，§ 246。［中译者按］中译参见黑格尔，《法哲学原理》，页246。然而，这个过程明显受到地理限制，因为它不能一直进行下去，因此也就不能是解决市民社会根本问题的办法。

到家庭原则，同时也为本身在工业上创造了新的需要和开辟了新的劳动园地。

市民社会被驱使建立殖民地。单是人口增长就有这种作用。但是，尤其在生产超过了消费的需要时，就会出现一大批人，他们已不能通过自身的劳动来得到他们需要的满足。❶

我们由此看到，黑格尔分析了市民社会的运转，并提出了一种关于贫困、社会两极分化、经济帝国主义以及殖民的理论。在1820 年代左右，很少有人能够如此深刻地理解现代工业社会的困境以及 19 世纪欧洲历史的未来历程。然而在黑格尔的分析中，引人注目的不仅仅是他的远见，还有一种基本的思想诚实，这使他一而再、再而三地承认——这完全违背了他的整个社会哲学的融合与中介的本质——他没有办法解决市民社会在现代背景下提出的问题。在黑格尔的体系中，这是他唯一一次提出了一个问题并任其悬而未决的地方。虽然他的国家理论旨在在一个共同的纽带下融合市民社会相互对立的利益，但对于贫困问题，他最终只能说，它是“使现代社会感到最为苦恼的重要问题”之一。在其他任何地方，黑格尔都没有让一个问题这样悬而未解。

❶ 《法哲学》，§ 248 及“补充”。［中译者按］中译参见黑格尔，《法哲学原理》，页 247。在“补充”中，黑格尔进一步评论到，欧洲殖民地最终将获得独立，正如英国和西班牙在美国的殖民地一样，但是黑格尔补充说，“殖民地的解放本身经证明对本国有莫大利益，这正同奴隶解放对主人有莫大利益一样。”［中译者按］中译参见同前，页 247 – 248。

第 8 章　社会等级、代议制与多元主义

官僚制——普遍等级

[155] 黑格尔《法哲学》的社会等级理论遵从其《实在哲学》的总纲；因此，这里只需重复一些显著的要点。然而，《法哲学》确实更详细地讨论了普遍等级，即官僚制。

黑格尔把社会差别的起源追溯到劳动的社会分工，后者是社会生产的结果：

> 无限多样化的手段及其在相互生产和交换上同样无限地交叉起来的运动，由于其内容中固有的普遍性而集合起来，并区分为各种普遍的集团；全部的集合就这样地形成在需要、有关需要

的手段和劳动、满足的方式和方法、以及理论教育和实践教育等各方面的特殊体系，——个别的人则分属于这些体系——，也就是说，形成等级的差别。❶

然而，等级的差别还有另外一个方面，这就是综合环节。隶属于一个等级，就是使一个人关联于一个普遍物，因此诸等级就构成了人的纯粹个人存在与其生活的更广阔的背景之间的中介："人必须成为某种人物，这句话的意思就是说，他应隶属于某一特定阶级，因为这里所谓的某种人物，就是某种实体性的东西。不属于任何等级的人是一个单纯的私人，他不处于现实的普遍性中。"❷

这看似退回到了旧的等级和同业公会体系，在这种体系中，人的地位（*Stand*）确实决定了他在社会中的全部身份，由此决定了他的人格的本质。然而黑格尔非常明确地指出，等级差别不应是［156］世袭的；他所描述的社会图景是开放的、流动的，是职业向才能开放（*carrière ouverte aux talents*）的，其中差别代表的是能力，而非继承的特权。这也许是天真的，但它不是旧社会的封闭体系；黑格尔这里描述的正是现代的、自由的资产阶级社会，他想要在这种差别之上加上融合的维度：

> 等级，作为对自身成为客观的特殊性来说，一方面就这样地按照概念而分为它的普遍差别；至于另一方面，个人应属于哪一特殊等级，却受到天赋才能、出生和环境等的影响，但是最后的和基本的决定因素还在于主观意见和特殊任性，它们在这一领域中具有它们的权利，它们的功绩和它们

❶ 《法哲学》，§ 201。［中译者按］中译参见黑格尔，《法哲学原理》，页 211 – 212。

❷ 同上，§ 207，"补充"。［中译者按］中译参见黑格尔，《法哲学原理》，页 216。

> 的尊严。所以，在这一领域中由于内在必然性而发生的一切，同时也以任性为中介的，并且对主观意识说来，具有他自己意志作品的形态……
>
> 如果人们承认在市民社会和国家中一切都由于理性而必然发生，同时也以任性为中介，并且承认这种法，那么人们对于通常所称的自由，也就作出更详密的规定了。❶

等级差别不仅决定了一个人纯粹经济上的生活方式，而且也是一个影响他的全部生活的总体。一个人的意识受到他的具体等级的成员身份的型塑。因此，三个等级——农业等级、产业等级与官僚等级——也就反映了三种意识形式：保守主义、个人主义和普遍性。

在《法哲学》中，黑格尔对农业等级的阐述不同于他早先对这个主题的讨论，因为现在这个等级不仅包括农民，还包括土地贵族。因此，农业等级是一个包括了社会的两个极端的奇特的双头怪物。在《实在哲学》中，根本没有贵族，这可能是法国革命经验直接影响黑格尔的一个后果。黑格尔 1820 年代初把贵族等级引入体系中，这明显是向复辟时期的一个让步。然而，黑格尔试图以一种稍微机械的方式，通过把贵族整合到农业等级的顶端，而将这种让步降至最低程度。这样，他就不必改变他的三个等级的整个体系。然而，必须承认，这种策略影响到黑格尔对社会等级理论的阐述。因为不然的话，他的阐述应当要充分得多。

[157] 尽管有这种瑕疵，但黑格尔对农业等级的描述简明地表达了他的社会存在决定意识形式的观点：

---

❶ 《法哲学》，§ 206。[中译者按] 中译参见黑格尔，《法哲学原理》，页 215 – 216。

> 实体性的等级以它所耕种土地的自然产物为它的财富，这种土地可以成为它的专属私有物，它所要求的，不仅是偶尔的使用，而是客观的经营……但是，这里的条件使它保持着一种不大需要以反思和自己意志为中介的生活方式。这一等级在这种生活方式中一般地具有这样一种伦理的实体性的情绪，即其伦理是直接以家庭关系和信任为基础的……
>
> 这第一等级将始终保持住家长制的生活方式和这种生活的实体性情绪。这一等级的人以直接的感觉接纳所给予的和所受领的东西，他们感谢上帝的这种恩赐，并在虔诚信仰中生活着，相信这种好事会源源而来。他所得到的，对他已是足够的了，他消费了之后，又来了更多的东西。这是简单的、不是专心争取财富的情绪。我们也可以把它叫作旧贵族的情绪：消耗一切现有的东西……
>
> 第一等级很少想到自身。它所取得的是外界的即自然界的恩赐。在它那里这种依赖心是基本的；逆来顺受的那种心理很容易跟这种依赖心相结合。因此，第一等级比较倾向屈从，第二等级则比较倾向自由。❶

因为通过地产贵族的财产以长子继承制与限定继承形式存在，从而相对独立于市场波动与国家的直接干涉，所以这个等级的成员 *prima facie*［显然］要比那些较少独立等级的成员更加适合于担任公职。这里黑格尔从思辨的角度出发为“拥有独立财产的绅士”担任最好的政治角色提供了辩护。❷

对黑格尔来说，产业等级既代表了人的创造力，又代表了个人主义、法律与秩序的精神。产业等级“以对自然产物的加工制造为其职业。它从它的劳动中，从反思和理智中，以及本质上是

---

❶ 《法哲学》，§ 203 及“补充”，以及 § 204“补充”。［中译者按］中译参见黑格尔，《法哲学原理》，页 212－213、页 214。

❷ 同上，§ 306。

从别人的需要和劳动的中介中，获得它的生活资料。”❶技艺、批量生产与交换是这个等级安身立命的三种主要方式。

虽然贵族等级因为可能担任公职而被黑格尔置于一个更高的层次上，但是正是产业等级才代表了［158］一种更高的意识。毕竟，农业等级（包括贵族与农民）的意识仍旧封闭在自然关系即家庭和土地之中。在产业等级那里，起作用的是一种更高的意识：

> 至于在第二等级那里，理智才是本质的东西，而自然产物则只能看作是材料……
>
> 在产业等级中，个人都依靠自己。这种自尊感跟建立法治状态这一要求有着紧密的联系。因此，自由与秩序的感觉主要是在城市中发生的。❷

在另一个地方，黑格尔说中间等级是“国家的支柱”。虽然“中间等级”这个术语在这个具体语境下也包括公务员，并不完全等同于产业等级，但是黑格尔的“没有中间等级的国家，因而还是停留在低级阶段”的说法明显暗示了黑格尔想要达到的那种社会结构——以及政治意识和政治组织。在同一节中，黑格尔接着说，“这个中间等级的形成，是国家的最重要的利益之一”，因为如果没有中间等级的对抗力量，国家可能会发展成为残酷无情的极权主义。黑格尔认为，俄国正是缺少了中间等级，才导致了沙皇体制的极权主义：“例如在俄国，一方面是一群农奴，另一方面是一批统治者。”❸

然而，在《法哲学》中，黑格尔对社会等级的讨论集中于

---

❶ 《法哲学》，§ 204。［中译者按］中译参见黑格尔，《法哲学原理》，页 214。

❷ 同上，§ 203“补充”与 § 204“补充”。［中译者按］中译参见黑格尔，《法哲学原理》，页 213 – 214。

❸ 同上，§ 297。［中译者按］中译参见黑格尔，《法哲学原理》，页 315。

公务员等级。这个等级是联结市民社会的特殊主义与国家的普遍性的关键环节。一方面，它是市民社会等级之一；另一方面，它的行动不以自己的利益为目标，而是出自社会的整体利益。黑格尔试图找到一个能够超越私人利益的领域，这类似于柏拉图的努力。柏拉图剥夺了卫士的家庭与私有财产，以使他们完全摆脱“市民社会”，黑格尔的解答则没有那么激进；他采用的是现代国家通行的力保公务员相对独立于来自市民社会的压力的方法。黑格尔对普遍等级的界定如下：

> 普遍等级［公务员等级］以社会状态的普遍利益为其职业，因此，必须使它免予参加直接劳动来满足需要，它或者应拥有私产，或者应由［159］国家给予待遇，以补偿国家所要求于它的活动，这样，私人利益就可在它那有利于普遍物的劳动中得到满足。❶

当然，如今听来，这平淡无奇。然而人们要想想黑格尔写这些话的时代，很多政府官员仍旧贪赃枉法，比如在英国，尚不存在真正的公共事务。因为有相对开明的官僚政治，所以与当时英国普遍流行的腐败行为相比，1820 年代的普鲁士在这方面肯定更为现代。

依黑格尔之见，公务员制度具有一种特殊的行为模式，其特征是“大公无私、奉公守法及温和敦厚”。❷虽然公务员是“中间等级的主要组成部分”，❸但对公共职务的任命仍只应根据才能。

---

❶ 《法哲学》，§ 205。［中译者按］中译参见黑格尔，《法哲学原理》，页 214。译文据英文有改动。参考 § 303：“普遍等级（或者更确切地说，在政府中供职的等级）直接由于它自己的规定，以普遍物为其本质活动的目的。”［中译者按］中译参见同前，页 322。同时，参见黑格尔在其论符腾堡的文章（《政治著作集》，页 257－258）中对独立的公务员制度的作用的讨论。

❷ 同上，§ 296。［中译者按］中译参见黑格尔，《法哲学原理》，页 314。

❸ 同上，§ 297。［中译者按］中译参见黑格尔，《法哲学原理》，页 314。

拿破仑的精英政治思想明显反映在黑格尔的陈述中:

> 个人之担任公职，并不由本身的自然人格和出生来决定。决定他们这样做的是客观因素，即知识和本身才能的证明；这种证明保证国家能满足它对普遍等级的需要，同时也提供一种使每个市民都有可能献身于这个等级的唯一的条件。❶

普遍主义的、以成就为取向的标准浸透到公务员制度的整个结构之中。而且依黑格尔之见，任何公职都决不能解释为可以要求类似于私有财产的东西。在黑格尔看来，市民社会的财产取向标准完全不适合于公务员制度的公共领域，他认为，现代的、合理组织的官僚制度构成了新国家的特征之一:

> 这些职能和活动同负责运用和实现它们的个人发生联系，但是和它们发生联系的并不是这些人的个人人格，而只是这些人的普遍的和客观的特质……国家的职能和权力不可能是私有财产。
>
> 国家的活动是同个人发生联系的。个人之所以有权处理国家事务，并不是由于他们天生的关系，而是由于他们的客观特质。能力、才干、品质都属于一个人的特殊性。他必须受过教育和特殊职能的训练。因此，官职既不可能出卖，也不可能继承。从前法国的议会席位可以出卖，在英国军队里，到一定等级为止的军官职位至今还可以出卖，[160]但这在过去和现在都是同中世纪某些国家的国家制度相联系的，这些国家制度现在已经逐渐消失了。❷

---

❶ 《法哲学》，§ 291。[中译者按] 中译参见黑格尔，《法哲学原理》，页311。

❷ 同上，§ 277及“补充”。[中译者按] 中译参见黑格尔，《法哲学原理》，页293－294。

公务员也应当享有一定的待遇，并以此独立于直接的政治压力：

> 奉召担任一定官职的个人，以恪尽职守为本人收入的来源（这是担任官职的条件），这就是他地位中的实体性因素。由于这种实体性的地位，个人就获得生活资料，保证他的特殊需要得到满足，使他的处境和公职活动摆脱其他一切主观的依赖和影响……
>
> 国家职务要求个人不要独立地和任性地追求主观目的，并且正因为个人做了这种牺牲，它才给予个人一种权利，让他在尽职履行公务的时候，而且仅仅在这种时候追求主观目的。❶

这里的官僚制模式几乎等同于韦伯的理想类型。依黑格尔之见，现代国家需要一种提供待遇的官僚制度，它要具有为国服务的精神，并且根据才能招人纳士，根据履职情况提供报酬。官僚制奉行自治，独立于市民社会的经济力量之外，并且通过行动对市民社会本身进行制约，确保公共政策不应是市民社会利益的直接反映。黑格尔认识到下述危险，即这种官僚制度的成员可能倾向认为自己“拥有”国家；❷但他设置了大量同业公会与其他自愿组织，以有效地制约与平衡公务员制度的权力。❸因为黑格尔认识到市民社会的巨大威力，所以他认为相对独立于市民社会的权力中心在这种社会结构❹的背景下进行发展，是最有必要的。

---

❶ 《法哲学》，§ 294。[中译者按] 中译参见黑格尔，《法哲学原理》，页312。

❷ 同上：“另一极端是：有些公务人员仅仅为了生计才担任职务，于是没有真实责任感、也没有权利。”马克思对黑格尔的作为普遍等级的官僚政治观念的攻击，正是集中在最终认为其“拥有”国家的这种官僚政治这一主题上。参见 Marx，《黑格尔法哲学批判》，页46-48，马克思在这里提到了这些段落。

❸ 《法哲学》，§ 297，“补充”。

❹ [中译者按]“这种社会结构”当指“市民社会”。

在黑格尔耶拿时期的著作中，“普遍”等级或“绝对”等级的主要职能是保卫国家；随着时间的变化，黑格尔才把重点从单纯的防卫转向管理国家，这与他越来越认识到市民社会力量是一致的。因此，黑格尔的官僚政治理论不仅仅反映了［161］对于一个复杂的差异社会的实际需要，而且还代表了对于市民社会要求绝对的至高无上的权力的批判。

代议制与同业公会

在论符腾堡的文章中，黑格尔已较详细地讨论过代议制；他在《法哲学》中关于这个主题的观点，大体上沿用他对其家乡符腾堡关于宪制争论的观察。黑格尔在《法哲学》中倡导的代议机关迥异于普鲁士当时盛行的现有做法。这一事实再次表明，尽管黑格尔同情普鲁士，但他从不认为普鲁士的政治安排构成了他的政治理论的模范。

对黑格尔来说，代议制是一个处于人民和政府、市民社会的利益与国家的普遍主义之间的中介体系。因此，它是政治结构中的一个必要因素。中介不存在就是专制。在专制中，“只有君主和人民，后者如果起作用的话，仅仅作为破坏性的群众而对国家组织起作用的。”❶因此，如果要把相互斗争的各种特殊主义融合到政治整体之中去的话，那么中介与代议制就是至关重要的了：

> 等级要素的作用就是要使普遍事务不仅自在地而且自为

❶ 《法哲学》，§ 302，“补充”。［中译者按］中译参见黑格尔，《法哲学原理》，页322。

> 地通过它来获得存在，也就是要使主观的形式的自由这一环节，即作为多数人的观点和思想的经验普遍性的公众意识通过它来获得存在……
>
> 等级概念的特殊规定应该到下述事实中去探求：普遍自由的主观环节，即本书中称为市民社会的这一领域本身的见解和意志，通过各等级实存于对国家的关系中……
>
> 各等级的真正意义就是：国家通过它们进入人民的主观意识，而人民也就开始参与国事。❶

因此，等级议会就是市民社会利益的集合与表达，它的组成应反映市民社会的差别。依黑格尔之见，等级议会应是两院制，上院由贵族成员组成，下院则应通过选举组成。❷

[162] 但是，下院选举的基础不应建立在单纯直接的普选上。就像在符腾堡论文中一样，黑格尔认为不加区别的选举会导致原子化和政治异化：我们看到，这种理论多么接近于当代西方政治理论中流行的团体代表制观点。黑格尔认为，如果人们按照他们所属的团体进行选举，那么市民社会与国家之间的鸿沟就能得到克服，而在直接选举情况下，这条鸿沟仍旧洞开着：

> 以上述集团为存在形式的各种共同体进入了政治领域，即进入最高的具体的普遍性领域的时候，竟有人想把这些共同体重新分解为个人组成的群体。因而这种想法就把市民生活和政治生活彼此分割开来，并使政治生活悬在空中，因为按照这种想法，政治生活的基础只是任性和意见

---

❶ 《法哲学》，§ 301 及“补充”。[中译者按] 中译参见黑格尔，《法哲学原理》，页 318 – 321。

❷ 同上，§ § 306　307。

的抽象的单一性。❶

因此，黑格尔将整合功能注入传统代议制理论赋予议会的代议功能之中。他强调，个人代表不会受到任何强制性委托（mandat impératif）的约束，❷正是在这些代表与一种可以识别的、明确表达的利益的关系中，他看到了反对原子化的保证：

> 各等级作为一种中介机关，处于政府与分为特殊领域和特殊个人的人民这两个方面之间……
>
> 个人也不致结合起来成为群众和群氓，从而提出无机的见解和希求并成为一种反对有机国家的赤裸裸的群众力量。❸

在构想代议制体系时，黑格尔明确意识到作为一个变量的国家大小这一维度。古代民主理论不适合于领土广袤、社会组织复杂的现代国家。如果现代国家采用古代民主理论，那就会是对代议制的嘲弄：

> 关于许多单个的人所进行的选举，还可以指出一点：特别是在大国里，由于选民众多，一票的作用无足轻重，所以不可避免地要有人对自己的投票抱漠不关心的态度……这样一来，这种制度就会造成和它本身的规定相反的结果，而选

---

❶ 《法哲学》，§ 303。［中译者按］中译参见黑格尔，《法哲学原理》，页 323。参考第 308 节，黑格尔在那里说，如果选举以团体为基础，那么“社会不是一群原子式地分散的单个人，不是仅仅为了完成单一的和临时的活动才一时凑合起来而事后则没有任何进一步的联系的人们，相反地，它是一个分为许多有组织的协会、自治团体、同业公会的整体，这些团体因此才获得政治联系。”［中译者按］中译参见同前，页 325－326。译文据英文有改动。

❷ 同上，§ 309。

❸ 同上，§ 302。［中译者按］中译参见黑格尔，《法哲学原理》，页 321。

举就会被少数人、[163] 被某一党派所操纵，从而被那种正好应当加以消除的特殊的偶然的利益所操纵。❶

因此，黑格尔是最早认识到下面这点的政治理论家之一：在现代社会，直接选举产生的体系将与支持这种直接代议制的人的设想大不相同。现代政党的出现填补了黑格尔赋予同业公会的中介作用。就等级会议的一般功能而言，黑格尔认为它是一个监督机构，也是自由的主观方面即公共舆论的表达：

各等级是对普遍福利和公众自由的保障……这种保障……部分地在于预期的多数人监督即公众监督所起的作用，因为这种监督事先就使官吏对公事和提出的草案专心致志。❷

战争与和平问题的商议应包括在等级会议的活动范围之内。黑格尔援引英国国会的例子，指出没有等级会议的明确同意，就不应从事任何战争。❸黑格尔还以与欧洲大陆相对立的英国模式为基础，反对把王室大臣排除在等级会议之外：

把政府成员从立法机关中排除出去，好比像制宪会议那样做法，这是对国家的一种错误观点。英国的内阁大臣必须是国会议员，这是正确的，因为参加政府的人员应该同立法权相联系而不是相对立。❹

---

❶ 《法哲学》，§ 311。［中译者按］中译参见黑格尔，《法哲学原理》，页 329。参考 Dante Germino，“作为政治理论家的黑格尔”（Hegel as a Political Theorist），载于 *The Journal of Politics*，XXXI（1969），尤其是页 900－905。

❷ 同上，§ 301。［中译者按］中译参见黑格尔，《法哲学原理》，页 319－320。译文据英文有改动

❸ 同上，§ 302，“补充”。

❹ 同上，§ 300，“补充”。［中译者按］中译参见黑格尔，《法哲学原理》，页 318。

等级会议的协商还有另一功能：真理以一种辩证的形式出现，它绝不是先天给予的。因此，等级会议的辩论，以及这些辩论的妥协性，就是一个真理以及政治体的最佳利益得以彰显的设计。在一段令人想起后来密尔（John Stuart Mill）的一些观点的话中，黑格尔认为："有一种照例流行的看法，以为一切人早已知道什么是对国家有利的，在等级会议中只不过把它道出而已。但是事实刚刚相反。足以示范的操行、才能、技能在这里才初次发挥出来。"❶

[164] 黑格尔也以此反对不向公众公开等级会议的辩论的做法。所有辩论都应当公开，因为等级会议辩论的公共性本身就是一种政治教育的行为。❷辩论的公开性也是控制部长们的卓越手段，虽然"部长们当然是厌恶这种会议的，他们必须运用机智和辩才来应付在这里对他们所进行的攻击。"❸

如果上面的阐述所描绘出的图景迥异于人们在很多论述黑格尔政治哲学的著作中所发现的图景，那是因为在关于代议制这个问题上——就像在其很多他问题上一样——评论者们喜欢局限在有时引自二手文献的黑格尔的大量格言上，而不是仔细地搞懂《法哲学》文本的内容。同时还要铭记在心的是，黑格尔在说出这些观点时，普鲁士尚无代议制度，而且言论自由也受到严格限制。如果我们要从黑格尔关于代议制的论述中得出实际政治结论的话，那么应把它看作是以英国模式为热望的对象，而对普鲁士——以及一般而言，德国——状况所作的一个直接批判。黑格尔很少赞同代议制政府的法国经验，这一点不应使我们忽略黑格

---

❶ 《法哲学》，§ 315，"补充"。[中译者按] 中译参见黑格尔，《法哲学原理》，页331。

❷❸ 同上："等级会议的公开是一个巨大的场面，对公民说来具有卓越的教育意义。人民大部分从这里获知他们利益的真实性质……会议的公开毕竟是在一般国家事务方面教育大众的最重要手段。凡是等级会议是公开的那个民族，比之没有等级会议或会议不公开的那些民族，在对国家关系上就显出更有一种生动活泼的气象。"[中译者按] 中译参见同前，页331。

尔对普鲁士状况的暗中批判。毕竟，黑格尔对法国模式的论述并未有失公允；尽管法国人的意识形态上的宣言非常重要，但是在推进代议制体系方面，法国模式并不特别成功，黑格尔对它的批判表明了它的一些甚至时至今日仍然深受其扰的结构上的缺陷。

类似的景象也出现在黑格尔对同业公会的作用的讨论中。如同在符腾堡论文中一样，这里同业公会不是传统的、限制性的旧行会，而是人们根据各自的职业、贸易与利益组织起来自愿组织。传统的民主与自由理论的贫乏由于反对［165］所有处于个人与国家之间的中间团体而显得特别明显。就像十年或二十年之后的托克维尔一样，黑格尔想要恢复这种平衡。

黑格尔的起点还是他对如果社会对之完全弃之不顾则有可能原子化并与社会疏远的个体的关注。黑格尔对现代社会本质的认识再一次使他清楚地说出那些后来在他人看来显而易见、甚至稀松平常的道理：

> 如果个人不是一个合法同业公会的成员……他就没有等级尊严，并由于他的孤立而被归结为营利自私，他的生活和享受也变得不稳定了。因此，他就要用外部表示来证明他在本行业中所达到的成就，借使自己得到承认。这种表示是没有限度的，因为对他说来等级并不存在，他也谈不上按他等级的方式来生活……
>
> 婚姻的神圣性和同业公会的尊严性是市民社会的无组织分子所围绕着转的两个环节。❶

黑格尔反对以个人主义理论的名义废除同业公会，而且他的论述表达了他对现代状况之危险的重要认识：

---

❶《法哲学》，§ § 253、255。［中译者按］中译参见黑格尔，《法哲学原理》，页250、页251。

> 在近代，人们废除了同业公会，这意味着个人应各自照顾自身。我们可以接受这点，但仍认为个人谋生的义务并不因同业公会之故而有所变更。在现代国家的条件下，公民参加国家普遍事务的机会是有限度的。但是人作为伦理性的实体，除了他私人目的之外，有必要让其参加普遍活动。这种普遍物不是现代国家所能常提供他的，但他可以在同业公会中找到。❶

这些自愿组织也有助于把市民社会成员的利己主义目的引向一种普遍结构，因此，甚至一个完全追逐自己的特定利益的产业等级的成员也将以某种交互的方式与他的同行业发生关系。虽然他通常认为同行是竞争对手，但在同业公会的友爱中，一种彼此之间的团结感（当然是对每一个其他同行的团结感）也就奠定了一种交互关系的基础。因为市民社会强大的分裂性力量，黑格尔意识到，他在国家中设想的团结不可能直接产生出来：不经过长期的中介与教化（*Bildung*）过程，相互敌对的市民（*bourgeois*）不可能成为合作的公民（*citoyens*），而同业公会则是对现代人进行这种政治教化的主要手段之一。没有同业公会，“友爱”将会消失在“自由”与“平等”之下。

[166] 通过教导人们趋向国家，同业公会把既不应统属于国家之下、也不能支配国家的利益结合（aggregated interests）的合法功能制度化了。因此，同业公会是反对国家侵害经济活动的制度化保障：

> 在市民社会的范围以内和在国家本身的自在自为的普遍物之外的特殊公共利益是由自治团体、其他职业与等级的同

❶ 《法哲学》，§ 255，“补充”。[中译者按] 中译参见黑格尔，《法哲学原理》，页251。

> 业公会及其首脑、代表、主管人等来管理的。一方面，他们经管的事务关系到这些特殊领域的私有财产和利益，并且他们在这方面的威信部分地建立在本等级成员和全体市民的信赖上。❶

同业公会应当保护其成员的利益结合，为他们提供教育，而且“总之，它是作为成员的第二个家庭而出现的”。❷同业公会的主要目的之一是保护其成员免受市民社会的偶发事件与兴衰沉浮的影响：“在同业公会中，对贫困的救济丧失了它的偶然性，同时也不会使人感到不当的耻辱。又财富既须履行它对团体的义务，它就不能引起所有者的骄傲和别人的嫉妒。”❸

黑格尔特别谨慎地指出，同业公会应当代表社会中较贫困等级的利益，他还注意到，穷人能通过组织化来享有权力。当社会中的富有群体已很好地组织起来时，黑格尔指出：

> …曾经…整体的下级方面和群众部分则听其多少流于无组织状态中，可是群众部分也应成为有组织的，这一点非常重要，因为只有这样，它才成为力量，成为权力，否则它只是一大堆或一大群分散的原子。合法的权力只有在各特殊领域的有组织状态中才是存在的。❹

另一方面，同业公会处于市民社会与国家之间的辩证位置要求国家对它的活动与结构进行某种监督，“否则它就会僵化，固步自封而衰退为可怜的行会制度。但是，自在自为的同业公会绝

---

❶ 《法哲学》，§ 288。［中译者按］中译参见黑格尔，《法哲学原理》，页 308。

❷ 同上，§ 252。［中译者按］中译参见黑格尔，《法哲学原理》，页 249。

❸ 同上，§ 253。［中译者按］中译参见黑格尔，《法哲学原理》，页 250。

❹ 同上，§ 290“补充”。［中译者按］中译参见黑格尔，《法哲学原理》，页 311。

不是封闭的行会。”[1]像黑格尔的政治体系结构中其他很多事物一样，[167] 这个有机体各成员之间的相互依赖是其正常运转的一个必要前提。黑格尔心中所想的整体国家是一种多元结构，其中同业公会、等级会议与其他组织一起互相调节，从而在市民社会的敌对利益之上，有可能经整合而形成国家。

捍卫多元主义

在保存那些较低的、不那么全面的领域的前提下，黑格尔坚持认为，国家体现了一种更高的普遍性的人际关系。应当给个体的主观决定与选择腾出一个广阔的活动领域。这个领域应当制度化，而且那些保障个体选择的制度“是公共自由的支柱，因为在这些制度中特殊自由是实现了的”。[2]对黑格尔来说，虽然主观自由不是政治组织的 *ultima ratio* ［最终理由］，但他不能想象一个没有主观自由且不给它分配恰当位置的国家。一个网罗一切、个体一无所有的国家，就是一个空架子：

> 重要的是，理性的规律和特殊自由的规律必须相互渗透，以及个人的特殊目的必须同普遍目的同一，否则国家就等于空中楼阁。个人的自信构成国家的现实性，个人目的与

---

[1] 《法哲学》，§ 255“补充”。［中译者按］中译参见黑格尔，《法哲学原理》，页 251。

[2] 同上，§ 265。［中译者按］中译参见黑格尔，《法哲学原理》，页 265。同时参见第 289 节“补充”，这里黑格尔坚持要专门保留一个让个人自己决定的私域。在第 46 节“补充”中，黑格尔认为，只有在极端紧急状况下，国家才能侵犯个人的私人财产权。

普遍目的这双方面的同一则构成国家的稳定性。❶

对个人自由的有效保障在于社会权力的分配。虽然我们稍后将会看到，经典的分权理论对黑格尔无甚吸引力，但他超出了权力在形式上的分配，而进到社会组织领域，并要求增加自愿组织来平衡政府的权威：

> 要使国家和被管辖者免受主管机关及其官吏滥用职权的危害，一方面直接有赖于主管机关及其官吏的等级制和责任心，另一方面又有赖于自治团体、同业公会的权能，因为这种权能自然而然地防止官吏在其担负的职权中夹杂主观的任性，［168］并以自下的监督补足自上的监督无法顾及官吏每一细小行为的缺陷。❷

甚至一个强大的中间等级的存在——我们已经看到，对黑格尔来说，它构成良序国家的保障——也依赖于社会多元主义：

> 这个中间等级的形成，是国家的最重要利益之一；但是只有在上述那种组织中，也就是比较独立的一定的特殊集团拥有相当的权利、官僚界因而不敢胡作非为的地方，才能做到这一点。按照普遍法而行动和这样行动的习惯，就是这些本身独立的集团形成一种对立势力的结果。❸

---

❶ 《法哲学》，§ 265，“补充”。［中译者按］中译参见黑格尔，《法哲学原理》，页 265－266。

❷ 同上，§ 295。［中译者按］中译参见黑格尔，《法哲学原理》，页 313。在另一处（§ 289），黑格尔认为，通过好的制度，世袭君主制的立宪原则与公共自由的保存携手共进。

❸ 同上，§ 297，“补充”。［中译者按］中译参见黑格尔，《法哲学原理》，页 315。

因此，黑格尔一方面毋庸置疑地让官僚政治在其国家中居于主宰地位，同时另一方面又非常注意对其进行限制与平衡。而且，他所理解的国家的“有机”结构不是通常的与政治组织的有机主义理论相关联的单一形象，恰恰相反，它是一种有差异的社会结构，其中相对自治的组织对中央起着平衡作用。

黑格尔以法国为例，说明国家不当如此组织。如在《德国宪制》中一样，法国的官僚集权主义不给自愿组织和多元主义留下任何活动空间，从而使国家成为一架了无生气的机器：

> 但是这样一来，可能一切都重新从上级和部长的权力出发，而国家事务，就像通常所说，成为集权的了，因而在处理有关国家普遍利益的事务上，人们能达到最高度的简省、速度和效率。这种统治制度是法国革命所首创，曾经拿破仑加工，而今天仍然存在于法国。它方面，法国缺少同业公会和地方自治团体，即缺少特殊利益和普遍利益在其中相汇合的集团。当然，在中世纪，这种团体过于独立自主，成为国家中的国家，并顽强地作为独立存在的社团而行动。虽然这种情况是不应当有的，**但毕竟应该肯定，国家的真正力量有赖于这些自治团体**。在这里，政府碰到它所必须尊重的合法利益。❶

[169] 这种对多元主义的呼吁也同样表现在黑格尔对国家与宗教之间的复杂关系的态度上。与天主教的对立以及他在巴伐利亚中学论争中的亲身经历，使他对教会干涉公共事务——尤其是教育事务——很是敏感。在《基督教的实证性》中，黑格尔

❶ 《法哲学》，§ 290，“补充”（强调为引者所加）。[中译者按] 中译参见黑格尔，《法哲学原理》，页 310 – 311。在《历史哲学》讲演录中，黑格尔同样评论到，“没有一个地方像法国那样不能容忍其他部分的自由活动”（Sibree 英译本，页 454）。

反对把教育交给教会手中的观点已经从理论上建立起来。❶但他的立场还有其他结论。虽然黑格尔关于国家和教会的早已有之的推论导致二者的分离，但他的论证遵循的是一条独特的路线，而不是来自其正当性仅仅基于个人的自由选择权的传统自由主义理论。

黑格尔在《法哲学》§ 270 的长篇“附释”中阐述他的观点。对黑格尔来说，国家与宗教都是自我意识的两个必然环节。在宗教中，理念表现为单纯的表象，并以感情为基础；而在国家中，则以理性为基础。因此，国家领域高于教会领域，虽然另一方面国家只是客观的尘世制度，而宗教的绝对真理则超出国家的有限领域之上。因此，国家决不应当从属于教会。教会与国家的统一是东方专制的特征，而非现代国家的特征。❷而且，正是宗教的分立才产生了国家的真正本性。只有在教会服从外在的区分后，国家本身才获得了与特殊教派相对立的“思想的普遍性”：“只有通过教会的分立，国家才能成为其所规定的东西，即自我意识着的合理性和伦理。”❸

因此，一个国家越是强大、越是成熟与发达，它在宗教事务上也就越是自由。只有自信的国家才能让人民去寻找他们自己的信仰形式。一个真正强大的国家甚至可以“容忍那些根据宗教理由而竟不承认对国家负有直接义务的教会（当然这要看数量而定）。”❹

黑格尔关于宗教宽容的观点是非常坦率的，而且必须铭刻在心的是，这些观点既不是建立在审慎的［170］理由上，也不是

❶ Hegel，《早期神学著作选》，页 107。

❷ 《法哲学》，§ 270：“在东方专制制度下，可以找到人们时常所希望的那种国家与教会的统一，但是这里没有国家存在，没有自我意识的、唯一配得上精神的国家形态。”［中译者按］中译参见黑格尔，《法哲学原理》，页 279。译文据英文稍有改动。

❸ 同上。［中译者按］中译参见黑格尔，《法哲学原理》，页 280。

❹ 同上。［中译者按］中译参见黑格尔，《法哲学原理》，页 273。

建立在个人主义思想上，而是建立在他的这种信念上，即国家作为产生了普遍性的人际关系的制度，必须忽略产生于人的特定结社的差异：

> 自我被理解为普遍的人，即跟一切人同一的，这是属于教养（*Bildung*）的问题，属于思维——采取普遍性的形式的个人意识——的问题。人之所以为人，正因为他是人的缘故，而并不是因为他是犹太人、天主教徒、基督教徒、德国人、意大利人等等不一。❶

对黑格尔来说，其政治后果是明显的。他要求宽容教友派教徒与再洗礼派教徒，他还认为，国家应找到一种方式，能让这些教派的成员在履行其他一切公民义务时，不用服兵役。❷在一个讨论宗教异议分子与宗教少数派的长脚注中，黑格尔既反对传统基督教原教旨主义者，又反对新出现的世俗德国民族主义者，为犹太人的政治与社会解放的主张进行了比较详细的辩护。他反对犹太人在获得公民权之前，首先应当消除他们特有的风俗与习惯的观点，并且甚至把犹太人的解放视为一个国家是否意识到它自己普遍性的标准：

> 尽管可能有形式上的法对犹太人拒不赋予甚至民事方面的权利，因为他们自身不仅是一种特殊教派，而且应视为属于一个异国民族；但是根据这个或其他观点所发出的叫嚣，却忽视了一点，即犹太人首先是人，而人不是仅仅表面的、抽象的质，并且是下列事实的基础，即通过所赋予的民事权利，他产生了一种在市民社会中以法律上人格出现的自尊

❶ 《法哲学》，§ 209。[中译者按] 中译参见黑格尔，《法哲学原理》，页217。
❷ 同上，§ 270。

感，以及从这个无限的、自由而不受一切拘束的根源，产生了所要求的思想方法上和情绪上的平等化。犹太人因分散而被人谴责，但国家以法排斥他们，而使这种分散状态维持下去，所以这事理应归咎和责备国家，因为这样做，国家就误解了自己的原则、客观制度及其权力。❶

在黑格尔的时代，对于犹太人解放问题的争论的复杂性，很少有人——不论是犹太人还是非犹太人——表现出类似的认识。还应注意的是，普鲁士的犹太人直到 1848 年才获得了民事上的解放［171］，而且虽然当时整个气氛非常宽容、仁慈，但是在德国，直到 1918 年犹太人才允许担任公职——包括从事教育职业。

这种对多元主义的要求是黑格尔的多元社会关系领域理论的直接结果，黑格尔也因此多次批评柏拉图试图把国家——至少就护卫者而言——变成唯一合法的社会纽带。虽然，黑格尔政治哲学的某些方面——特别是在他关于社会等级与意识形式之间的联系的理论中——明显地带有很多柏拉图色彩，但在一元论还是多元主义这个基本问题上，黑格尔极为强烈地反对柏拉图。

依黑格尔之见，柏拉图的《理想国》完全缺乏主观自由的环节。黑格尔试图把柏拉图与他当时的知识、社会环境联系起来，非比寻常地洞见到柏拉图所面临的困境，正是这种困境最终削弱了其构建理想社会的全部努力：

柏拉图在他的理想国中描绘了实体性的伦理生活的理想

❶ 《法哲学》，§ 270。［中译者按］中译参见黑格尔，《法哲学原理》，页 273 –274。诺克斯在其他地方的翻译都非常棒，但这里出现了一个错误，即把“*Volk*”译成“种族”而不是“人民”（［中译者按］中译为“民族”）。但这既反映了后来对犹太人的种族主义观念，也反映了完全无辜的 19 世纪英语用法，这都完全脱离了黑格尔在这里所面对的问题的语境。

> 的美和真，但是在应付独立特殊性的原则（在他的时代，这一原则已侵入希腊伦理中）时，他只能做到这一点，即提出他的纯粹实体性的国家来同这个原则相对立，并把这个原则——无论它还在采取私有制和家庭形式的最初萌芽状态中，或是在作为主观任性、选择等级等较高发展形式中——从实体性的国家中完全排除出去……
>
> 柏拉图的理想国要把特殊性排除出去，但这是徒然的。❶

因为对于黑格尔来说，财产是人格的主要条件，人格包含在表现于外部对象的财产之中的承认因素当中，所以，对黑格尔而言，柏拉图消灭私有财产就是意味着人格的消失与削弱："柏拉图理想国的理念侵犯人格的权利，它以人格没有能力取得私有财产作为普遍原则。"❷

柏拉图认为，个人的角色应由国家来决定。这意味着，在柏拉图的体系中，最终不存在市民社会："在柏拉图的理想国中，主观自由还没有被承认，因为个人的职务是由官府来分配的。在许多东方的国家，这种分配决定于出生。但是必须得到重视的主观自由要求个人进行自由选择。"❸［172］柏拉图与印度的社会等级体系都缺乏社会流动性，在它们这里，"主观特殊性的原则并没有同时得到它应有的权利"。另一方面，黑格尔自己的社会等级理论强调流动性原则与开放社会的理念：

> 个人应属于哪一特殊等级，却受到天赋才能、出生和环

❶ 《法哲学》，§ 185 及"补充"。［中译者按］中译参见黑格尔，《法哲学原理》，页 200。

❷ 同上，§ 46。［中译者按］中译参见黑格尔，《法哲学原理》，页 55。

❸ 同上，§ 262，"补充"。［中译者按］中译参见黑格尔，《法哲学原理》，页 264。亦见 § 299，这里也拿柏拉图的国家与东方专制主义作比较。

境等的影响，但是最后的和基本的决定因素还在于主观意见和特殊任性，它们在这一领域中具有它们的权利，它们的功绩和它们的尊严。❶

因此，黑格尔对柏拉图《理想国》的批判与那些认为柏拉图是极权主义先驱的同时代观察者的观点一样。黑格尔没有使用“极权主义”这个术语，但他明确指责柏拉图要想把所有特殊领域都置于普遍整体之下的做法。他自己的解决方案是，把特殊性整合到一个合法的、然而得到清晰勾画了的自治领域：

有人认为如果普遍性把特殊性的力量都吸收过来，诚如柏拉图在他的理想国中所阐述的那样，看来普遍性的境况会好些。但这也只是一种幻想，因为普遍性和特殊性两者都只是相互倚赖、各为他方而存在的，并且又是相互转化的。❷

黑格尔的理论需要一种有差别的、多元的结构，而公共舆论则构成了他的这种理论必须处理的另一个方面。黑格尔这里的观点明显有些模糊，这不仅是因为其思想的辩证结构，还因为紧接着卡尔斯巴德决议之后，以及在非常严格的书报检查盛行的情况下，黑格尔需要极其灵活地处理这个主题。即使如此，黑格尔的公共舆论观如此老练，以至于它对今人的震撼甚至比对当时的人所造成的震撼还要大。相比之下，许多正统自由主义思想的传统看法显得贫乏、浅薄，甚至是陈腐。

现在看来，黑格尔关于公共舆论的法律方面的说法似乎很平

❶ 《法哲学》，§ 206。［中译者按］中译参见黑格尔，《法哲学原理》，页 215。

❷ 同上，§ 184，“补充”。［中译者按］中译参见黑格尔，《法哲学原理》，页 199。对柏拉图的这种批判也能在黑格尔早期著作中找到。黑格尔在批判古代城邦将个人统摄到公共“*virtus*［德性］”的美的总体之下后，写道：“柏拉图的理想国和斯巴达国家一样，是自我意识的个体的消失。”（《实在哲学 Ⅱ》，页 251。）

常，但我们要想到，[173] 在他所处的环境下，主张“公共交流的自由——即新闻出版自由和言论自由”❶是需要很大的勇气的。

然而，表达自由存在诸多限制，黑格尔列出如下一些越出了表达自由界限的现象：“诽谤、诟骂、侮辱政府以及首长和官吏、特别是君主本人，嘲弄法律，唆使叛乱”。虽然可能还有大量问题有待质疑，但所有西方自由主义法律体系现在拥有的条款与黑格尔对言论和交流自由的限制高度吻合。

然而，黑格尔讨论公共舆论的惊人之处在于，他意识到其特有的现代性及其在现代社会中的核心位置。此外，因为现代国家是建立在有意识的主观性原则之上，而公共舆论又是主观性的这种表达，因此二者是相互关联的。公共舆论与现代国家互相归属：

> 无论哪个时代，公共舆论总是一支巨大的力量，尤其在我们时代是如此，因为主观自由这一原则已获得了这种重要性和意义。现时应使有效的东西，不再是通过权力，也很少是通过习惯和风尚，而确是通过判断和理由，才成为有效的。❷

然而依黑格尔之见，公共舆论中存在内在的张力：作为大量个人意见的集合，公共舆论庞杂散乱，因此，虽然它表现了主观

---

❶ 《法哲学》，§ 319。

❷ 同上，§ 316，“补充”。[中译者按] 中译参见黑格尔，《法哲学原理》，页332。参考第317节“补充”：“现代世界的原则要求每一个人所应承认的东西，对他显示为某种有权得到承认的东西。”黑格尔进一步补充道，强制沉默使人们“把对事物的反对意见扼在心头，至于论争则可使他们有一个出口，而得到一方面的满足”。因此，在法国“言论自由显得要比默不作声危险性少得多”（[中译者按] 中译参见《法哲学原理》，页334）。黑格尔在这里极为坦率地批评普鲁士现状，并审慎地主张1815年之后法国相对而言更为自由的做法。

自由，但它可能矛盾、迷惑且无条理：

> 个人所享有的形式的主观自由在于，对普遍事务具有他特有的判断、意见和建议，并予以表达。这种自由，集合地表现为我们所称的公共舆论。在其中，绝对的普遍物、实体性的东西和真实的东西，跟它们的对立物即多数人独特的和特殊的意见相联系。因此这种实存是经常存在的自相矛盾，知识成为现象，不论本质的东西和非本质的东西一同直接存在。❶

[174] 在讨论议会辩论时，黑格尔已经指出，真理辩证地出现在对立意见的严厉冲突中。但这意味着，庞杂的公共舆论绝不是神圣不可侵犯的，它混合了谬误琐碎的东西和真实崇高的东西。因为公众的某些成员抱有某一观点，或者因为它是公共舆论的一部分，这并不能保证这种观点本身的内在价值。虽然黑格尔认为，一切意见都应当听取，任何意见都不应当被压制，但是如果每一观点不论多么愚昧、虚假、贪婪，都与最深刻、最负责任的意见等量齐观的话，那么其直接结果就会是一片混乱的喧嚷之声：

> 因此，公共舆论不仅包含着现实界的真正需要和正确趋向；而且包含着永恒的实体性的正义原则，以及整个国家制度、立法和国家普遍情况的真实内容和结果。这一切都采取常识的形式。……同时……一切偶然性的意见，它的无知和曲解，以及错误的认识和判断也都出现了。❷

---

❶ 《法哲学》，§ 316。[中译者按] 中译参见黑格尔，《法哲学原理》，页 331－332。

❷ 同上，§ 317。[中译者按] 中译参见黑格尔，《法哲学原理》，页 332。

黑格尔由此得出了含混的结论，即："因此，公共舆论又值得重视，又不值一顾。不值一顾的是它的具体意识和具体表达，值得重视的是在那具体表达中只是隐隐约约地映现着的本质基础。"❶虽然这可能使人非常困惑，但它旨在表明黑格尔的态度，即公共舆论不能归结在悦耳的、头脑简单的 *vox populi*，*vox dei*［人民的呼声即上帝之声］的名义之下。鲜有19世纪的思想家认识到现代传媒所固有的这种含混性——我们今天对它的认识要更多一些。然而黑格尔确实暗示了一种走出公共舆论的这种混乱喧嚷的方式。他认为，是否能够鉴别公共舆论的真假构成了政治领导的试金石。对黑格尔而言，政治领导与公共舆论有一种矛盾的关系：一方面，政治领导必须表达公共舆论，另一方面，政治领导应当引导公共舆论；一方面，政治领导人应当倾听被领导者们的愿望，另一方面，他又应当具有超强的鉴别力，以至于能不顾当前的公共舆论，他必须足够强大，以至于能够宣称，日报上的最新社论并不是共同体的完美智慧的最好表达。黑格尔没有为政治领导人提供可以决定当前舆论中的暂时的［175］和永恒的东西的任何标准。但这种标准的要目是迷人的，表示黑格尔自己想要达到一个可以由意志和理性的辩证综合加以证实的立场。其关于政治领导与公共舆论之间的关系的看似矛盾的论述似乎囊括了公共选择中的理性自由这一问题的全部复杂性：

> 所以，脱离公共舆论而独立乃是取得某种伟大的和合乎理性的成就（不论在现实生活或科学方面）的第一个形式上条件。这种成就可以保得住事后将成为公共舆论所嘉纳和承认，而变成公共舆论本身的一种成见。
>
> 公共舆论中有一切种类的错误和真理，找出其中的真理乃是伟大人物的事。谁道出了他那个时代的意志，把它告诉

❶ 《法哲学》，§ 318。［中译者按］中译参见黑格尔，《法哲学原理》，页334。

> 他那个时代并使之实现，他就是那个时代的伟大人物。他所做的是时代的内心东西和本质，他使时代现实化。谁在这里和那里听到了公共舆论而不懂得去蔑视它，这种人决做不出伟大的事业来。❶

黑格尔写下这些句子时，心中肯定想着拿破仑，虽然这里明显带有一丝英雄崇拜的味道，但它毕竟是在讨论公共舆论时出现的，毕竟出现在黑格尔的下列看法中，即公共舆论应“通过警察法规和制度”❷得到保障。黑格尔似乎比他的大多数同时代人更加理解现代社会的时代精神。在他的同时代人中，很少有人意识到现代社会即将出现的政治领导与公共舆论之间的这种极其模糊和辩证的关系。

---

❶ 《法哲学》，§ 318，以及“补充”。[中译者按] 中译参见黑格尔，《法哲学原理》，页 334。

❷ 同上，§ 319。[中译者按] 中译参见黑格尔，《法哲学原理》，页 335。

第 9 章 国家——自由意识

理性的象形文字

[176] 要讨论黑格尔的国家理论本身，就不得不同认为黑格尔主张威权主义的——若非彻头彻尾的极权主义的——政府形式的固有的流俗成见作斗争。前几章力图表明，这种对黑格尔政治理论的简单解释距离真相何其遥远。既然我们抵达《法哲学》中详述的黑格尔的国家理论本身的核心，那就要对解释黑格尔关于国家作用的论述，提请几点注意。

在黑格尔的论述中，最容易造成上述成见的论述出现在 § 258 “补充” 中。黑格尔的德语原文是：“Es ist der Gang Gottes in der Welt，dass der Staat ist”。它的英译有多种，比如 “The State is the march of God through the world”（国家是神通过世界的征程），❶“The existence of the State is the presence of God upon earth”（国家是神临于尘世），❷或者是“The march of God in the world, that is what the state is”（神在世间的征程，即为国家之所是）。❸

这句话的含义很清楚，但这些英译都不能达其意。黑格尔这句话的德文句法无疑有些古怪，这可能因为这个句子来自“补充”，也就是说，它并不包括在黑格尔自己的《法哲学》版本中，而是由黑格尔身后的编者甘斯（Eduard Gans）从参加黑格尔讲座的学生的笔记中加进去的。正如考夫曼最近所言，[177]这句话的正确翻译应是：“It is the way of God in the world, that there should be [literally: is] the state”（正是神在世间的道路，就会有[直译：有了]国家）。❹黑格尔想说的不是“国家是‘神’在世上的‘征程’”或者任何诸如此类的东西，而是国家的存在本身就是神圣安排的一部分，而不仅仅是任意的人为之物。这种观点当然可以讨论，但它完全没有所有其他译者赋予黑格尔这句话的可憎的言外之意。他们把不论句法如何蹩脚，但显然都是子虚乌有的意思加到黑格尔头上。如果这仅仅是误译，那在这上面浪费时间就毫无意义。但在批评文献中，这种误译却变成了威权主义内在于黑格尔的国家理论之中的不可辩驳的证据。

另外，还要必须指出的是，黑格尔的理论无论如何都不能解释为指向某一现存国家；黑格尔讨论的是国家的理念，任何现存

---

❶ Hegel，《著作选》（*Selections*, New York, 1929），J. Loewenberg 编，页443。

❷ E. F. Carritt，《黑格尔与普鲁士主义》（“Hegel and Prussianism”），重印于Kaufmann，《黑格尔的政治哲学》，页36。

❸ Knox 的译文，页279。另一种翻译是：“It is the course of God through the world that constitutes the state”，载于《黑格尔的哲学》（*The Philosophy of Hegel*, New York, 1953），C. J. Friedrich 编，页283。

❹ Kaufmann，《黑格尔的政治哲学》，页279。

的国家都只能接近这个理念。[1]在历史证据层面，我们已看到，黑格尔对普鲁士的态度远远不是清静无为的接受。必须强调的是，在理论根据上，国家理念不能等同于某一现存国家，正如不能把市民社会的模型等同于任何现实市场机制的运行一样。在前面那个严重误译的句子所在的段落中，黑格尔对此直言不讳：

> 在谈到国家的理念时，不应注意到特殊国家或特殊制度……根据某些原则，每个国家都可被指出是不好的，都可被找到有这种或那种缺陷……国家不是艺术品；它立足于地上，从而立足在任性、偶然事件和错误等的领域中，恶劣的行为可以在许多方面破损国家的形相。但是最丑恶的人，如罪犯、病人、残废者，毕竟是个活人。尽管有缺陷，肯定的东西，即生命，依然绵延着。这个肯定的东西就是这里所要谈的东西。[2]

这就是黑格尔提到作为“理性的象形文字”[3]的国家时所言的意思。通过否弃偶然的与任意的东西，这种“理性的象形文字”才能被破解，从而发现居于它们之下的理性的与本质的东西。

［178］黑格尔说，在国家中，遍布人世的合理性才第一次成为显明的了。在家庭中，这种理性尚隐藏在感情与情感背后；在市民社会中，它是个体追求自身利益的工具。只有在国家领域，理性才意识到其自身。换言之，只有在国家中，人的行动才

---

[1] J. N. Findlay，《黑格尔的哲学》(*The Philosophy of Hegel*，New York，1966)，重印本，页326。参考 Rosenkranz，《黑格尔传》，页332。

[2] 《法哲学》，§ 258，“补充”。［中译者按］中译参见黑格尔，《法哲学原理》，页259。

[3] 同上，§ 279，“补充”。［中译者按］中译参见黑格尔，《法哲学原理》，页300。

与他的意图合一——他知道自己想要的东西，并据之而行动：

> 国家是伦理理念的现实——是作为显示出来的、自知的实体性意志的伦理精神，这种伦理精神思考自身和知道自身，并完成一切它所知道的，而且只是完成它所知道的……自我意识……在国家中，即在它自己的实质中，在它自己活动的目的和成果中，获得了自己的实体性的自由。❶

这就是国家中的伦理环节，即主观意识与客观秩序的统一："实体在它这种现实的自我意识中认识自己，从而就是认识的客体。"❷因此在国家中，人的活动受下列认识的驱动，即被命令去做的事在主观意志中有其最终来源：法律不是一种后来必须以这种或那种方式而加以合法化的外在强制，而是个人意志的表达：

> 另一方面，对主体说来，[法律] 不是一种陌生的东西，相反地，主体的精神证明它们是它所特有的本质。在它的这种本质中主体感觉到自己的价值，并且像在自己的、同自己没有区别的要素中一样地生活着。这是一种甚至比信仰和信任更其同一的直接关系。❸

黑格尔把这种观点的政治后果表述得十分清楚："现在如果说，人们愿意接受那种违背他们利益、目的和意图的君主统治，那是荒谬的。"❹在其他地方，黑格尔说：

---

❶ 《法哲学》，§ 257。[中译者按] 中译参见黑格尔，《法哲学原理》，页 253。

❷ 同上，§ 146。[中译者按] 中译参见黑格尔，《法哲学原理》，页 165。同时参考 § 144。

❸ 同上，§ 147。[中译者按] 中译参见黑格尔，《法哲学原理》，页 166。阿维纳瑞引文中的"[法律]"，中译作"伦理性的实体，它的法律和权力"，兹据英文翻译。

❹ 同上，§ 281，"补充"。[中译者按] 中译参见黑格尔，《法哲学原理》，页 305。

> 当有人夜里在街上安全地行走时，他不会想到可能变成别的样子，因为安全的习惯已经成为第二本性，人们确不反思，这正是特殊制度的作用。一般的看法常以为国家由于权力才能维持。其实，需要秩序的基本感情是唯一维护国家的东西，而这种感情乃是每个人都有的。❶

主体与国家的这种自觉同一是共同体有效运转的条件。当这种［179］同一的意识不灵时，国家就面临着分裂的危险：

> 个人的自信构成国家的现实性，个人目的与普遍目的这双方面的同一则构成国家的稳定性。人们常说，国家的目的在谋公民的幸福。这当然是真确的。如果一切对他们说来不妙，他们的主观目的得不到满足，又如果他们看不到国家本身是这种满足的中介，那么国家就会站不住脚的。❷

黑格尔认为，爱国心不仅仅是准备在紧急情况下做出非常的牺牲。它更是我通过与其他人生活在一起而获得的知识，更是“这样一种意识：我的实体性的和特殊的利益包含和保存在把我当作单个的人来对待的他物（这里就是国家）的利益和目的中”。❸依黑格尔之见，爱国心的秘密在于公民认识到：“他们知道国家是他们自己的实体，因为国家维护他们的特殊领域——它们的合法性、威信和福利。”❹

黑格尔在一段立马使人想到卢梭的论述中说道：“国家是伦

---

❶ 《法哲学》，§ 268，“补充”。［中译者按］中译参见黑格尔，《法哲学原理》，页267－268。

❷ 同上，§ 265，“补充”。［中译者按］中译参见黑格尔，《法哲学原理》，页266。

❸ 同上，§ 268。［中译者按］中译参见黑格尔，《法哲学原理》，页267。

❹ 同上，§ 289。［中译者按］中译参见黑格尔，《法哲学原理》，页309。见“附释”。

理性的东西，是实体性的东西和特殊的东西的相互渗透，因此，在国家中，我对实体性的东西所负的义务同时是我的特殊自由的定在”。❶黑格尔还说，在普遍意志与特殊意志的这种同一中，“义务和权利合而为一”，因为一个人“负有多少义务，就享有多少权利；他享有多少权利，也就负有多少义务。”❷

因此，国家建立在理性自由的基础上，它的组织方式是，使每个人在与其他人的结合中实现他的自由。而在市民社会中，一个人只能通过罔顾其他人的目的才能实现他自己的目的。因此，纯粹个人主义的自由概念必须被伦理秩序所取代：前者认为个人的任意选择不受任何限制，而后者则使我的自由依赖于其他人的自由。国家“既是普遍的又是客观的自由”。❸然而，国家的理念不是给予的，而是历史发展的结果；因此只有在现代，主观性、自由的因素才出现在国家中；这种因素在古代城邦是没有的：“在古代国家，伦理还没有成长为独立发展和客观性这样一种自由体系，［180］这个缺陷就必须由个人特有的天才来弥补。”❹

因此，我们达到了以主观性原则为基础的现代国家。在《历史哲学》讲座中，黑格尔指出主观性原则如何通过基督教的各个阶段，然后通过宗教改革与法国革命等逐步发展形成。❺在古代城邦，主观性从属于无中介的政治普遍性；在封建社会，特殊意志把普遍的东西、国家统属于自己之下；只有现代国家才成功把这两个环节综合在它的有差别的结构中：

---

❶ 《法哲学》，§ 261。［中译者按］中译参见黑格尔，《法哲学原理》，页261－262。

❷ 同上，§ 155。［中译者按］中译参见黑格尔，《法哲学原理》，页172－173。

❸ 同上，§ 33。［中译者按］中译参见黑格尔，《法哲学原理》，页41。

❹ 同上，§ 150。［中译者按］中译参见黑格尔，《法哲学原理》，页169。参考第261节“补充”：“在古代国家，主观目的同国家的意志是完全一致的。在现代则相反，我们要求自己的观点，自己的意志和良心。”［中译者按］中译参见同前，页263。

❺ 《历史哲学》，页413－437、页438－457。

> 现代国家的原则具有这样一种惊人的力量和深度，即它使主观性的原则完美起来，成为独立的个人特殊性的极端，而同时又使它回复到实体性的统一，于是在主观性的原则本身中保存着这个统一……
>
> 现代国家的本质在于，普遍物是同特殊性的完全自由和私人福利相结合的……普遍物必须予以促进，但是另一方面主观性也必须得到充分而活泼的发展。只有在这两个环节都保持着它们的力量时，国家才能被看作一个肢体健全的和真正有组织的国家。❶

自另一视角观之，这意味着，在现代社会，人的政治关系成为主导关系，“现代国家的原则，就是个人所做的一切都要由自己的意志来决定”。❷这种表现在政治制度中的意志自律意味着生活的政治化。并不是非政治领域不再存在了；相反，我们已看到黑格尔如何坚持自治的、自愿的组织存在的必要性，以及人类生活的非政治领域——家庭、市民社会，在这种语境下还有教会——如何过一种与国家分离、独立于国家的生活。然而，这种情况是一个政治决定，因此黑格尔所主张的多元主义［181］不应当使人忘记这一事实，即多元主义与政治的显著的至上性共存。很多评论者正是错误地认为这种政治至上性暴露了黑格尔政治哲学中的威权主义因素。虽然这种解释是错误的，但这并不意味着黑格尔的立场是古典自由主义的。古典自由主义一直在不同程度上对国家表示怀疑，认为国家结构至多只是对定位于国家之外的个人自由的保障，而黑格尔的国家观则赋予国家以积极的角

---

❶ 《法哲学》，§ 260 及“补充”。［中译者按］中译参见黑格尔，《法哲学原理》，页 260 – 261。“补充”还说道：“在不成熟的国家里，国家的概念还被蒙蔽着，而且它的特殊规定还没有达到自由的独立性。”［中译者按］中译参见同前，页 261。

❷ 同上，§ 299“补充”。［中译者按］中译参见黑格尔，《法哲学原理》，页 318。

色，即国家本身是人的自我意识的体现。

然而，这也反映了黑格尔对国家所作的潜在批判。国家体现了人与他人的最高关系，然而国家的这种功能是有条件的，而不是绝对的。为了有资格担任这种角色，国家必须反映个人的自我意识。因此，不是每个国家都有资格具有黑格尔赋予国家理念的那些属性。而且，正是国家制度的组织方式决定了个人的自我意识能否在一个国家中得到充分的表达：

> 国家是绝对自在自为的理性东西，因为它是实体性意志的现实，它在被提升到普遍性的特殊自我意识中具有这种现实性。这个实体性的统一是绝对的不受推动的自身目的，在这个自身目的中自由达到它的最高权利，正如这个最终目的对单个人具有最高的权利一样，成为国家成员是单个人的最高义务。❶

然而，对法律的外在服从只是一个空洞的仪式，因为它缺少意识的环节。❷当黑格尔在《法哲学》序言中说，国家是“在自我意识的要素中实现了的理性”时，❸这意味着，黑格尔并不是把制度看作是外在的强制机关，而是人的自我意识的扩展：

> 国家是具体自由的现实；但具体自由在于，个人的单一性及其特殊利益不但获得它们的完全发展，以及它们的权利获得明白承认（如在家庭和市民社会的领域中那样），而且一方面通过自身过渡到普遍物的利益，他方面它们认识和希求普遍物……其结果，普遍物既不能没有特殊利益、知识和意志而发生效力并底于完成，人也不仅作为私人和为了本身

❶ 《法哲学》，§ 258。［中译者按］中译参见黑格尔，《法哲学原理》，页 253。
❷ 同上，§ 150“补充”。
❸ 同上，页 4。［中译者按］中译参见黑格尔，《法哲学原理》，“序言”，页 4。

> 目的而生活，[182] 因为人没有不同时对普遍物和为普遍物而希求，没有不自觉地为达成这一普遍物的目的而活动。❶

虽然如此，但黑格尔认识到，从个人纯粹私人利益观点出发，国家可能有时表现为一种外在的必然性。❷而且事实上，我们已经在《实在哲学》中遇到过类似的观念。但是就人需要其他人承认他的人格而言，国家超越了这种外在表象，而是内在于个人的自我意识中。这同样适用于义务概念，黑格尔认为义务仅仅是一种纯粹外在意义上的限制。他在不同的制度语境下回应了康德的主题，认为只有通过克服抽象并在一种关系中具体化，人的自由才能自我表现出来：

> 具有拘束力的义务，只是对没有规定性的主观性或抽象的自由、和对自然意志的冲动或道德意志（它任意规定没有规定性的善）的冲动，才是一种限制。但是在义务中个人毋宁说是获得了解放。一方面，他既摆脱了对赤裸裸的自然冲动的依附状态，在关于应做什么、可做什么这种道德反思中，又摆脱了他作为主观特殊性所陷入的困境；另一方面，他摆脱了没有规定性的主观性，这种主观性没有达到定在，也没有达到行为的客观规定性，而仍停留在自己内部，并缺乏现实性。在义务中，个人得到解放而达到了实体性的自由。❸

---

❶ 《法哲学》，§ 260。[中译者按] 中译参见黑格尔，《法哲学原理》，页 260。

❷ 同上，§ 261。

❸ 同上，§ 149。[中译者按] 中译参见黑格尔，《法哲学原理》，页 167－168。参考第 155 节“补充”：“奴隶不可能有义务，只有自由人才有义务。”[中译者按] 中译参见同前，页 173。

当黑格尔用现实性（*Wirklichkeit*）和定在（*Dasein*）的区分表明缺少特殊与普遍的统一的国家——即“坏”国家——仅属于定在的领域，因而缺乏合理性的特征时，这里再次出现了一种批判性的因素：

> 国家是现实的，它的现实性在于，整体的利益是在特殊目的中成为实在的。现实性始终是普遍性与特殊性的统一……如果这种统一不存在，那种东西就不是现实的，即使它达到实存也好。一个坏的国家是一个仅仅实存着的国家，一个病躯也是实存着的东西，但它没有真实的实在性……❶

这也说明了黑格尔攻击复辟时期的三大理论支柱——萨维尼（Savigny）、缪勒（Müller）与哈勒——的根据。黑格尔在他们的理论中察见到一种最终把国家建立在习惯权利（prescription）和权力、建立在非批判地［183］接受实然的“实证”存在之上的政治哲学。黑格尔在一个长脚注中抨击哈勒的《国家学的复兴》，把哈勒的传统主义描述为“抛弃思想”、充斥着一种“对一切法律和立法的仇恨”。他接着说：“对法律和依法律程序制定的法的仇恨是一个口号，这个口号表现出疯狂、低能和善良意愿的伪善，并使人们丝毫不爽地认识到这些东西的本来面貌，不论它们披上什么外衣。”❷

哈勒对法典编纂的合理性的反对根本上意味着：强权即公理，动物王国乃政治社会的典范。依哈勒之见，“这就是上帝永

❶ 《法哲学》，§ 270，“补充”。［中译者按］中译参见黑格尔，《法哲学原理》，页280。注意，阿维纳瑞没有区分“Dasein［定在］”和“Existenz［实存］”。

❷ 同上，§ 258。［中译者按］中译参见黑格尔，《法哲学原理》，页256。参考§ 219：“把实施审判制度看作国王和政府方面所做的一件单纯善意和仁慈的事，如封·哈勒先生所说的，那就是思虑不周，没有觉察到关于法律和国家问题所应注意的是：它们的制度一般是合乎理性的，而且是绝对必要的。”［中译者按］中译参见同前，页229－30。

恒不变的定则：有更大权力的人进行统治，必须统治，而且将永远统治……［对哈勒来说］它不是指正义的和伦理性的东西的权力，而是指偶然的自然暴力。”❶黑格尔承认，历史上的国家确实可能是强权造成的，但“至于它们产生和建立的形式，则不是在考察它们的合理根据时所应研究的。”❷在黑格尔看来，哈勒的根本错误是：不加分别地将过去发生的一切看成是未来的全部合法性；不存在发展的标准，任何东西都不能被克服、被改变或被提升到一种更高的层次。人类历史的最原始的阶段表现为当今人们行为的合法性标准。

正是在与哈勒进行争论的背景下，黑格尔对卢梭作了有趣的评论。因为黑格尔自己承认，现代国家建立在意志之上，所以他给予卢梭应得的赞赏：

> 卢梭在探求这一概念中作出了他的贡献，他所提出的国家的原则，不仅在形式上（好比合群本能、神的权威），而且在内容上也是思想，而且是思维本身，这就是说，他提出意志作为国家的原则。❸

［184］然而，黑格尔对卢梭的赞赏带有保留：他认为卢梭的主要局限在于未对纯粹个人主义的意志进行任何约束。黑格尔这里似乎忽略了卢梭区分公意（*la volonté générale*）和众意（*la volonté des tous*）的意义。很明显，黑格尔把卢梭的“公意”看作个人意志的纯粹集合，而且忽略了下列事实，即公意代表了一

---

❶ 《法哲学》，§ 258。［中译者按］中译参见黑格尔，《法哲学原理》，页257。参考 Wilhelm Metzger，《德国观念论伦理学中的社会、法与国家》（*Gesellschaft*，*Recht und Staat in der Ethik des deutschen Idealismus*，Aalen，1966），新版，尤其是页251－278；Carl Schmitt，《政治的浪漫派》（*Politische Romantik*，Münch and Berlin，1925）。黑格尔对哈勒的进一步评论，参见《柏林著作集》，页678－684。

❷ 《法哲学》，§ 219。［中译者按］中译参见黑格尔，《法哲学原理》，页230。

❸ 同上，§ 258。［中译者按］中译参见黑格尔，《法哲学原理》，页254。

种更高的、以共同体为取向的意识，它超越了以单纯个人目标为取向的“低级”意志。即便如此，黑格尔对卢梭的批判至少指示了他用以构想个人意志在国家中的地位的辩证方式。对他来说，个人意志是国家的基础，但它必须在个体不仅希求他们自己的特殊的利益，而且还希求其他所有人的利益（即共同福利）的层次上得到扬弃（*aufgehoben*）——既超越又保留。❶

黑格尔认为，在法国革命的极端主义倾向中表现出来的根本错误，正是这种纯粹个人主义取向的意志。人们能够脱离历史现实，并根据一种人类集合体的单纯意志来构建一种政治秩序，这种观念导致了作为这种乌托邦梦想的最终结局的混乱与恐怖：

> 因此之故，这些抽象推论一旦得时得势，就发生了人类有史以来第一次不可思议的惊人场面：在一个现实的大国中，随着一切存在的现成的东西被推翻之后，人们根据抽象思想，从头开始建立国家制度，并希求仅仅给它以想象的理性东西为其基础。又因为这都是缺乏理念的一些抽象的东西，所以它们把这一场尝试终于搞成最可怕和最残酷的事变。❷

同样，我们还需注意黑格尔所作的勿以国家为一种根源于意志的契约的警告：“人生来就已是国家的公民……生活于国家中，乃为人的理性所规定。”❸人是一种政治的动物［*zoön politikon*］，切断他与政治的联系，就是灭杀他的人性。

正是在这个意义上，黑格尔认为自己的国家观念（尤其§258 的表述）既超越了革命的政治哲学，也超越了复辟的政治哲学。

---

❶ 《法哲学》，§ 258。［中译者按］中译参见黑格尔，《法哲学原理》，页 254。

❷ 同上。［中译者按］中译参见黑格尔，《法哲学原理》，页 255。

❸ 同上，§ 75，“补充”。［中译者按］中译参见黑格尔，《法哲学原理》，页 83。

立宪制与君主制

[185] 黑格尔对国家的宪制结构的讨论集中于君主制理念，他的君主制概念有很多独特之处，值得详细讨论。

黑格尔心目中的君主制类型，是从专制主义与威权主义传统转向君主立宪制的有限形式："国家成长为君主立宪制乃是现代的成就。"❶然而，这种体制不能先天地强加于任何既有的社会；相反，它是制度和习俗（mores）等整个下层建筑的结果。如果想把君主立宪制强加到一个尚未成熟到足以建立这种制度的社会，那就注定会失败。黑格尔提到，拿破仑给予西班牙人一种比他们早先的制度要合理得多的国家制度，但是"它毕竟显得对他们格格不入……这是因为他们还没有被教化到这样高的水平。"❷在同一段话中，黑格尔说："每一个民族的国家制度总是取决于该民族的自我意识的性质和形成……一个民族的国家制度必须体现这一民族对自己权利和地位的感情，否则国家制度只能在外部存在，而没有任何意义和价值。"

这种观点受到孟德斯鸠的强烈影响，它表明社会的全面变化的可能性与必然性构成了政治发展的前提条件。黑格尔以英国与德国的宪制史为例。他以这种观点展示了他对历史变化的本质的辩证理解。而他的表述也表明，他反对暴力变革——在他看来，暴力变革缺少这种辩证维度："一种状态的不断发展从外表看来是一种平静的觉察不到的运动。久而久之国家制度

---

❶ 《法哲学》，§ 273。[中译者按] 中译参见黑格尔，《法哲学原理》，页 287。

❷ 同上，§ 274"补充"。[中译者按] 中译参见黑格尔，《法哲学原理》，页 291。同时参见："每一个民族都有适合于它本身而属于它的国家制度。"

就变得面目全非了。”❶

黑格尔把君主立宪制作为他的现代国家的典范，这就产生了分权的问题。果然不出预料，黑格尔这里的观点不同于分权理论的所有正统解释。虽然［186］他称赞权力划分的原则为“公共自由的保障”，❷但他反对任何想要通过赋予每一政治制度一种分离且专属的职能而实现分权的体制。黑格尔斥之为堪称“知性”、而不能称之为理性的抽象。黑格尔要找的是一种每一权力均以某种方式把其他所有权力包含于自身之中的体制。这种有机的互相依赖将会保证相互限制的功能不会消除［国家所具有的］整合功能：

> 国家的各种权力固然必须加以区分，但是每一种权力本身必须各自构成一个整体，并包含其他环节于其自身之中。当人们谈到这些权力各不相同的活动时，切忌陷于重大错误，以为每一种权力似乎应该抽象而自为地存在的。❸

在某种程度上，这或许并非完全不同于美国最终的宪制实践。在美国，总统分享立法权，而参议院也通过同意或者反对任命，通过其强大的委员会，而得以分享行政权。黑格尔很想明确区分立法功能与司法功能——甚至他对习惯法、不成文法的反对就基于这个原则，因为在习惯法体系下法官实际上就是立法者，黑格尔相信这是有害的、不能接受的。❹

黑格尔对权力的划分与孟德斯鸠提出的三种权力的习惯划分

❶ 《法哲学》，§ 298，“补充”。［中译者按］中译参见黑格尔，《法哲学原理》，页 316。

❷ 同上，§ 272。

❸ 同上，§ 272，“补充”。［中译者按］中译参见黑格尔，《法哲学原理》，页 286。黑格尔在《伦理体系》中也持同样的观点，载《政法著作集》，页 489－490。

❹ 《法哲学》，§ 211。

稍有不同，正是在这里，黑格尔分配给君主的特殊角色变得非常明显。黑格尔划分的权力是：

> （一）立法权，即规定和确立普遍物的权力；
>
> （二）行政权，即使各个特殊领域和个别事件从属于普遍物的权力；
>
> （三）王权，即作为意志最后决断的主观性的权力，它把被区分出来的各种权力集中于统一的个人，因而它就是整体即君主立宪制的顶峰和起点。❶

因此，君主制构成了黑格尔的政治结构的根本，但是他思考君主制的方式是独一无二的，迥异于［187］复辟时期政治理论家们中间盛行的观点。他们认为，君主制植根于正统性（legitimacy）与神圣权利的原则。在批判哈勒时，黑格尔也简要批判了神圣权利。另一方面，黑格尔认为，孟德斯鸠关于君主制的观点沉浸在封建传统中，“在这种制度中，内部国家法的关系被固定下来成为……私有财产的权利。”❷对黑格尔来说，君主制整合了国家制度的诸环节，而且说明了现代国家赖以建立的自我规定的因素：

> 王权本身包含着整体的所有三个环节：国家制度和法律的普遍性，作为特殊对普遍的关系的咨议，作为自我规定的最后决断的环节，这种自我规定是其余一切东西的归宿，也是其余一切东西的现实性的开端。❸

---

❶ 《法哲学》，§ 273。［中译者按］中译参见黑格尔，《法哲学原理》，页286－287。与此类似，立法权不仅处理立法本身，还关注“国内事务”（§ 298）。

❷ 同上，§ 273。［中译者按］中译参见黑格尔，《法哲学原理》，页290。译文有改动。关于黑格尔对神圣权利理论家们的批判，参见§ 281，“补充”。

❸ 同上，§ 275。［中译者按］中译参见黑格尔，《法哲学原理》，页292。

这是一种不同寻常且极富原创性的看待君主制的方式。依黑格尔之见，因为现代国家建立在主观性、自我规定的基础上，所以在客观的国家制度中，就必须要有这种主观性的表达：

> 主观性只是作为主体才真正存在，人格只是作为人才存在……因此，整体的这一绝对决定性的环节就不是一般的个体性，而是一个个人，即君主……
>
> 它作为至上者扬弃了简单自我的一切特殊性，制止了各执己见相持不下的争论，而以“我要这样”来做结束，使一切行动和现实都从此开始。❶

这里存在黑格尔君主制理论的矛盾。一方面黑格尔保持了君主制的传统形式，另一方面通过使王权成为自我规定的象征，又剥夺了君主本人的所有实际权力。黑格尔似乎认为，打击旧的专制主义的君主制观念与复辟时期正统理论的唯一有效方式就是保存君主制形式，使之成为主观性与自我规定的现代政治观念的象征。无疑，这与我们先前提到过的黑格尔有关政治变化的观点相一致。黑格尔认为，政治变化是“觉察不到的”。

黑格尔在这里打了一个著名的比方——将君主的职能比作签上“I”：

> ［188］在一个组织完善的国家中，问题仅在于作形式上决断的顶峰……君主只用说一声“是”，而在I上御笔一点。其实，顶峰应该是这样的，即他品质的特殊性格不是有意义的东西……在一个有良好组织的君主制国家中，惟有法律才是客观的方面，而君主只是把主观的东西“我要这样”

❶《法哲学》，§ 279。［中译者按］中译参见黑格尔，《法哲学原理》，页296。

加到法律上去。❶

因此，国王既是根本的，没有他，便签署不了“I”；但他最终也是无足轻重的。因此，在保证王位继承上，长子继承制与任何其他制度一样好。如果要求君主具有某些理性能力，那么长子继承制就是一种任意的制度了；然而只要在这个人是谁上面达成了一致，并且世袭原则保证连续性与接受，那么任何人都能说“我要这样”。我们会觉得，在黑格尔写下以下这些话时，他不过是随口说说而已：

> 比较困难的是把这个“我要这样”作为人来领会。这不等于说君主可以为所欲为，**毋宁说他是受咨议的具体内容的束缚的。当国家制度巩固的时候，他除了签署之外，更没有别的事可做**。可是这个签署是重要的，这是不可逾越的顶峰……
>
> 这个“我要这样”构成古代世界和现代世界之间的巨大差别，所以它必须在国家这一大建筑物中具有它独特的实存。❷

因此，国王仅仅是国家统一的一个象征。大臣与官员要能为他们的行为负责，而君主则否。❸大臣与官员的任命以他们的能力为基础；但每一个人都能当国王，事情本当如此。国王应当处于社会各种对立力量的冲突之上。在黑格尔表述这种君主制理论

---

❶ 《法哲学》，§ 280，“补充”。[中译者按] 中译参见黑格尔，《法哲学原理》，页 302。“I”为德文“Ich [我]”的首字母。

❷ 同上，§ 279，“补充”（强调为引者所加）。[中译者按] 中译参见黑格尔，《法哲学原理》，页 300。黑格尔之前曾说神谕履行了同样的绝对主观性的功能。当黑格尔的同时代人拿它同缪勒和哈勒对君主制原则的高贵主张进行比较时，即可见到这种说法的讽刺性。

❸ 同上，§ 284。

时，这种君主制远未在欧洲任何国家实现。它肯定不是普鲁士君主制的典范，只是后来，在19世纪，它才得到缓慢的发展：

> 这种统一包含着国家的真正的统一，而国家的真正的统一只有靠自己这种内在的和外在的直接性才不至降入特殊性的领域，降入特殊性的任性、目的、观点的领域，才能避免御座周围的派系倾轧和国家权力的削弱与破坏。❶

[189] 依黑格尔之见，君主制的这种高尚性与中立性也将解决古典民主制与古典君主主义之间的传统对立。黑格尔认为："现代世界是以主观性的自由为其原则的"；古典民主制与古典君主制是同样片面的。因此，他接着说，"君主制与民主制相比，哪一种形式好些？我们只应该这样说，一切国家制度的形式，如其不能在自身中容忍自由主观性的原则，也不知道去适应成长着的理性，都是片面的。"❷

在黑格尔看来，通过把国家——而非国家的某一制度或某一部分——设定为主权的承载者，那么人民主权与君主主权之间的类似争论就能得到同样的解决。❸

在黑格尔的所有政治著作中，正是在《法哲学》中，君主制的作用才是最小的。在拿破仑统治时期，与普鲁士君主相比，黑格尔赋予拿破仑的核心作用要大得多。黑格尔在称道君主的象征作用时，反对赋予君主制实际权力的努力，也反对将君主制的地位建立在正统主义论证的基础上：在政治斗争中，铁腕君主自

---

❶ 《法哲学》，§ 281。[中译者按] 中译参见黑格尔，《法哲学原理》，页303。黑格尔还说："君主在体力方面或智慧方面并不见得有什么超人之处。"[中译者按] 中译参见同前，页305。

❷ 同上，§ 273，"补充"。[中译者按] 中译参见黑格尔，《法哲学原理》，页291。

❸ 同上，§ § 278 – 279。

成一党。在施泰因与哈登堡领导下的普鲁士改革时期，本可希望君主制朝这个方向发展；但在1830年代以及在弗里德里希·威廉四世的支持下，正统主义、基督教主义与浪漫主义的君主制观念的复苏导致黑格尔君主制理论遭拒。正当黑格尔去世不久，德国就出版了无数攻击黑格尔国家与君主制理论的小册子，说黑格尔的理论与普鲁士国家和霍亨索伦王朝的原则不符。[1]正像在很多其他情况下一样，黑格尔的同时代人只知道黑格尔政治理论的批判性内容。

法　　治

［190］虽然黑格尔《法哲学》一书包括了客观精神的整个领域，而不仅仅是狭义的法律领域，但严格意义上的法律当然是黑格尔的制度生活与公共生活理论的核心。从《德国宪制》开始，黑格尔即已直言不讳地指出：需要区分私法与公法的领域。他对旧帝国法学家、符腾堡传统主义者和哈勒的批判一直都是他们没有做出这种必要的区分，因此国家在他们那里下降到私人利益的地步，与此同时，*res publica*［公共利益］随即荡然无存。

在《法哲学》的靠前部分，黑格尔就说，法是自由的领域。[2]法律结构的不断理性化是历史进步的标准之一。[3]法典编纂就是把过去时代的法律遗产体系化与合理化，它受到欢迎，实施

---

❶ 其中最有影响的是K. E. Schubart的《论黑格尔的国家理论与普鲁士国家最高的生活和发展原则之间的矛盾》（*Über die Unvereinbarkeit der Hegelschen Staatslehre mit dem obersten Lebens - und Entwicklungsprinzip des preussischen Staats*, Breslau，1839）。关于正统主义反对黑格尔的全部文献，参见我的“重思黑格尔”（Hegel Revisited），载于*Journal of Contemporary History*，Ⅲ（1968），页133－147。

❷ 《法哲学》，§ 4。

❸ 同上，§ 216。

这项全面法典编纂的统治者“大大地造福人群”。❶

而且，依黑格尔之见，专制主义与良好秩序国家之间的区别在于，是否存在能够约束政府的确定的、众所周知的规则。黑格尔既反对君主专制主义，也反对多数民主制。这两种反对的共同之处是，在这两种制度下，法律作为调整行为的客观制度消失不见了；多数人可以像一个暴君一样专横：

> 专制就是无法无天，在这里，特殊的意志（不论是君主的意志或人民的意志——Ochlokratie）本身就具有法律的效力，或者更确切些说，它本身就代替了法律；相反地，主权却正是在立宪的情况下，即在法制的统治下，构成特殊的领域和职能的理想性环节。❷

在《法哲学》§§221－228，法治的一般原则得到了详细阐述，而且在这里，法院成为保管个人权利的所在。作为市民社会的一员，个人享有这些权利，而且司法有责任保护它们。每一个人［191］都有权 *in judicio stare*［亲自出庭］，而且“在法院中，法所获得的性格就是它必须是可以证明的。”❸

法律必须颁布且公开；因此，与形式化的法典编纂不同，判例法可能有损法律的公开性：

> 从自我意识的权利方面说，法律必须普遍地为人知晓，然后它才有拘束力。
>
> 像暴君狄奥尼希阿斯那样的做法，把法律挂得老高，结

❶ 《法哲学》，§ 215。黑格尔多次把优士丁尼（Justinian）、腓特烈大帝（Frederick the Great）与拿破仑作为这类统治者的例子。

❷ 同上，§ 278。［中译者按］中译参见黑格尔，《法哲学原理》，页295。同时参考第286节。

❸ 同上，§ 222。［中译者按］中译参见黑格尔，《法哲学原理》，页231。

> 果没有一个公民能读到它们，或者把法律埋葬在洋洋大观和精深渊博的册籍中，在载有相反判决和不同意见的判例汇编中，以及在习惯辑录中，等等，再加所用的文字诘屈难懂，结果只有那些致力于这门学问的人才能获得对现行法的知识。❶

法律程序公开是法律普遍性的自然结果。在一个欧洲大陆的政府慢慢滑回不公开法律程序的年代，黑格尔的警告不仅是对程序公开的理论论证，也包含了一种强烈的政治讯息：

> 法律应予公布是属于主观意识的权利……因为这种历程是自在地在历史上普遍有效的，又因为个别事件就其特殊内容来说诚然只涉及当事人的利益，但其普遍内容即其中的法和它的裁判是与一切人有利害关系的。
>
> 根据正直的常识可以看出，审判公开是正当的、正确的……公民对于法的信任应属于法的一部分，正是这一方面才要求审判必须公开。❷

在另一问题上，黑格尔承认，对于允许国家立法的事务的准确范围，很难设定一般性规则。在战争时期，政府可能必须对那些在平时不属于立法范围的事务进行立法。黑格尔也认识到，这种必要性往往导致公众对政府的“极度厌恶”。❸但黑格尔认为，在这些紧急事件之外，立法不应当干涉主观信仰与个人偏好；不

---

❶ 《法哲学》，§ 215。［中译者按］中译参见黑格尔，《法哲学原理》，页224。

❷ 同上，§ 224及“补充”。［中译者按］中译参见黑格尔，《法哲学原理》，页232。引文开始处的“法律公开”，英文原文为“the publicity of judicial proceedings［司法程序的公开］”，这也可能是作者在前一段论及法律程序公开的原因。但据黑格尔德文原文，此处中译无误，故仍从之。德文原文见G. W. F. Hegel，*Grundlinien der Philosophie des Rechts*（Hamburg，1955），J. Hoffmeister出版，页191。

❸ 同上，§ 234，“补充”。

应当对私域和个人道德进行立法：

> 道德的方面和道德戒律涉及意志所最特有的主观性和特殊性，因之，不可能成为实定立法的对象……
>
> 在古代立法中，同样可以找到许多关于［192］忠实和诚实的规定，但这些都与法律本性不相适合，因为它们完全属于内心生活。❶

通过复杂且时而深奥的论证，黑格尔得出如下结论，即作为自我意识的表达，法律的本性要求陪审团审判——这也远非普鲁士或一般欧洲大陆国家的通行做法。黑格尔认为，在判决中往往有两个方面：事实问题和法律问题。后者要求法官的裁断，但就事实问题而言，“没有任何理由可以认为事实构成只能单独由专职法官来认定，因为这是每一个受过普通教育的人都能做的事，而不只是受过法律教育的人才能做的。”❷因此，就像在英国法中一样，事实问题应由陪审团来决定。

对于陪审团审判，黑格尔在这种常识的论证之外，还加上了更为思辨的自我意识的论证：同类人的判决就是犯罪者自己对自己的判决，这种判决是以与被告本人处于同等意识水平的人们的自由意识为中介的。❸

黑格尔一直不信任法律人，这也为他论证陪审团审判提供了论据。陪审团审判有助于防止职业法律人垄断法律审判，这些法律人明显喜欢尽量使法律审判高深莫测和玄玄乎乎。如果法律职

---

❶ 《法哲学》，§ 213。［中译者按］中译参见黑格尔，《法哲学原理》，页222。黑格尔还说，在像“婚姻、爱、宗教”等事务中，国家只应调整那些“自在地具有外在性”的方面。

❷ 同上，§ 227，“补充”。［中译者按］中译参见黑格尔，《法哲学原理》，页235。

❸ 同上，§ 228。

业人士垄断了法律，那么“市民社会的成员……都被排斥于法律的门外”，而且公民被禁止参与法律审判。而只有通过这种参与，法律规范才能内化于公众之中。[1]

随着法律不断的理性化，黑格尔发现，刑法典的严厉性也逐渐降低：“已经成为具有自信的社会权力，减少了损害的外部重要性，并使刑罚大为减轻。”[2]严酷的刑法典是社会内部［193］不稳定的标志。黑格尔认为，像其他任何制度一样，刑法典是“是属于它那个时代和那个时代的市民社会情况的”。这种使运用刑罚手段的必要性逐渐降低到最低程度［的看法］最终反映了黑格尔国家理论的基础——即建立在自我意识和公民乐于彼此合作的基础之上的现代国家要求强制越来越少。强制是各种结构不发达、无差别的标志。自我意识发达后，强制即属多余。

---

[1] 《法哲学》，§ 228；同时参见第215节“补充”：“对法律具有特殊知识的法学家等级，往往主张这种知识是它的独占品，不是这一行的人就不该插嘴谈论……但是，每个人毋须都成为鞋匠才知道鞋子对他是否合穿，同样，他也毋须是个行家才能认识有关普遍利益的问题。”［中译者按］中译参见黑格尔，《法哲学原理》，页224。

[2] 同上，§ 218。［中译者按］中译参见黑格尔，《法哲学原理》，页228。

第10章　战　　争

[194] 黑格尔的战争理论使很多评论者认为，他的政治理论与法西斯主义、极权主义的战争和国家思想之间存在一种联系。❶毫无疑问，在战争这一主题上，黑格尔所言非同寻常，有时甚至令人咋舌。我们也很容易看到，如果他的离经叛道的观点脱离了他的一般政治哲学语境，会遭到怎样的误解。

黑格尔对源自自然法理论❷的传统战争思想进行批判的方式是最让人不安的。除非战争出于可以宣布为“正义”的原因，否则无论是教会自然法理论，还是世俗自然法理论，都倾向于把战争看作是对和平

❶ 参见 Popper，《开放社会》（*The Open Society*），页259；Hermann Heller，《黑格尔与德国的民族实力国家思想》（*Hegel und der nationale Machtstaatsgedanke in Deutschland*，Leipzig and Berlin，1921），页118；W. M. McGovern，《从路德到希特勒》（*From Luther to Hitler*，New York，1940）；D. A. Routh，“国际关系哲学”（The philosophy of international Relations），载于 *Politica*（September，1938），页223－35。

❷ ［中译者按］原文为“Natural Law Theories”，一概译为“自然法理论”。

与和谐规范的背离。因为，自然法理论公开宣称，要在个人之间以及国家之间实现和谐合作的体系，所以，［像黑格尔的这样］一股带有否定性的价值判断的强大暗流就必然会被认为有害于这一目的。因此，战争，或一般意义上的冲突，往往意味着过与非。

这就导致自然法理论用某种摩尼教的方式去解释战争的起源和原因。神学自然法理论往往将战争归结为上帝的神妙莫测，或者是人的堕落，或是二者兼而有之；世俗自然法理论没有这种便利的遁辞，因此不得不归结为“是”与“应当”之间的鸿沟。当然，这种二元对立的传统也能在康德那里强烈地感受到。

黑格尔的理论试图通过精神在现象世界的实现来对人的世界进行充分解释。他的这种全面的理论努力使他寻求［195］对于历史上的战争现象做出超越单纯道德谴责的解释。如果至今为止战争一直都是人类历史的永恒特征，那么它在人类发展中的工具性作用就不能被否定。既然历史上如此多的事情都源于战争与纷争，而不是和谐与合作，那么，一方面认为这种工具毫无价值，另一方面却又喜欢它带来的结果，这种理论的理论根据是非常贫乏的，而且它的伦理根据也是虚伪的，如果不是完全不道德的话。这种理论不能为人们提供充分的评判战争本身的伦理标准。

对于这种困境，黑格尔首先质疑某些关于战争与兵役之合法性的传统理论。传统理论基于一般的道德原则谴责战争，但最终却论证了某种兵役的合法性。因此，有意掩藏起来的问题就是，政治权威如何可能一方面命令公民在战争时期去从军，从而使之面临伤亡的严重危险，而同时又把政治权威的合法性建立在保护个人安全和谴责暴力的前提下。在讨论黑格尔关于市民社会与国家的区分时，我们已大略看到，传统思想克服这种困境的方式是宣称，个人之所以暴露在战火之下，是为了保护家庭和财产。但在黑格尔看来，这毫无意义。这种看法从个人的自身利益出发（亦即从市民社会出发）看待国家和兵役，而真正的“市民社会”观点则是要求个人逃避军事服务，带着家人与财产到安全的地方去避难。黑格尔刻薄地反驳这种传统思想：

> 有一种很谬误的打算，在对个人提出这种牺牲的要求这一问题上，把国家只看成市民社会，把它的最终目的只看成个人生命财产的安全。其实，这种安全不可能通过牺牲应获得安全的东西而达到；情形刚刚相反。❶

黑格尔也提到，在历史上，当人们开始感到参加战争只是为了自己的财产，而不是为了国家，他们一点都不想为国家牺牲生命时，古代城邦的衰落就开始了。如果只要［196］保护财产，那么就有比赴死更划得来的方法。❷

如果战争的目的——以及合法性——不是保护生命与财产，那是什么呢？

对黑格尔来说，战争其实是对物质价值的超越——即人们能够超越自己狭隘的市民社会利益，为了共同事业而与其他公民联合：

> 战争是严肃对待尘世财产和事物的虚无性的一种状态——这种虚无性通常是虔诚传道的题目。因此，在战争这一环节中，特殊物的理想性获得了它的权利而变成了现实。战争还具有更崇高的意义，通过战争，正如我在别处表示过的，“各国民族的伦理健康就由于它们对各种有限规定的凝

❶ 《法哲学》，§ 32［4］。［中译者按］中译参见黑格尔，《法哲学原理》，页340。

❷ 《早期神学著作集》，页164－165：“城市的保持之所以对每个人重要只是为了保存他的财产和享受；如果他冒危险死于战争，那么他岂不是做了一件可笑的事情吗？因为手段（死亡）将会直接否定了目的——财产和享受。”［中译者按］中译参见黑格尔，《黑格尔早期神学著作》，页263。

> 固表示冷淡而得到保存，这好比风的吹动防止湖水腐臭一样；持续的平静会使湖水发生相反的结果，正如持续的甚或永久的和平会使民族堕落”。可是，这个只是哲学观念，或如人们所惯说的，是天意的辩护，而实际的战争还需要他种辩护。❶

这段话值得非常仔细地阅读：正如紧急状态——比如瘟疫——使一个家庭团结起来，战争状态则使人们能超越以自我为中心的利益。由此得出的，不是对瘟疫或战争的任何美化。依黑格尔之见，战争所造成的财产上的不安全是“必然的”，因为这种不安全存在于财产作为外部之物的本性当中，它与主体的联系是微弱的。同样地，这种不安全最终被所有人接受；问题是，当世俗财产的这种变化无常的证明“是以手持晃耀利刃的骠骑那种形态出现，而且真是要干起来的时候，预言一切这种情况而令人伤感的那种说教，就转而咒骂征服者”❷。

因此，战争最终证明，市民社会的价值仅仅是相对的。这使黑格尔得出下列激进的结论，[197] 即持久和平的危险之一是产生这种幻想：市民社会的力量是绝对的、至高无上的。在和平状态下，个人受到强大的压力，要把自身利益看作社会组织的 *ultima ratio* [最终理由]，并把它绝对化。我们已经注意到，黑格尔一再认为，虽然市民社会是人际关系发展中的一个重要环节，但它不应看作人类生活的终极目的。如果人们不认为有任何超越市民社会的东西可以约束自己，那么这样的状态就是社会瓦解的状态，也是傲慢自大的状态。因此，黑格尔在战争中看到了

❶ 《法哲学》，§ 324。[中译者按] 中译参见黑格尔，《法哲学原理》，页340－341。黑格尔文中所言的“别处”指的是他的自然法论文（*Gesammelte Werke*, IV，页450）。

❷ 《法哲学》，§ 324“补充”。[中译者按] 中译参见黑格尔，《法哲学原理》，页342。

使人们从自满地沉浸在狭隘且有限的自身利益的状态中摆脱出来的 momento mori［死亡时刻］：

> 在和平时期，市民生活不断扩展；一切领域闭关自守，久而久之，人们就堕落腐化了，他们的特异性也愈来愈固定和僵化了。但是健康需要躯体的统一，如果一切部分各自变成僵硬，那就是死亡。[1]

因此，战争往往隐含有一种含义，它超出了引发这次或那次战争的那些直接原因。必须在更广阔的语境下去理解战争现象学，像在其他地方一样，在这里，哲学必须"在现实的十字架中去认识作为蔷薇的理性"，甚至采取一种极易为人所误解的立场也在所不惜：

> 战争不应看成一种绝对罪恶和纯粹外在的偶然性，从而说它本身具有偶然的根据，不论其为当权者或民族的激情，不公正的事由，或任何其他不应有的事都好。本性是偶然的东西才会遭到其他偶然的东西，而这种命运正是必然性。一般说来，概念和哲学会使纯粹偶然性这种观点消失，而在表现为假象的偶然性中识别其本质，即必然性。有限的东西，如生命财产，被设定为偶然的东西，那是必然的，因为这就

---

[1] 《法哲学》，§ 324"补充"。［中译者按］中译参见黑格尔，《法哲学原理》，页341－342。不管康德在《永久和平论》中说了什么，他对战争也有类似的洞见："甚至于战争，如果它是借助于秩序和公民权利神圣不可侵犯而进行的，本身也就具有某种崇高性……与此相反，一个长期的和平通常都使单纯的商业精神、但也连带着使卑劣的自私自利、怯懦和软弱无能到处流行，并使民众的思想境界降低。"参见 Immanuel Kant，《判断力批判》（*Critique of Judgment*，New York，1959）J. H. Bernard 译，§ 28。［中译者按］中译参见康德，《判断力批判》，邓晓芒译，杨祖陶校，北京：人民出版社，2002年，页102。

是有限东西的概念。❶

这就是黑格尔战争观的总背景，而且它以各种确切形式与细微差异表现在他的各种著作中。战争试图克服这种个人［198］“扎根于定在，整体瓦解为原子”❷［的状态］。在《精神现象学》中，黑格尔甚至提出下列极端建议，即“为了不让［这些特殊目的］根深蒂固地这样孤立下去，不让它们因孤立而瓦解整体，涣散精神，政府不得不每隔一定时期利用战争来从内部震动它们”❸。虽然黑格尔后来没再提这种激进的建议，但当黑格尔在同一段说，政府通过使公民面对战争的场景，使他们“体会到他们的主人、死亡”，此时上述建议的真正本质就表现出来了。战争是否定性的力量，这是重要的，因为即使人们完全拒绝黑格尔的推理，也应该记住，发动战争的目的不是政治性的，不是为了国家或君主的扩张，而是为了使人脱离其存在的相对性。而且，这种战争中亦无荣耀可言。因为人们经常用黑格尔的上述言论来强调他的战争理论与法西斯主义战争理论之间的相似性，所以这种差别应当牢记在心，因为它表明，不管人们对于黑格尔的战争理论有多少保留，但它与那些现代极权主义对于战争所作的辩护和荣耀相仿佛的任何东西都是根本不同的。❹

因此，战争使公民们团结起来，摧毁了僵化的自身利益所筑的堡垒：

---

❶ 《法哲学》，§ 324。［中译者按］中译参见黑格尔，《法哲学原理》，页340。

❷ 《实在哲学Ⅱ》，页262。［中译者按］中译参考黑格尔，《全集》（历史考证版），卷8，页276。

❸ 《现象学》，页474（［中译者按］中译参见黑格尔，《精神现象学》，下卷，页13。文中“［这些特殊目的］”为阿维纳瑞所加，中译作“这些制度”，兹从英文原文）。讽刺的是，在耶拿战役中，黑格尔的房子严重损毁，而且在战火中，他几乎失去了《现象学》的唯一手稿。

❹ 《伦理体系》（《政法著作集》，页471）与《实在哲学Ⅱ》（页261）也提到这种内在否定性的因素。

> 在和平的情况下，特殊的领域和职能沿着完成自己的特殊事业的道路不断前进，一方面，仅仅是事物发展的不自觉的必然性就使这些领域和职能的自私行为反而促进它们自己的相互保存和整体的保存……
>
> 而在灾难的情况下（不管这种灾难是内部的还是外来的），主权的作用就在于把和平时期存在于自己的特殊性中的机体集中在主权的简单概念中；主权并有责任牺牲这个一般说来是合法的环节以拯救国家，于是国家主权的理想主义就达到了自己特有的现实性。❶

因为这一点，所以正是在战争中，国家的力量得到了检验。在《德国宪制》中，黑格尔说，与革命法国的战争最终证明，旧帝国不［199］再是一个国家，因为“一国之健全，一般说来与其说是表现在和平的静止状态，还不如说是表现在战争的运动状态。和平静止是种享受状态，是种孤立活动的状态……但在战争中却显示出所有的人同整体联合在一起的力量。”❷黑格尔的论点同样是，战争本身不过是疾病之于身体：只有当受到疾病攻击时，人们才能判断，这个身体是否健康。战争不是国家的健康本身——在战争中，国家的健康受到检验。

在战争状态中，对公民的牺牲要求本质上是对他与其他公民团结与否的检验。因此，关于战争中的勇敢，黑格尔的观点与主观英勇的浪漫观念相去甚远。对黑格尔来说，勇敢不是一种主观心理特征，而是与共同体同一的时刻：

---

❶ 《法哲学》，§ 278。［中译者按］中译参见黑格尔，《法哲学原理》，页295。

❷ 《政治著作集》，页143－144。［中译者按］中译参见黑格尔，《黑格尔政治著作选》，页20。人们可能对这种言论的含义感到不爽，但人们很难否认它作为事实陈述的有效性。马克思同样提到战争是“伟大的共同任务，伟大的公共劳动”；参见K. Marx，《政治经济学批判大纲》（*Grundrisse zur Kritik der politischen Ökonomie*，Berlin，1953），页378。

> 英勇诚然是各种各样的。动物和强盗的胆量，为荣誉的英勇和骑士式的英勇，都还不是英勇的真实形式。有教化民族的真实英勇在于准备为国牺牲，使个人成为只是多数人中的一个。在这里，重要的不是个人的胆量，而是在于被编入普遍物中。在印度，500 个人战胜了 20 000 个人，其实这 20 000个人不是都胆怯的，但是他们就没有这种情绪同别人结合，戮力一致。❶

黑格尔对实际战争状况不抱任何幻想，这能从《伦理体系》中的一段饶有趣味的话中看得到，他在那里注意到，战争引起了人的属性的极端双重性。他说，战争激起了人们心中最好的和最坏的激情。❷

然而黑格尔还在另一个层面上讨论了战争的内在性。而且正是在这里，他的思辨观点变成了对实际战争如何爆发的解释。也正是在这里，黑格尔扩展了他的国家就是一个个体的观点。个人通过与其他个人的关系，获得人格。同样地，在黑格尔看来，国家作为一个统一体、一个个体而存在的本质在于它与其他国家的关系："不同他人发生关系的个人不是一个现实的人，同样，[200] 不同其他国家发生关系的国家也不是一个现实的个体。"❸为了找到自己的身份（identity），国家的这种个性必须与其他的特性区别开来：

> 作为国家的民族，其实体性的合理性和直接的现实性就

❶ 《法哲学》，§ 327，"补充"。[中译者按] 中译参见黑格尔，《法哲学原理》，页 344。对于类似的非浪漫主义的军事勇敢观，参见《政法著作集》，页 470。

❷ 同上，页 470 - 471。

❸ 同上，§ 331。[中译者按] 中译参见黑格尔，《法哲学原理》，页 347。同时参见黑格尔论自然法的文章——"一个没有被承认的民族必须通过战争或殖民来获得这种承认"（《全集》，卷Ⅳ，页 449 - 450，以及《政法著作集》，页 489）。

> 是精神，因而是地上的绝对权力。由此可见，一个国家对其他国家来说是拥有主权和独立的。它有权首先和绝对地对其他国家成为一种主权国家，即获得其他国家的承认。❶

黑格尔立场中的内在矛盾是，正如在单个人的情况下，主要问题是承认问题：即使设定国家是“地上的绝对权力”，但黑格尔还是必须把它建立在其他国家的承认上。“地上的绝对权力”让人想起黑格尔在§186中提及的个体的“固有的无限人格”；在上面那段话的特定语境中，黑格尔显然在参考斯宾诺莎的观点（他在§339“补充”中明显提及斯宾诺莎的这一观点），即没有裁判官来统领各民族，并解决它们之间的纷争，这就导致了主权观念。黑格尔的国际关系观就建立在这种基础上，而且正是在这个问题上，黑格尔完全不同于康德对国际事务的处理方式。

黑格尔坚持国内法与国际法在本质上的根本差异。在制裁的惩罚之下，国内法是有约束力的，一旦受到侵犯，则既有客观的裁判标准，也有客观的法官进行审判。国际法的约束力依赖于相关各方的遵守意愿。它是表达了相关方的主观意志的自愿行为，而非有约束力的客观法律。因此，国际法总是一种“应然”：

> 国际法的基本原则在于，条约作为国家彼此间义务的根据，应予遵守。但是因为它们之间的关系以主权为原则，所以在相互关系中它们是处于自然状态中的。它们的权利不是由被组成为超国家权力的普遍意志来实现，而是由它们特殊意志来实现的。因此，国际法的那种普遍规定总是停留在应［201］然上，而实际情况也正是合乎条约的国际关系与取消这种关系的相互更替。

---

❶ 《法哲学》，§ 331。［中译者按］中译参见黑格尔，《法哲学原理》，页346。阿维纳瑞这里还有一小段讨论英文翻译问题的文字，中译无此问题，故略去。同时参考§ 323。

> 国家之间没有裁判官，充其量，只有仲裁员和调停人，而且也只是偶然性的，即以争议双方的特殊意志为依据的。❶

因此，国际条约不具有“现实契约的现实性……因此不能依照市民契约的方式来看待国际条约”。❷

这里重要的是要理解到，黑格尔没有宣讲国际行为应当如何的福音，而是试图理解国际行为的实然状况。而且他希望使这种理解摆脱那些因为与国内法的错误类比而慢慢侵入其中的谬误观念。黑格尔甚至走得更远，他坚持认为，不论主观想法与虔诚希望幻想什么东西，原则上都不可能实现永久和平。依黑格尔之见，国家联盟的想法永远都不能解决实际问题，因为为了有效，这种联盟本身必须准备发动战争。这种联盟可能防止这场或那场战争（毕竟有无数其他的避免某场战争的方式），但在国家联盟的支持下——而非各国的旗帜下——发动战争，战争本身的固有性不可能得以祛除。正如黑格尔自己所指出的（这一点经常被一些评论者所忽视），他这里所批评的不仅是康德的永久和平观念，还有1815年后欧洲复辟时期的神圣同盟的理论前提。依黑格尔之见，康德与梅特涅（Metternich）抱有同样的谬见与幻想：

> 永久和平这一要求往往是作为一种理想而被提出的，人类似乎必须全力以赴。例如，康德曾建议成立一个国君联盟来调停国与国间的争端，人们打算把神圣同盟成为这样一种

---

❶ 《法哲学》，§ 333。[中译者按] 中译参见黑格尔，《法哲学原理》，页348。同时参见第330节“补充”：“由于现在还没有任何权力来对国家做出裁判，决定什么是自在的法，并执行这种裁判，所以就国与国之间的关系说，我们必须一直停留在应然上。国与国之间的关系是独立主体间的关系，它们彼此订约，但同时凌驾于这些约定之上。”（[中译者按] 中译参见同前，页346）。

❷ 《实在哲学Ⅱ》，页261。[中译者按] 中译参考黑格尔，《全集》（历史考证版），卷8，页274–275。

制度。可是国家是个体，而个体性本质上是含有否定性的。纵使一批国家组成一个家庭，作为个体性，这种结合必然会产生一个对立面和创造一个敌人。❶

［202］黑格尔会说，这种联盟只有像一个国家、像一个人——即不同于其他个体，因此通过承认而达到它的自我认同的个体——那样行动时，它才有效。人们可能会有点矛盾地说，如果复数国家（*states*）不存在了，那么按照定义，也就没有单数国家（*a state*）了。❷

黑格尔正是从国际法的这种有条件和不完全的性质中推出了他对实际战争的原因的解释。极为有趣的是，黑格尔在讨论这个问题的两个场合即《德国宪制》与《法哲学》中几乎使用了一样的语言。前者写于法国在革命中战胜德国诸邦之际，后者则写于复辟时期的顶峰。黑格尔在这两处都采用相同的模式：战争不论何时爆发，都是因为两种从其自身来看都是合法的权利之间的冲突。因为没有裁定这种争端的公认方式，所以就只有让刀剑来充任仲裁者。对黑格尔来说，战争往往是两种权利/正义（rights）之间的冲突，而非如斗争的各派各方所认为的那样，是正义（right）与不义（wrong）之间的冲突。因此，战争的结果从不证明一方正义，一方不义。它仅仅调节，何种权利将要服从于另一种权利。任何战争的结果本身都不存在正义或正当性问

❶ 《法哲学》，§ 324，“补充”。［中译者按］中译参见黑格尔，《法哲学原理》，页 342。韩国人与刚果人的经历或许可用来作为黑格尔下述观点的例证，即国际组织的存在可能使该组织自身陷入因一切现实目的而引发的战争中。这种经验倾向于加强联合国的权威，这种断言只是证实黑格尔的判断，因为这同样可用于一个面临战争危险的个体国家。

❷ 类似地，黑格尔评论道，一个“为了永久和平［而建立］的普遍国家联盟将是一个民族的统治，或者只是一个民族；它的个体性被消除了”（《实在哲学Ⅱ》，页 261）。［中译者按］中译参考黑格尔，《全集》（历史考证版），卷 8，页 275。文中“个体性”，阿维纳瑞的英文作“universality［普遍性］”，黑格尔原文为“Individualität”，兹从德文原文。

题，从黑格尔那里绝对读不出任何“强权即公理”之类的东西。

在《法哲学》中，黑格尔将上述观点表述如下：

> 由此可见，如果特殊意志之间不能达成协议，国际争端只有通过战争来解决。但在各国极广大的范围内和它们人民所建立的多方面的关系中，可以很容易和大量发生各种损害，至于哪些损害应看成切实破坏条约或损害国家的主权与荣誉，这一点其本身依然是无法确定的。其所以如此，因为国家可以把每一细小事件都看成涉及它的无限性和荣誉；当一个强有力的［203］个体性越是经过内部长期和平而被驱使向外寻求和制造活动的题材时，它越会有这种感受。❶

在几乎写于二十年前的《德国宪制》中，黑格尔用一种更加散漫的语言，更为详细地论述道：

> 国家间的关系现在是多方面的，每一在和约中加以规定的个别关系又有许多方面，以致即令对这些方面加以十分严密的规定，相对来说还留有无数方面未加规定，因这无数方面而产生纠纷是可能的……
>
> 战争是侵略战还是防御战，双方的叫法是永远不会达到一致的，尽可以随他们去称呼。当和平协定商定双方无条件和平时，这些战争的叫法就完全不适当了……没有一个国家会为那种说法所束缚，甘心受别人进攻或敌意对待，竟不加

---

❶ 《法哲学》，§ 334。［中译者按］中译参见黑格尔，《法哲学原理》，页348－349。黑格尔在《法哲学》一书第335节指出，国家可能以多种方式认为自己受到威胁：“国家作为一般精神的东西，不以仅仅注意实际上已发生的损害为限。相反地，它还具有对这种损害的表象，认为别国对它有急迫的危险，同时它还会上下盘算盖然性的大小，推测别国的意图。如此等等，这些都构成纷争的原因。”（［中译者按］中译参见同前，页349。）这听起来像是对当代的预言。

以自卫，竟去保持和平。

另一方面，敌意的种类可以是无穷无尽的，以致完全不能通过人的理解力来规定，而且规定越多，亦即法权越确定，这类法权的矛盾就越容易产生……

每方都以法权为根据论证自己的活动，而指控另方损害法权。A国的法权以归于自己的a条法权为根据，它受到了B国的损害，而B国却硬说自己坚持的是它的b条法权，决不能看作是在损害A的法权。公众也分成党派，每一党派都断定自己一方正当合法。**两个党派都合法，于是陷入互相矛盾的就正是那些法权**……

法权就是由契约确立和承认的一个国家的功利，但由于一般契约中所确立的是一些国家不同的利益，这些利益作为法权有无限多的方面，所以这些利益和与之相关的法权本身就不能不陷于冲突。陷于危险的利益和法权是否要由政权全力来保卫，这就要取诸环境，取诸势力的结合，亦即取决于对政治的判断了。与此相应，另一方当然终究也可以援引一种法权，因为它恰好有一种与对方冲突的利益，因而也有一种法权，**这样战争或诸如此类的事情就需去决定哪一种法权能把对方法权削弱，而不是双方坚持的法权中哪一种法权是真正的法权，因为双方都有一种真正的法权**。之所以正是需要战争或别的什么事情来决定这一点，是因为两种互相矛盾的法权都是真正的法权，因此就得第三种东西亦即战争来使两种法权成为不等同的东西，以便能使两者结合起来。当一方为另方削弱时，就会出现这种情形。❶

[204] 之所以长篇引用这段话，是因为它清楚地表明，黑

❶ 《政治著作集》，页208－210（强调为引者所加）。[中译者按] 中译参见黑格尔，《黑格尔政治著作选》，页79－81。

格尔的观点明显有悖于对战争所作的所有意识形态的解释。它肯定不符合任何民族主义或极权主义的意识形态，这些意识形态天生倾向于颂扬与浪漫化战争行为及结果。黑格尔把战争的结果留在一个中立的、不确定的、对其结果的意义完全不做任何价值判断的场域之中。虽然在历史的长征中，黑格尔引用了席勒的名言："世界历史就是世界法庭"，但这句话指的是历史发展的全部结果，而不能适用于任何特定战争的结果。❶

因此，在黑格尔的战争观中，存在一种奇妙的悖论，即一方面他赋予公民奔赴战场重要的意义，另一方面战争本身与结果最终毫无意义。黑格尔自己也证明这一点，他在《伦理体系》中把战争看作"无目的的劳动"。❷根本而言，战争是否定性的力量。因此，在政治哲学的所有主题中，黑格尔对战争主题论述可能距离今日所言的存在主义思想最近。

然而，在一定程度上令人吃惊的是，虽然黑格尔认为国际法往往停留在"应然"层面上，但是他的建立在相互承认的基础上的主权理论本身却产生了一套有限然而有效的 *comitas gentium* [国际礼让] 体系。黑格尔宣称，正是在主权——主权表现为不受任何其他因素限制的权力——的环节中，内在地包含了国家行动的终极限制。黑格尔的这种说法是最辩证的。

在《德国宪制》中，黑格尔说："实际与一国交战又不承认其为交战国，这种情形是有的。但因为与之交战，事实上就等于承认它了，如果同其缔合，那它就完全得到承认了。"❸

虽然主权是绝对的，但一个国家的主权需要其他国家的承

❶ 《法哲学》，§ 340。[中译者按] 中译参见黑格尔，《法哲学原理》，页 351。甚至应对照黑格尔在 § 342 中的话来理解，即"世界历史不是单纯权力的判断"。([中译者按] 中译参见同前，页 352。)

❷ 《政法著作集》，页 471。

❸ 《政治著作集》，页 210。[中译者按] 中译参见黑格尔，《黑格尔政治著作选》，页 73。

认，从而获得这种承认，正如一个人之被承认为一个个体，一个独立的存在［205］，最终依赖于他人的承认。❶因此，甚至在战争中，也存在很多应当保留的规范，其中最重要的是，战争最终被认为是转瞬即逝的。另一个这样的规范是，战争的矛头不应指向家庭与市民社会的成员：

> 国家彼此都承认为国家这一事实，即使在那无法无天而由权力和偶然性支配一切的战争状态中，也仍然是一种纽带，在这种纽带的联系中，它们彼此都算做自在自为地存在的东西。因此在战争中，战争本身被规定为一种应该消逝的东西。所以战争包含着下列国际法规定，即和平的可能性应在战争中予以保存，尊重使节，即其一例；又一般说来，战争的矛头不得指向内部制度、和平的家庭生活与私人生活，也不得指向私人。❷

黑格尔还说，在战争状况下，外国公民应得到保护。❸因此黑格尔描绘的战争图景是，战争被限制在其范围以内，这迥然不同于现代的总体战争。黑格尔还认为，战争应由职业军队进行，只有在极端情况下，即“如果国家本身，它的独立自主，陷于危殆”，它的全体公民才有义务响应号召，拿起武器。❹从政治上讲，军队应完全处于文官控制之下，它的功能应限于外部事务。黑格尔把罗马护卫军作为军队干政的可悲实例。❺

尽管黑格尔严厉批评国际法的先天概念，但他的观点产生了

❶ 《法哲学》，§ 331。

❷ 同上，§ 338。［中译者按］中译参见黑格尔，《法哲学原理》，页350。参考《伦理体系》（《政法著作集》，页471），黑格尔在其中说，因为战争不是家庭之间的斗争，所以“仇恨本身是无差别的，它摆脱了所有私人方面”。

❸ 同上，§ 339。

❹ 同上，§ 326。

❺ 同上，§ 271，“补充”。

一套实用的国际行为惯例体系，“国际惯例是在一切情况下被保存着的、行为的内在普遍性”❶。讽刺的是，最后必须要说的是，黑格尔对现代战争的观察，是对其未来发展的严重误判。

当黑格尔想象战争仅在有限的基础上进行时，他同样作出了低估现代民族主义的巨大力量的错误判断：他完全没有预见到现代总体战争的盛行。拿破仑的实例似乎在他身边一闪而过，没有留下任何痕迹。黑格尔把现代战争描述得比以前更加人道、更少野蛮，在这种描述中，多次表现出黑格尔的这种天真和一厢情愿：

> ［206］因而，现代战争的进行方式是人道的，人与人之间没有刻骨仇恨，个人的敌意，充其量在前哨出现着。但是在军队——作为军队来说——中，敌忾是某种模糊的东西，在一方尊重他方的义务时，敌忾就应让出它的地位。❷

在好几处，黑格尔似乎把现代战争这种更人道的、不带个人色彩的性质与枪炮的发明联系起来：

> 现代世界的原则，即思想和普遍物，给英勇以更高的形态，因为英勇的表达看来更加机械式了，它不是这一特殊人的活动，而只是某一整体的一肢的活动……现代世界的原则就因而发明了枪炮，这种火器的发明把英勇的个人形态转变为较抽象的形态，乃非偶然。❸

---

❶ 《法哲学》，§ 339。［中译者按］中译参见黑格尔，《法哲学原理》，页350。

❷ 《法哲学》，§ 338“补充”。［中译者按］中译参见黑格尔，《法哲学原理》，页350。

❸ 同上，§ 328。［中译者按］中译参见黑格尔，《法哲学原理》，页344－345。同时参见《政法著作集》，页471－472。

如果这一点在今天可能已完全被后来的发展所否定，那么黑格尔理论中所固有的远见卓识不应当被忽视。对他来说，在当代世界，由于生活的合理化不断增多，国家之间的差异也就越来越小，所以国家间谨慎的、务实的共存现在正成为可能：

> 欧洲各民族根据它们立法、习惯和文化的普遍原则组成一个家庭。在战争状态中国际法上的行动也根据这一原则而有所修改，否则一切都将受互相为非作恶的心理所支配。[1]

因此，甚至战争本身，连带它全部的否定性，最终在更广泛的事物框架内获得了意义。从国际关系的冲突漩涡中，一种内在秩序出现了，理性不是作为先天给予之物、作为规范的公理体系，而是作为长期、艰巨、有时看似毫无意义的过程的最终产物，出现于历史之中。

不同国家的不同原则，即各种民族精神（Volksgeister），彼此盲目争斗，它们无非是理性手中的工具。因此，理性狡猾地在人的世界中确立其自身的地位：

> 国家在它们的相互关系中都是特殊物，因此，在这种关系中激情、利益、目的、才德、暴力、不法和罪恶等内在特殊性和外在偶然性就以最大规模和极度动荡的嬉戏而出现……各民族在其相互关系中的命运和事迹是这些民族的精神有限性的辩证发展现象。从这种辩证法产生出普遍精神，即世界精神，它既不受限制，同时又创造着自己；正是这种精神，［207］在作为世界法庭的世界历史中，对这些有限精神行使着它的权利，它的高于一切的权利。[2]

---

[1] 《法哲学》，§ 339“补充”。《法哲学原理》，页350－351。

[2] 同上，§ 340。［中译者按］中译参见黑格尔，《法哲学原理》，页351。

理性的狡计导致了现代世界，此时，战争被降低到最低程度，而且在那里，最终甚至主权本身也无非成为一种单纯的形式。对黑格尔来说，典型地表现在现代世界中的调解、调停也使国际关系的冲突弱化了，世界将迈入一个合作与普遍主义的时代：

> 现代世界各国寻求相互独立，这是它们的荣耀。坚决地要求绝对自治，这与希腊城邦相同……但是尽管在单个国家之间存在很多差异……它们之间也达到了一种统一，**因此我们应当甚至把政治独立看作一种纯粹形式原则**。当今，欧洲诸国之间不存在盛行于希腊与波斯之间那样的绝对差异。当一个国家被合并到另一个国家的领土上，它确定无疑地就丧失了它形式上的独立；但它的宗教、它的法律、它生活中具体的东西仍旧原封未动。因此，诸国趋向一致。在诸国中间盛行一个目标、一种倾向，它就是战争、友好以及王朝需要的原因。但在它们中间还存在另一种一致，它类似于希腊的霸权观念，只不过现在它是精神的霸权。❶

因此，虽然黑格尔以战争的固有性开始，但他最终提出了一个世界（One World）的愿景，它由文化与理性来统一，逐步发展成一个体系，其中主权尽管得到承认，但将要式微，战争尽管不可避免，但会逐渐消失。

---

❶ G. W. F. Hegel，《世界历史哲学讲演录》（*Vorlesungen über die Philosophie der Weltgeschichte*，Leipzig，1920），G. Lasson 编，页 761（强调为引者所加）。

第 11 章　英国改革法案——再论社会问题

［208］黑格尔生前发表的最后一篇著作是《论英国改革法案》的长篇论文，它于 1831 年最初发表在《普鲁士国家总汇报》（*Preussische Staatszeitung*）上。黑格尔不久溘然长逝，此文最后一部分因普鲁士书报检查制度禁止发表而被扣。❶

因为黑格尔在这篇文章中质疑改革法案，所以人们习惯认为，即使它不是完全反动的，那也是黑格尔最保守的作品。确实，这篇文章的论述与关于 19 世纪英国议会改革进程的传统智慧背道而行。然而，它也绝对不是为［英国］*status quo*［现状］与改革前的下院辩护；如果仔细阅读全文，就会发现，它是一篇最有思想的社会批判之作。它表明，黑格尔试图超越议会改革支持者们在政治方面的陈词滥调，并试图

❶ 参见 1831 年 12 月 2 日玛丽·黑格尔（Marie Hegel）给尼塔默的信，载于《同时代人报道中的黑格尔》（*Hegel in Berichten seiner Zeigenossen*，Hamburg，1970），G. Nicolin 编，页 498。

确定议会改革的倡导者与支持者们有时故意视而不见的19世纪英国社会的根本痼疾。[1]

黑格尔论述的要点是，单纯的选举权改革本身并不能解决英国社会的社会问题。黑格尔的文章是出自大陆作家之笔的最严厉地控诉英国社会状况的作品之一。然而他的批评不仅仅指向英国早期工业社会的现实状况，还指向试图通过单纯的议会选举改革来解决这些问题的自由主义努力。黑格尔在这种努力背后看到了新兴的中间阶级的自身利益，他们想通过改革获得权力。黑格尔认为，除非经历一场社会［209］和政治改造，否则英国状况将不会有所改变。因此，普鲁士当局对其最受尊重的政治哲学家在官方的《普鲁士国家总汇报》上发表这种观点殊感不快，也就不足为奇了。

黑格尔对改革法案的诸多条款的态度极为复杂，似由1830年法国七月革命再度引发的革命浪潮更是加剧了黑格尔态度的复杂性。黑格尔在晚年似乎信心满满地认为，由于现代后革命时期政治秩序的出现，革命的幽灵——否定性因素——已寿终正寝了。1830年革命似乎粉碎了所有这一切，黑格尔在给他朋友的一封信中悲伤地认为，看似安定的一切又好像再度“成为问题”。[2]此后，他一直担心欧洲又处在新革命时代的门口了。[3]至于英国的发展，黑格尔在《论英国改革法案》开篇说，法国最近发生的事件应是对那些“借特权的顽固性而获得好处”的人们的一种警告，以使他们回心转意，支持法案，否则下一次他们也难以置身于革命风暴之外。[4]

不管黑格尔多么怀疑提交给议会的改革法案的充分性，但他对改革本身是热烈欢迎的。无论如何，黑格尔的立场都不能解释

---

❶ 参见 Rosenkranz，《黑格尔传》，页418。

❷ “黑格尔致 Höschel”，1830年12月13日（《黑格尔通信集》，卷Ⅲ，页323）。

❸ “黑格尔致舒尔策”，1831年1月29日（同上，卷Ⅲ，页333）。

❹ 《政治著作集》，页295。

为他是支持改革以前的下院的：

> 当前向英国议会提出的改革法案，首先是意在通过确立一种较大的均衡来取代现行选权分配中占统治地位的不平等和不公正的状态，使民众中不同阶级和党派在议员选举中所占份额的分配变得公正合理。❶

15 年前，黑格尔已在其关于符腾堡的论文中说，英国宪制依赖于它的滥用。❷然而，黑格尔现在却说，“在改革的需要所引起的感觉中有种感觉是对上述堕落状况表示反感，这就应当承认是道德感在英国民众中重又觉醒的一个良好标志。”❸

［210］然而，黑格尔之所以欢迎改革法案，还有更为根本的原因。尽管黑格尔对法案引起的一些具体变化感到不悦，但对黑格尔而言，改革的事实本身就是一个值得欢迎的信号，即英国正在抛弃它对习惯法、“实证”法的传统依赖。我们已看到，从《德国宪制》到关于符腾堡的论文，黑格尔反对“实证”法，原因在于，实证法的唯一合法性在于其传统主义。黑格尔注意到，在其他国家——首先是法国，然后是德国——这些传统已让位于现代自觉的理性的立法。英国与其普通法传统一道，仍旧是这种古代的、前现代的、非理性体系的最后堡垒。虽然在英国政治体系中，有很多黑格尔羡慕的东西，但它的基本法律原则的任意性与历史性一直都是黑格尔不能接受的。现在，英国在历史上第一次自觉地努力把理性标准运用于现行政治制度上。英国正在追赶欧洲的时代精神：

---

❶ 《政治著作集》，页 295。［中译者按］中译参见黑格尔，《黑格尔政治著作选》，页 226。

❷ 同上，页 258。

❸ 同上，页 297。［中译者按］中译参见黑格尔，《黑格尔政治著作选》，页 228。

> 与此相反另一主要是英国所特有的法权原则，则为法案所攻击，这就是英国公法和私法制度本身带有的、占主导地位的实证性质，每种法权及其法律，形式上确是一种实证的、由最高国家权力制定和确立的东西……然而没有一个时代像现今这样多地把一般的理智引向作这样的区别：法权依其实质内容就只是实证的，还是自在自为地也是正当的和合理的。在大陆各民族如此长期因宣说英国的自由、因这个民族对其立法的骄傲感而使自己大为感佩以后，没有一个宪法像英国宪法中那样，如此有力地促使人们去作判别，重视那一区别……这堆没有内在联系的实证规定还没有经受大陆文明化国家已实行了的发展和改造。❶

因此，黑格尔认为，改革法案的重要意义远远超出了它旨在引起的直接变化：

> 正如我们说过的那样，英国一般的法权状态是以实证的东西为基础的，这种实证东西的原则事实上正是由于法案而受到震撼。这场震撼在英国是全新的，闻所未闻的，从这一推翻现存事物形式的基础的行动里，人们本能地预感到一些更深远的变化。❷

克服“实证”法的最终后果是，任何特权都不再受到保护；任何东西都不能［211］仅仅因为它本身的长期存在与连续性而成为合法的。黑格尔清楚看到并欢迎这种变化所引起的社会后果：

---

❶ 《政治著作集》，页299。［中译者按］中译参见黑格尔，《黑格尔政治著作选》，页229－230。原文之“positive”，薛华先生原译“实定”，为保持译文一致，改为“实证”，后文仿此，不再注明。

❷ 同上，页301。［中译者按］中译参见黑格尔，《黑格尔政治著作选》，页231。

> 那情况也不可能是别的，而不外是迄今在议会内进行统治的……那一阶级，由于引进新的人和不同原则，而愿经受某种改变。改革法案本身是会损害这一制度迄今的基础、即纯粹实证法权的原则的；这种原则可以使特权确保其占有状态，而不论这些特权同现实自由的法权有何种它们想要有的关系。❶

对于他所认为的改革前的下院的弊端，黑格尔极为坦率。他特别讥讽了英国政治生活的寡头性质：“没有一个地方像英国那样，下列偏见如此牢靠与天真，即如果出生与财富给了一个人职位，也同样给予他理智。”❷关于对腐败选邑制度所作的守旧辩护——即这种体系允许杰出青年相对容易地获得议会席位，黑格尔反驳到，“这类事例可以归之于偶然性的范围，在那里，一种或然性可以同另一种或然性相对立，一种可能有的好处可以同一种可能有的害处相对立”❸。在黑格尔看来，腐败选邑以及大量议会席位可以购买并且成为“公认的可以买卖的商品”这一事实乃是市民社会的原则如何在国家中取得主导地位的实例；它们都是“一个民族政治腐败”的症状。❹

这就解释了为什么下列情况被黑格尔看作改革法案的有益结果：由于议会任免权（patronage）将受到严重削弱，而且“出现其他许多人，把属于现范围内为国家政府利益献身的人

---

❶ 《政治著作集》，页 328 – 329。［中译者按］中译参见黑格尔，《黑格尔政治著作选》，页 256。文中“其”误作“共”，据《黑格尔政治著作选》（北京：商务印书馆，1981 年版）改正。

❷ 同上，页 311。［中译者按］薛华先生中译本缺乏此句的中译文，参见黑格尔，《黑格尔政治著作选》，页 240；以及 Hegel，《黑格尔政治著作选》（*Political Writings*），中国政法大学出版社，2003 年，页 250。

❸ 同上，页 323。［中译者按］中译参见黑格尔，《黑格尔政治著作选》，页 251。

❹ 同上，页 296 – 297。在腐败选邑的情形中，特别让黑格尔生气的是“一种政治权利转变成为一种金钱资产”（页 299）。

取而代之”❶，因此政治中的贵族因素将遭到削弱。黑格尔在更广泛的基础上欢迎这一点，因为新的社会因素进入议会生活，将为英国社会与政治生活的其他许多方面的改革敞开大门。虽然黑格尔明确提到采用这些新观念可能带来的危险，但他感到，在英国的务实主义环境中，这类改革可能为英国社会生活逐步与和平的改造创造条件，[212] 而非导致一场像法国那样的暴力革命：

> 通过改革，进入议会的道路却有可能为如下观念洞开，这些观念是同那一阶级的利益对立的，因而也还没有进入他们的头脑。这是这样一些观念：它们是现实自由的基础，它们是针对上述情况——教会财产、教会组织、教士义务而发，再者也是针对领主权和其余源于采邑关系的稀奇古怪的权利和财产限制，针对英国法律其他大堆混乱景象而发。这是这样一些观念：它们在法国曾同许多进一步的抽象混合在一起，同众所周知的那些暴力行动结合了起来；在德国，它们早已纯净地成为内心信念和公共舆论的牢固原则，而对上述［旧的封建的］法权关系实际的、平静的、逐渐的和合法的改造，已发挥了作用。❷

然而，对改革法案，除了上面的支持外，这篇论文的一般基调是在不止一种意义上对法案进行批判。让黑格尔头疼的是：在他看来，那些支持改革法案的人在根本上目光短浅，并对周围社会现实理解有限。在他看来，在一个问题缠身的国家，想靠一次单纯的选举权改革与议会席位的重新分配就能解决英国社会面对

❶ 《政治著作集》，页 324。［中译者按］中译参见黑格尔，《黑格尔政治著作选》，页 253。同时参见，页 295。

❷ 同上，页 324－325。［中译者按］中译参见黑格尔，《黑格尔政治著作选》，页 253。译文据英文稍有改动。黑格尔并不反对法国进行的变革本身，而是反对它进行变革的抽象方式，这种方式必然导致暴力与恐怖。

的巨大冲突，这种想法是完全盲目的。在黑格尔看来，若要全面地处理英国社会现实问题，就需要一系列更为激进的解决方法。因此，他着手进一步详细分析这些社会问题，结果是，如前所述，他对 19 世纪早期的英国社会展开了一场极富洞察力的批判。

黑格尔对改革法案的批判习惯上归结为两点：第一是他对选举权的总体评论；第二是他对英国社会、经济与政治生活等诸方面的批判，这些方面都需要纠正，但选举权改革在这些问题上却收效甚微。

在自由主义者对更广泛的选举权——如果不是普选权——的支持中，最令黑格尔头疼的事情是和他在关于符腾堡的论文与《法哲学》中表达出来的对普遍的、无差异的选举的一般批判完全一致的。❶普遍选举远未唤起古老共和主义的政治参与的 *virtus* ［德性］，它“并不显得那么诱人，可以引起［213］强烈的权利要求”；当享有选举权时，“在有选举权的人们那里占统治地位的毋宁似乎是对选举权的巨大冷漠态度”❷。黑格尔详细讨论了这种冷漠的原因，而且把它作为下列命题的一个证据，即除非带有归属于一个共同体的真正感情参与选举，除非选举确实对社会生活产生影响，否则单纯参与选举仍旧是一种空洞的姿态，并将导致疏远与冷漠。❸有感于此，黑格尔提出了一种有差异的选举制度，它将代表合法的利益团体，而不是一种抽象的选举团体。黑格尔说，事实上，这种代表制其实已在英国非正式地建立起来了，比如说认为应当为东印度公司的董事会成员设立议会席位是可取的时候；但这是通过不合法的方式、通过腐败行为，“经过通常买卖议席的商业途径”而实现的。黑格尔试图承认这种行为

---

❶ 参见上文，页 164－167［中译者按］。

❷ 《政治著作集》，页 317。［中译者按］中译参见黑格尔，《黑格尔政治著作选》，页 245。参考第 319～320 页，黑格尔在这里给出了一些法国选举中出场人数极低的例子。

❸ 同上，页 318。

的合理性，并且试图使这种合法的利益代表制理论成为议会组织的基础：

> 就国家生活的各现实基础成分实际上作了区分，就政府与行政管理中必须对这些成分的不同内蕴作根本考虑来看，也应当有意识地、明确地承认和注重这些基础成分本身，在要谈论它们并对其作出决定时，也应当允许辨明这些成分。拿破仑在他给意大利王国制定的那个宪法中就曾用上述观点的精神，依据 *Possidenti*，*Dotti*，*Merchanti*［所有者、学者、商人］的阶级区分，分配代表权。❶

黑格尔进一步批评了选举自由主义的传统看法。他指出，单纯的选举并不给选民任何实际的决定权力，因为选民甚至都不能指导他们的议员（MP）如何投票。❷他还说，通过使选举依赖于财产资格限制，改革法案支持者自己就陷入了矛盾：一方面，他们正确地拒绝承认传统选举权是财产权，因而无需补偿那些腐败选邑中由于废除他们的代表席位而遭受金钱利益损失的选举者；另一方面，在选举改革中，把财产资格限制作为选举权的唯一普遍标准，这意味着改革者们在某种程度上把选举权看作财产权的延伸。❸

［214］对于改革法案的充分性，黑格尔质疑的第二个层面直接涉及英国的社会状况。黑格尔写道，“英国内部可惊的财富和绝望的贫困之间的对立是非常之大的”❹。在撰写《论英国改革法案》这篇文章的前几年，黑格尔勤奋地搜集英国社会状况的

❶ 《政治著作集》，页 314。［中译者按］中译参见黑格尔，《黑格尔政治著作选》，页 243。

❷ 同上，页 319。

❸ 同上，页 315。

❹ 同上，页 325。［中译者按］中译参见黑格尔，《黑格尔政治著作选》，页 253。

资料。我们能从他保存的记录与剪报中看到，他如何得出关于英国贫困阶级状况的一些结论，而且这些结论又是怎样居于他评价英国社会与政治状况的核心的。他在谷物法中看到的是对穷人的残酷剥削；（改革之前的）济贫法只是限制底层阶级人口的一个工具；警察部门的程序根本不可能使穷人获得充分的法律保护，不可能使他们在警察询问时不做自证其罪的陈述；普通法对小偷小摸的刑罚规定是残酷的、可耻的与不人道的，在适用于儿童时尤其如此；对于无钱雇请辩护律师的穷人，不成文刑法典所包含的不确定性尤为严酷；富人有一套法律，穷人又有一套法律；最后，在爱尔兰，对天主教徒的宗教不宽容和宗教迫害不符合任何一种有序的政治理论。❶至于经济方面的状况，黑格尔说道，“在英国，谷物与土地租金的价格在最近五十年里已涨了三倍，而农业工人的日收入却保持不变。”❷

在《论英国改革法案》中，黑格尔对英国社会状况的讨论证明了这种早期研究。改革以前的普通法的纷繁杂乱，被黑格尔称为“奥吉亚斯牛圈”，他希望英国对之进行清理，此时还为时不是太晚。❸英国需要的是“根据普遍原则对法律进行科学的改制”。黑格尔说，通过类似的改制，“大陆较新国家那些主要是按一般原则制定的国法典和国家法权制度才可能产生了出来，这时才允许普通人类理智和健全理性就正义东西的［215］内容取得自己应得的份额”❹。虽然英国仍旧远远落后于由欧洲大陆的法国革命与拿破仑法典所阐明的那种普遍原则，但“在大陆文明国家已被改造的那类法权关系和法律……就其以普遍理性为基础

❶ 黑格尔的摘录，参见《柏林著作集》，页 718 – 24。

❷ 同上，页 723。

❸ 《政治著作集》，页 310。［中译者按］中译参见黑格尔，《黑格尔政治著作选》，页 240。在这里，黑格尔称赞了罗伯特·比耳（Robert Peel）爵士和伯路姆（Brougham）大法官想要废除旧普通法中一些最糟糕过分的东西的努力。

❹ 同上，页 300。［中译者按］中译参见黑格尔，《黑格尔政治著作选》，页 230。

来看，也不可能像迄今前一样依然同英国人的理智那么格格不入”❶。

黑格尔把英国落后的原因归结为英国特权阶级所运用的政治权力。法律设置反映了英国社会力量的现状：

> 英国在真正法权制度方面如此明显地落后于欧洲其他文明化国家，其简单的原因是因为政府权力掌握在那些拥有如此多特权的人手里，这是一些同理性的国家法及真正的立法相矛盾的特权。❷

黑格尔接着详细分析了这些状况的阶级性。领主权是黑格尔首先攻击的对象之一：“这些［领主］权利在英国好久以来已不再企求使农业阶级落于依附地位，但还是像农奴制一样严重地压迫着这个阶级的群众，甚至把他们压低到比农奴还要坏的贫困境地去。”❸另一个是狩猎法，黑格尔详细描述了它对农业人口的社会影响，并且说道，“提到它［即狩猎法］就将触及英国议会许许多多成员及其相互关系的心脏。但是麻烦和祸害已变得太大了，以至不能不改变有关法律”❹。

黑格尔也讨论了声名狼藉的教会什一税。他尤其惊愕于什一税在爱尔兰的影响范围，在那里，为了爱尔兰的（国教）教会的利益，对天主教居民强征什一税，然而这个教会与天主教居民毫无关系，并且对他们充满敌意。但甚至在英格兰本土，“什一

---

❶ 《政治著作集》，页325。［中译者按］中译参见黑格尔，《黑格尔政治著作选》，页253。

❷ 同上，页300。［中译者按］中译参见黑格尔，《黑格尔政治著作选》，页231。

❸ 同上，页307。［中译者按］中译参见黑格尔，《黑格尔政治著作选》，页237。译文据英文稍有改动。

❹ 同上，页309。［中译者按］中译参见黑格尔，《黑格尔政治著作选》，页239。译文据英文稍有改动。他失望地评论到，“直到现在，英国的自由还没有对这类德国诸侯为了自己臣民的福利而早已放弃了的法权加以限制。”

税……用于宗教教师的生计及教堂建设和维持的使命，已主要转化为私产收益的方式”。[1]黑格尔［216］欣喜地指出，普鲁士早在近一个世纪前就已经废除了这种篡夺，它完全站不住脚：

> 就什一税来说，这一赋税的重压在英国早已为人所知了……同样地，这种赋税不公平也已受到了责难。这种不公平现象是这种赋税通过如下后果造成的：通过辛劳、花时间和费用把土地收益提高得越多，这种赋税就越是要增高，结果就不是鼓励改革耕作——在英国，投入这方面有大量资本，而是给其加上税务重负。[2]

对于现实状况的习惯辩护是，废除这些安排将导致无政府状态与革命。对此，黑格尔在反驳时指出，正是这些安排的存留才滋生了叛乱，事实上废除它们才是现代国家的基本条件之一：

> 谁都知道这类权利［即教会什一税、领主权与狩猎法］在其他国家消失并没有带来［无政府］这样的结果，不仅如此，那些国家反倒是把废除这类权利看作已增加的福利和根本自由的重要基础。[3]

黑格尔特别仔细地分析了爱尔兰的状况。他承认，济贫法在英格兰本土确实对贫困的一些严厉方面有所缓和；但济贫法没有适用于爱尔兰，致使爱尔兰王国的状况更加恶化了。黑格尔特别简明地指出，爱尔兰的宗教问题怎样掩盖了无耻的社会剥削。在

---

[1] 《政治著作集》，页 304。［中译者按］中译参见黑格尔，《黑格尔政治著作选》，页 234。

[2] 同上。［中译者按］中译参见黑格尔，《黑格尔政治著作选》，页 234。

[3] 同上，页 303 – 304。［中译者按］中译参见黑格尔，《黑格尔政治著作选》，页 234。中译文根据英译文有改动。

论述爱尔兰问题的过程中，当说下列话时，黑格尔自己对天主教教义的激烈反对完全退居幕后了：

> 甚至土耳其人也曾允许屈服于他们的基督徒、亚美尼亚人和犹太人绝大多数有其自己的教会……可是英国人却把他们征服了的天主教居民的所有教堂都给废除了。爱尔兰人……被迫用自己所能有的不多的钱来雇请他们自己的教士，为礼拜安排个地方，相反地却被迫将财产收益的十分之一付给英国国教会教士……爱尔兰人甚至被迫为维修现在英国国教教堂建筑……出钱。❶

黑格尔接着极为详细地讨论了爱尔兰农村的社会状况：他生动地描述了圈地制度（system of enclosures），以及农民在它面前的完全无助。黑格尔说，爱尔兰农民的处境如此可怜，“以至在大陆文明国家中又小又穷的地方也难以找到相似的事例，甚至在大陆文明方面落后的国家当中也难以找到”❷。[217] 爱尔兰土地状况源自下列事实，即在爱尔兰，旧的封建秩序的崩溃采取了一种特别阴险的方式：农民没有获得土地所有权，而领主却成功摆脱了照看农民福利的任何责任。在这种制度下，领主享有一切封建特权，却无任何义务，而农民则承受了封建体系的所有负担，但不享受任何利益。在某种程度上，这比 1789 年之前法国农民的处境还要糟糕得多。黑格尔把爱尔兰状况看作畸形现代化的独一无二的例子，它使农民的处境比封建奴役状态还要恶劣。英国法的僵化甚至使处境更加恶化：

> 从采邑占有向所有制转化的时机，没有给农业阶级取得

---

❶ 《政治著作集》，页 306。[中译者按] 中译参见黑格尔，《黑格尔政治著作选》，页 236。

❷ 同上，页 307。[中译者按] 中译参见黑格尔，《黑格尔政治著作选》，页 237。

> 地产带来好处，就转眼过去了。通过改变继承法，采取在子女中平分双亲财产的做法，通过准许为清债扣压和出卖财产……也许能给农业阶级取得地产带来某些可能性。但英国有关财产的立法……比之大陆国家享受的财产自由来说是差得太远了。❶

很明显，要纠正英国社会结构上的这种缺陷，不能仅仅通过改变议会成员的选举规则来完成。毕竟，支持改革法案的人没有提出彻底改革英国状况的政治勇气或者社会意愿。这么做会损害太多的既得利益：

> 为了找到彻底的办法来减弱英国国家管理的重压状态，就不能不过深地触犯特殊性法权的内部法制……［比如］减少惊人国债……
>
> 使法院道路只许富人靠近的混乱司法中的那种过高费用，在爱尔兰必要性和正当性都要求的、但内阁不能加以采纳的济贫税，我们还要进一步谈到教会财产的使用，以及社会联系的其他许多大的分支都予以变更，就还要有国家政权中其他一些先决条件，这些条件和改革法案中所包含的条件有别。❷

因此，对黑格尔来说，改革法案似乎是一种权宜之计。他认为，在某些情况下，法案甚至将恶化现存社会状况。落在底层阶级之上的沉重税负不会减轻，这不仅因为法案不能影响客观的原因，而且也因为［218］“献身于陆海军这一等级的个人在享福和奢侈上不落于其他等级之后的要求与习惯”❸。教会什一税与

❶ 《政治著作集》，页 308－309。［中译者按］中译参见黑格尔，《黑格尔政治著作选》，页 238。

❷ 同上，页 303。［中译者按］中译参见黑格尔，《黑格尔政治著作选》，页 233。

❸ 同上，页 302。［中译者按］中译参见黑格尔，《黑格尔政治著作选》，页 232。

圣职授予权（patronage）将不会消失，而且教会将继续作为贵族年轻子弟的庇护所。❶确实，爱尔兰将会增加少数几个席位，它们将被天主教成员占据；而这不能解决爱尔兰农民阶级的困境。吊诡的是，黑格尔甚而进一步认为，改革法案甚至可能强化那些地位稳固的社会阶级对议会代表的控制。❷废除腐败选邑，加强选举程序的控制，这就意味着，穷人将因此丧失少数额外收入，它们是旧的腐败体系以贿赂的形式给穷人的。❸可以确定的是，一些大富豪会使他们的很多依附的农民拥有十磅不动产，而使他们拥有选举权。但这类选民的投票肯定将受到他们资助人的控制。黑格尔甚至猜想，最终，通过一些调整之后，大地产利益或许能保留它们的很多影响。❹

然而，关于改革后下院的组成，让黑格尔困扰的是，一方面，改革法案对英国社会状况的改革于事无补，它们将仍如以前一样严峻；另一方面，它却可能导致对社会的煽动。黑格尔在批判英国状况时明白指出，英国社会结构中值得保留的东西寥寥无几；但仅对议会代表制进行部分的、毫无成效的改革，可能导致改革拥护者“只得作为反对政府、反对事物现存秩序的反对派出现了，而这些原则本身也一定不会像在德国这样以其具体的实践的真理性和运用来出现，而是将以危险的法国抽象思想的形态来出现。hommes d'état［从政者］同［219］*hommes à principles*［原则家］的对立，在法国革命一开始时就十分猛烈地表现出来

---

❶ 《政治著作集》，页305－306。

❷ 同上，页307。黑格尔说，1830年的一项议会法案提高了爱尔兰不动产资格限制，这就剥夺了200 000名爱尔兰选民的选举权。

❸ 同上，页315－316。

❹ 同上，页312：“然而，有种看法是普遍的……这就是地产和农民的利益不惟根本不丧失其影响，反而更多地会得到一种相对的扩展，因为关于待转除的选举权的方案要分给大城市或商业利益的只有25个议会成员，但却把其余81个席位分给一些州郡或地产方面，其中包括一些小自治市，这里绝大部分也为地主的影响所支配。”（［中译者按］中译参见黑格尔，《黑格尔政治著作选》，页241－242。）

了，在英国还没有站住脚跟，但通过在议会席位方面打开更广阔的道路，也完全可能引了进去”❶。

暴力革命确实是英国面临的一个危险——不是因为改革法案太激进，而是因为它不够激进，完全不能满足对英国进行和平改造的社会需要。一般而言，法国盛行的抽象的总体革命观念无法吸引英国的公共舆论。英国制度的相对自由、英国社会生活的多元主义和意志主义，“市民生活的这种较自由的状态，首先就能增加这样一种可能性：形式主义的自由原则不致马上就在那一居于下等阶级……之上的阶级中，找到改革法案的反对者径直威胁地指出的那种通道”❷。在黑格尔看来，法国政治上的中央集权制度在很大程度上要为法国政治权利理论的抽象性负责。更加“具体”的英国态度代表了一种“更加务实的政治意识”，它或许能防止这种抽象理论占据主导地位的危险。因此，与法国相比，英国有更好的机会发展现代化，并且通过和平的、而非暴力的改造，彻底检修它的政治体系。

因此，作为黑格尔最后一篇著作，《论英国改革法案》远不是对旧的、寡头式的下院进行保守的辩护。相反，它是对英国社会状况所作的最有见地与最激烈的批判之一。黑格尔完全意识到英国社会和经济问题之大，也知道纯粹技术与政治解决之不足。黑格尔的文章读起来就像是一份英国社会改革的清单，而且引人注目的是，黑格尔所主张的很多社会与经济改革后来确实在 19 世纪变成了法律，并因此使英国沿着相对和平的社会现代化道路前进，这是单纯的选举权改革永远无法保证的。黑格尔描述了英国要达到现代的、组织得更加合理的社会阶段所必须经历的道路，维多利亚时代晚期的英国社会与 19 世纪早期的英国社会之间的显著差别，正是因为它沿着黑格尔描述的这条道路行进的

❶ 《政治著作集》，页 325。[中译者按] 中译参见黑格尔，《黑格尔政治著作选》，页 254。

❷ 同上，页 330。[中译者按] 中译参见黑格尔，《黑格尔政治著作选》，页 258。

缘故。

至于黑格尔本人，实际上值得注意的是，他的第一篇政论文章讨论的是［220］伯尔尼贵族阶级强加给瓦特邦人民的不公正的社会制度，而他的最后一篇政论文章很大一部分则关注英国寡头制度对爱尔兰农民以及一般而言对英国底层阶级所施加的不义。在两种情形下，他的政治论述都要求对利用政治权力进行社会压迫的过时的社会体制进行重建和改造。然而同时，他对现代国家性质的理解稍有改变。正如佩尔岑斯基所指出的那样，黑格尔起初的政治理论所设想的国家几乎只处理防务；而后来，黑格尔转向一种更加全面的观点。根据这种观点，为了保持公民的团结，国家必须有意识地处理社会问题，首先是关心贫困阶级。社会已经改变，而且“一种有活力的从事财富的生产、分配与交换的资产阶级社会”❶提出的挑战远比早些时期提出的挑战更为复杂。然而作为最早认识到现代社会的社会含义的人之一，黑格尔在他的思想中也提供了一个哲学如何通过理解存在的东西、从而助其改变的范例。

❶ 《政治著作集》，“导论”，页 67。

第12章 历史——通向自由意识的进程

[221] 在《逻辑学》中，黑格尔对现实性的定义是“本质与存在的统一”。[1]对黑格尔来说，历史的意义就是这种统一的逐步实现。从看似不可理解的混乱中，哲学家必须提炼出理性铭刻于其中的隐义。以前的哲学（尤其是康德哲学）倾向于将本质世界和存在世界分开，甚至设定它们最终不可通约，黑格尔则把历史看作 *Nous*［努斯］在其中不断得到实现的背景。在历史中，精神外化其自身，成为对象，人的意识意识到其自身：

> 真的东西是从内到外、从理性的想象到实在性的巨大跃进，全部世界历史就在从事这一工作，并且通过这种工作，有教化的人类获得了合

[1] G. W. F. Hegel，《逻辑学》（*Science of Logic*，London and New York，1992），卷Ⅱ，W. H. Johnston 与 L. G. Struthers 译，页160。

> 理定在，即国家制度和法律的现实以及对它们的意识。❶

这种历史观会导致一种决定论的发展理论，对黑格尔本人而言，这是显而易见的，他反复提醒人们小心这种可能性，指出意识在历史过程中的［重要］地位。因为对他来说，精神是历史的内容，在历史中，强权并没有最后发言权。历史发展中的唯一必然性就是自由在人类意识中通向自我实现的进程，理性在历史中的展开本身就是一种哲学的必然性：

> 其次，世界历史不是单纯权力的判断，就是说，它不是盲目命运的抽象的和无理性的必然性。相反地，由于精神是自在自为的理性，而在精神中理性的自为存在是知识，所以世界历史是理性各环节光从精神的［222］自由的概念中引出的必然发展，从而也是精神的自我意识和自由的必然发展。❷

正是这个主题构成黑格尔《历史哲学》讲座的核心。像很多其他讲座一样，我们拥有的文本不是黑格尔自己的文本，而是在他去世后由他的弟子们编辑出版的学生听课笔记的汇编。这样一来，文本的可靠性就有一些问题，特别是因为黑格尔讲授历史哲学多次，而且每次讲授都有明显的变动。但是，最近通过比较学生的笔记与黑格尔为讲座而准备的简述和笔记，这些问题至少已得到了部分解决。对于英语世界的读者来说，因为缺少最新的

---

❶ 《法哲学》，§ 270。［中译者按］中译参见黑格尔，《法哲学原理》，页 272。参考 Karl Löwith，《历史中的意义》（*Meaning in History*，Chicago，1949），页 52－59。

❷ 《法哲学》，§ 342。［中译者按］中译参见黑格尔，《法哲学原理》，页 352。同时参见 Ivan Sollen，“黑格尔对历史的辩护”（Hegels Rechtfertigung der Geschichte），载于 *Hegel－Jahrbücher*，1968－9，页 81－88。

可靠译本，这个问题就更糟糕了。[1]

对黑格尔来说，历史的各个阶段代表了意识的各个阶段，它们客观化在一系列文化——民族精神——中。黑格尔区分了四种主要文化：东方文化、希腊文化、罗马文化与日耳曼－基督教文化。在历史的每一阶段，一个民族、一种文化占据统治地位。[2]但这种统治不是政治统治——而且在这里，黑格尔关于民族精神的观点也不同于 19 世纪晚期政治理论中的民族精神观。黑格尔确实认为，一个民族（*Volk*）必须建立一个国家，因为政治体的存在表现了它的现实性，表明它能在客观世界中发挥作用。但这并不意味着出现一个统一的国家，遑论一个民族国家（a nation－state），也不意味着任何给予的民族精神的统治可以简省为其政治权力。希腊的民族精神就是一个恰当的例子：[223] 希腊精神的特殊表现是城邦，但古典希腊从未实现政治统一；而且当希腊在马其顿王朝的统治下得到统一并成功征服了东方世界时，希腊的统治已经衰落了。这种创造一个国家的能力，才是一种民族精神的必要条件；“民族的（national）”统一毫不相关，黑格尔更喜欢古典的、并不统一的希腊而不是希腊－马其顿帝国，就清楚地表明这一点。因此，构成一个占统治地位的民族精神的，是它的包罗万象的文化，而不是它的政治或者军事威力：

---

[1] 关于这里涉及的文本问题，参见荷夫麦斯特在他编辑的《历史中的理性》（*Die Vernunft in der Geschichte*，Hamburg，1955）一书第 272－278 页的评论。西布利（Sibree）的英译本最初出版于 1858 年，很不幸，它根据的是一个不完整的德文版，而且还有很多明显的误译，比如把“*die germanische Welt*［日耳曼世界］”译为“The German World［德意志世界］”，“Sittlichkeit［伦理］”与“Moralität［道德］”不分，等等。《历史哲学》“总论”部分有一个新译本，即 Robert S. Hartman 的《历史中的理性》（*Reason in History*，New York，1953）。因为缺少一个更权威的英译本，所以我不得不依赖西 布利译本，同时改正了一些显眼的误译，在其他情况下引用 Hartman 译本，必要时则自己翻译。

[2] 《法哲学》，§ 347。应当强调的是，黑格尔对“*Volk*”这个术语的用法是很难区分的：有时它意指现代意义上的“民族”（nation），有时指一个在语言上相关的诸民族的群体，比如当黑格尔提到的斯拉夫民族（the Slavic *Volk*）时就是如此。

“在所有世界历史民族中，我们都能找到诗歌、美术、科学以及哲学。”[1]黑格尔如是评论道。而且他视为历史顶峰的1815年之后的时代特征是，在德国本身以及在更广袤的西欧世界有很多国家，其中占统治地位的不是一个国家，而是精神。

历史各阶段

黑格尔《历史哲学》中的历史分期与他早期历史片段中的一些划分非常接近。[2]接下来的论述尽管必然无法反映黑格尔有关历史发展的观点的丰富性与复杂性，但力图展现其历史哲学在政治层面上的要点：黑格尔对历史发展所作的论述表明，他广博的历史知识着实惊人，理应受到一种彻底的历史批判，然而这里却不能展开。

对黑格尔来说，历史开始于东方：不是传统观念上的东地中海，而是中国和印度。黑格尔是最早将亚洲纳入其历史图式、从而使非欧世界摆脱历史编撰学上的边缘地位的欧洲思想家之一。[3]依黑格尔之见，东方世界的原则是静止的，这典型体现在赋予自己神圣属性的君主的绝对权力上：

> 我们首先必须讨论的是东方。它的基础是直接的意识——实体的、客观的精神性……实体性的种种形式构成了东方各帝国的堂皇建筑，[224] 其中虽然具有一切理性的

---

[1] 《历史中的理性》，页85。

[2] 参见同上，页8。关于一些后期的历史片段，参见《柏林著作集》，页718－731。

[3] 还有少数关于非洲的片段，这证明黑格尔的阅读范围惊人的广泛（《历史哲学》，Sibree编，页91－99），但都非常基本。

> 律令和布置，但是个人只是纯粹的偶性……东方观念的光荣在于作为这种实体存在的唯一个体（One Individual），一切皆隶属于它，以致任何其他个人都没有单独的存在，并且在他的主观的自由里照不见他自己……一方面是持久、稳定——可以称为［与时间不同的］、仅仅属于空间的帝国——非历史的历史……另一方面，时间的形式和这种空间的稳定却断然相反。上述各个国家本身不必有什么变化，它们生存的原则也不必有什么变化，但是它们相互间的地位却在不断变化之中。它们相斗相杀，从不停息，促成了迅速的毁灭……这部历史，在大部分上还是非历史的，因为它只是重复着那终古相同的庄严的毁灭。那个新生的东西，凭藉勇敢、力量、宽大，取得了先前的专制威仪所占的地位，随后却又走上了衰退的老圈子。❶

出现在这种文化中的意识，仅仅表达在居于政治结构之首的那个个体身上，而非共同体之总体上，所以这种文化不能从内部改变自己。因此，这种文化注定是静止的、停滞的。在东方世界，个人完全消融在实体性中；神圣的东西尚未与世俗的东西分离，而且东方的绝对专制君主必然要以这样或者那样的方式表现为神的化身。❷

依黑格尔之见，东方世界的原则又可以进一步划分为一些次级原则。第一个是中国的原则，它完全不区分客观存在与主观意

---

❶ 《历史中的理性》，页105－106。［中译者按］中译参见黑格尔，《历史哲学》，王造时译，上海：上海世纪出版集团，2001年，页107－109。译文据英文有所改动。关于马克思所谓的“亚洲的生产方式”的不变性与静止性，马克思持类似的观点，这可能来自于黑格尔。参见K. Marx，《论殖民主义与现代化》（*On Colonialism and Modernization*，Garden City，1968），S. Avineri编，页88－89、页125、页418。

❷ 黑格尔激烈地批判19世纪早期非常流行的对东方社会的浪漫主义的理想化。对洪堡和戈雷斯（Johann Josef von Görres）的观点——尤其是在印度问题上——的猛烈批判，参见《柏林著作集》，页85－154、页428。

识。静止的东西永远都在重复自己：尽管经历过多次外族的征服，中国实际上没有历史，它“是最古老的、同时又是最新的”帝国。❶它今天存在的方式仍与它已存在四千多年的方式完全相同。中国伦理的原则是在家庭中，而且这个环节再次出现在国家中，因此国家建立在父权制原型的基础上。这使古代中国帝国成为绝对君主制的典范；个人道德与政治伦理毫无差别，统治者不尊重任何特殊的利益或意见。宗教也与家庭道德一致，并[225] 因此而仅仅是达到政治服从的一个工具。因此，家庭、市民社会与国家是一个东西。

黑格尔说，正是中华帝国的这个方面使它这种政府体系为路易十四（Louis XIV）时期左右的人民所喜欢，后来又为启蒙运动中某些名人所喜欢。中国皇帝是开明专制君主的体现：他是费讷隆（Fénelon）的忒勒马库斯（*Télémaque*），即所罗门式的专制主义智慧的典范。但黑格尔补充道，这种政府形式完全不适合于欧洲，因为紧随着基督教之后，主观意识在欧洲兴盛开来。它只在中国才有效，所有中国人都是同等顺从的，而且都同样依赖于帝国官僚制度。因此，从一开始欧洲专制主义就注定要失败。❷

另一方面，印度代表了一种深层的社会－文化差异，但是这种出现于种姓制度当中的差异原则是任意的与自然主义的，完全没有精神的维度。黑格尔在《法哲学》中即已严厉批评了这种建立在偶然的出生之上的种姓制度，并将其与柏拉图的社会等级联系起来：它没有为意识留下任何空间，人只有功能性存在，人兽之间的差别消失不见了。因此国家本身可以恣意妄为，完全不受任何道德观念的约束。❸

东方世界的第三个类别是波斯：黑格尔认为，波斯人在袄教中发现了理性与其对立面，但他们永远都不能超越这种对立。国

---

❶ 《历史哲学》，页116。

❷ 同上，页124。

❸ 同上，页145、页161。

王代表善，虽然多民族的波斯帝国在其基本的宽容与多元主义方面似乎已在向西方过渡，但自由仍深嵌于君主的绝对行动中，而不存在于人民大众的任何意识中。❶类似地，摩西律法是一种强加在一个尚未意识到内在的、反思性的真理的民族之上的盲目的、无反思的服从。

在东方世界之后，第二个文化领域或文化“世界”是希腊。希腊民族精神的特征是形式多样，这表现在城邦的多元性上面。希腊世界是美的自由的世界，它在繁多的形式与细微差异中甄别出伦理的东西与美的东西。主观自由确实已经出现，但它仍深嵌在城邦的实体性统一之中。城邦是一个给予的，而非被意欲的［226］实体。❷伦理行为自然而然地灌注到个人之中，而不是来自自觉的道德选择的结果。❸

希腊文化所缺少的是个人的主观性，因此古典民主制与现代民主制的差异在于：古典民主制的基础在于这种假设，即人民的决定表现了公民与共和国的同一，宣告了城邦的根本信条：个体意志与共同意志之间没有任何张力。另一方面，现代民主制实际上建立在最初由基督教引入的主观自由的基础上，因而是一种完全不同的现象。❹

因此，对于希腊人而言，民主地生活意味着按传统而生活，不会面临现代生活中令人苦恼的选择问题。而在现代社会，公私之间的张力居于市民生活的核心。古希腊人对此一无所知；他们仍旧生活在一个完全直接的政治结构中：

> 讲到希腊人当他们第一次取得自由的真正形态的期间，我们不妨说，他们并没有良心：他们受为祖国而生存习惯的

❶《历史哲学》，页 173－176。

❷ 同上，页 106－107。

❸ “校长演说”，1813 年 9 月 2 日（《纽伦堡著作集》，页 363）。

❹《历史哲学》，页 251。

> 支配，没有更进一步的反省。一个国家的抽象性——这在我们是根本的要点——在他们还不认识，他们的目的是生动的祖国：这个雅典、这个斯巴达、这些神庙、这些祭坛、这种社会生活方式、这种同胞团结、这些礼节和风俗。对于希腊人，他的祖国是一种必需，缺少了便不能生存。❶

这种美的、直接的和谐先是被智者派以否定的方式，然后被苏格拉底所打乱。柏拉图试图对抗这种精神，这种自由的无限人格。这种尝试本身“正是当时迫在眉睫的世界变革所绕着转的枢轴”❷——最终导致了基督教。依黑格尔之见，古典世界缺少主观自由，这导致要寻求一种客观维度，以任意地决定意志实际是什么：因为个体不能说“我希求”，他不得不借助神奇的象征主义，比如德尔菲神谕、*auspicium*［前兆］，等等。因为人们不敢赋予自己最终决定的权力，所以，他就需要一种［227］更高的、不可逾越的权威，来为他作出这种决定。❸最终，黑格尔甚至把福基斯人（Phocii）对德尔菲神庙的洗劫看作古典希腊衰落的象征性标志。

黑格尔对希腊的批判性叙述伴随着对城邦文化的明显钦慕。这种钦慕在他最早的描述［希腊］城邦的作品中就已经显而易见了。但对于历史的第三阶段——罗马世界——所表现的精神，黑格尔甚少同情。罗马代表的是完全专横的、外在的权力：

> 因此，罗马原则展现为主权和权力的冷酷的抽象，是与他人对立的意志的纯粹的自私自利，它不包含任何伦理的规

❶ 《历史哲学》，页253。［中译者按］中译参见黑格尔，《历史哲学》，页251。

❷ 《法哲学》，页10。［中译者按］中译参见黑格尔，《法哲学原理》，“序言”，页11。G. W. F. Hegel，《哲学史讲演录》（*Lectures on the History of Philosophy*，London，1892），卷Ⅰ，E. S. Haldane译，页384－447。

❸ 《历史哲学》，页254。

定因素，而仅以一种具体的形式出现于个人利益的形态之争。❶

对罗马人来说，国家是终极目的，而不像希腊人那样，社会生活总体构成了终极目的。个人只是国家手中的一个工具，城邦转变为普遍的帝国，因而不再是美的——虽然是直接的——自由，而是变成了艰辛劳作与奴役的领域。这个普遍的实体（entity）吞噬了个体，他们必须消失于其中——个人、民族以及所有特殊与不同的单位。这就是权力的完全抽象，而且随着帝国的壮大，罗马内部的权力斗争日益激烈，因为任何东西都无法满足无限膨胀的权力欲。共和国向帝国转变不过表现了为权力而权力的无限渴望。❷卡拉卡拉（Caracalla）的法令使帝国的所有臣民在法律面前一律平等，它不过是剥夺与皇帝代表的政治权力相对的臣民的所有独立权力的最后阶段：*imperium*［治权］完全无异于 *dominium*［所有权］。❸

最终，由于臣民与政治权力之间完全没有了中介，基督教也就应运而生了。虽然含义不尽相同，但黑格尔在《历史哲学》中对基督教的论述仍然采用了他在早期作品中的思路。基督教带来了主观意识的因素，虽然这还需经历很多阶段，在路德的宗教改革并且最终在［228］法国革命中达到顶峰，但自从基督教出现以后，历史便是主观自由原则在世界上的不断展开。❹如果东方世界只知道专制者一个人是自由的，城邦已经知道一些人是自由的，那么基督教则宣布了“所有人都能是自由的”这一原则。

---

❶ 《历史哲学》，页 308 – 309。［中译者按］中译参见黑格尔，《历史哲学》，页 305。这里根据英文翻译。

❷ 同上，页 311。

❸ 同上。页 313 – 314。同时参考黑格尔在法兰克福时期的历史片段，其中罗马帝国也被描述为以奴役告终（《资料集》，页 265）。

❹ 关于宗教改革的作用，尤其参见黑格尔在纪念奥格斯堡信纲（the Augsburg Confession）三百周年纪念时的演讲（《柏林著作集》，页 32 – 55）。

基督教中的主观自由原则导致了法国革命中的政治自由与社会自由，这一点黑格尔在富有启示地讨论财产权时注意到了：

> 人的自由由于基督教的传播开始开花，并在人类诚然是一小部分之间成为普遍原则以来，迄今已有1500年。但是所有权的自由在这里和那里被承认为原则，可以说还是昨天的事。这是世界史中的一个例子，说明精神在它的自我意识中前进，需要很长时间，也告诫俗见，稍安毋躁。❶

但是，基督教得以占据统治地位的历史语境是独一无二的，因为这是由本来与基督教毫无关系的日耳曼民族这个历史代理人来担当的。黑格尔把历史的第四个阶段称为“日耳曼世界”（*die germanische Welt*）。日耳曼世界与基督教王国同时——与日耳曼人后裔在西罗马帝国的废墟上建立起来的那些国家同时：因此“日耳曼世界”不仅包括德国与北欧民族，还包括了法国、意大利、西班牙与英国。罗曼民族以及更加狭隘的条顿民族也被黑格尔明确地纳入他的“日耳曼世界”中。在黑格尔对“日耳曼世界”这个术语的用法中，任何想要把黑格尔历史哲学中的最后一个历史阶段即第四个阶段与后来德国的浪漫主义者和民族主义者的民族主义或种族-语言观点联系起来的做法都是没有根据的。西布利把“*die germanische Welt*”译为“德意志世界”（the German world），误导了英语世界的很多读者，造成了下述可以理解但是错误的看法，即黑格尔指的是德国的优越性。❷

---

❶ 《法哲学》，§ 62。［中译者按］中译参见黑格尔，《法哲学原理》，页70。关于法国革命的哲学意义，参见《历史哲学》，页449-454，以及《政治著作集》，页234。关于法国启蒙运动对德国的偏颇影响，参见黑格尔在《柏林著作集》中对哈曼（Hamann）作品的批判（页224-225）。

❷ 罗曼民族被明确纳入“日耳曼世界”中，参见《历史哲学》，页340。黑格尔费尽心思地区分德意志（deutsch）与日耳曼（germanisch），对此参见《柏林著作集》页734的历史片段。

[229] 这里还有另一个相当有趣的因素：虽然黑格尔把历史发展的最后阶段归之于日耳曼民族，但他是带着鄙视的眼光来看待古代日耳曼部落的原始文化的。对黑格尔来说，德国的浪漫主义传统如此崇拜和神话化了的日耳曼的原始民族（*Ur-Volk*）是毫不相干的。在很多场合，黑格尔甚至恶意地嘲弄一些虚构条顿原始民族的浪漫主义者。❶日耳曼民族在历史中的作用仅仅是因为他们从罗马人手中接受了基督教，而且虽然他们摧毁了罗马帝国，但是吸收了当时包括基督教在内的罗马帝国的文化：

> 强调下面这点是极为重要的，即日耳曼人的历史进程如何不同于希腊人和罗马人的历史进程。后者实现了他们自己固有的原则，对于日耳曼人来讲，推动日耳曼发展的因素源自外来的文化。他们的文化（*Bildung*）、他们的法律与宗教都是外来的。❷

黑格尔也把他钟爱的来自日耳曼森林的自由理论抛在一边：

> 我们不必追溯到林居时代的日耳曼人，也不必追究到他们迁徙的根源。他们居住的森林一向被看作是自由人民的乐土，塔西佗曾经心神向往地画出了一幅日耳曼图画。——拿它来反衬出他本人所处世界的腐化和虚伪。但是我们断不可

---

❶ 黑格尔对阿恩特（Arndt）把古老的条顿原始民族浪漫化的这种攻击，参见《柏林著作集》，页677。

❷ G. W. F. Hegel，《世界历史哲学讲演录》（*Vorlesungen über die Philosophie der Weltgeschite*，Leipzig，1923），G. Lasson编，页758。西布利的译文删除了这段话。然而，他引述了下述类似的片段："他们所经历的文化过程，乃是采取了外族的东西，归并到他们自己的民族生活里面来。所以他们的历史乃是一种自外而内同自身发生关系的演变……日耳曼世界采取了已经完备的罗马文化和宗教……在艺术和哲学方面，也是一种外族的势力占优胜。"（《历史哲学》，页341-343。[中译者按] 中译参见黑格尔，《历史哲学》，页338-339。

> 因此便把野蛮状态看作是一种高尚的状态，也不可重蹈卢梭的覆辙；以为美洲野人的生活乃是具有真实自由的人类生活。当然许多悲愁不幸是野人所不知道的；这一点只能说是纯属消极的利益，然而自由在本质上是积极的。积极的自由所赐给的幸福是最高度自觉的幸福。[1]

正如我们在早先的讨论中所看到的，黑格尔认为，在其时代得到实现的正是这种有意识的自由。我们还将看到这个阶段最后实际上是怎样的。

理性的狡计与世界历史个人

[230] 黑格尔历史哲学的独特特征之一是在意图与结果之间设定的辩证的张力。历史是人达到其自身的不断展开的戏剧。在这出戏剧中，黑格尔把核心作用归之于“伟人”的功业。但这些“伟人”仅仅是一个更高目的的代理人，这个目的不为他们所知，并驱使他们奔向他们很少认识到的目标。

因此，在黑格尔的历史图式中，历史中的伟人——沿用黑格尔的术语，即“世界历史个人”——占据着一个模糊的地位。黑格尔评判这些伟人的标准，不是他们的动机，而是他们行动的客观后果。在早期关于符腾堡的论文片段中，黑格尔即已警告不要以动机的、心理学的方式来研究历史：

> 在一种关于历史的心理学观点中，个别人的所谓秘密动

---

[1] 《历史哲学》，页 347。[中译者按] 中译参见黑格尔，《历史哲学》，页 343－344。

> 机和意图，轶事奇闻和主观影响，都曾被当作最重要的东西。这种观点不久前还有人喜爱，但现在已信誉扫地。历史学重又起而争取自己的尊严，阐明实体事实的本性和进程，根据活动着的人物行动所作出的东西提供对他们性格的认识。❶

在黑格尔的思想中，个人在历史中的作用与政治结构中的变化有着强烈的关联。因为在他的思想中，政治秩序运转的合法性与它得以形成的历史环境完全无关，所以尽管他明言“伟人”的权力与武力强制没有多大关系，但他在将历史国家的起源归结为“伟人”的行动而非契约时却没有任何困难：

> 因此，所有国家都是由伟人的崇高力量建立起来的：不是通过身体的强力，因为众人在体力上强过一人。但是伟人具有一些能让其他人称他为主人的特性；他们违背自己的意志来服从他……所有人都聚集在他的麾下：他是他们的神。这样提修斯就建立雅典国家；同样，在法国革命中，一种恐怖的权力掌握了国家、掌握了全体。这种权力不是专制（despotism），而是暴政（tyranny）、纯粹的恐怖统治。但它是必要的和正当的，因为它把国家创建为这个现实的个体，并且保存这个个体。❷

[231] 因此，黑格尔对这种制宪专政的模糊态度最为清楚地表达出来了。它的作用是辩证的：它必须教育大众服从，培养

---

❶ 《政治著作集》，页 247。[中译者按] 中译参见黑格尔，《黑格尔政治著作选》，页 122。

❷ 《实在哲学Ⅱ》，页 246。[中译者按] 中译参考黑格尔，《全集》（历史考证版），卷 8，页 258。在这里以及在《德国宪制》（《政治著作集》，页 219－223）中，黑格尔都提到了马基雅维利，作为这种制宪专政理论的创始人。其余提到提修斯的地方，见《政治著作集》，页 219、页 241。

大众遵从普遍意志而非特殊意志的习惯。但它一旦完成了这一任务，也就变得多余，并衰微了，它被扬弃（*aufgehoben*）了：

> 因此，通过这种培养［人们］服从的教育……暴政统治成为多余的了，法治进来了。暴政所用的权力潜在地就是法律的权力；通过服从，它不再是一种外在的权力，而变成了意识到了的普遍意志。暴政被人们推翻了，因为它卑鄙、无耻等。然而真正原因在于，它已成为多余的了。❶

在黑格尔看来，在历史上，同意是通过并非基于同意的手段而采用的。黑格尔以此避免了隐含在如此之多的自由主义理论中的 *petitio principi*（循环论证），而这些自由主义理论则面临如像多数规则最初如何决定与合法这样的棘手问题。另一方面，黑格尔完全意识到下列令人不快的事实，即历史上新国家的每一次建立，每一次革命变革，它们的合法性都只能到自身去找，而不能在任何以前的标准那里找到。按照界定，建立新国家，或者引入社会新秩序，都不能以最初的一致同意为基础。在传统的合法性理论中，这种事件总是带有“非法出生”的印记，并铭刻在它的身上。尽管洛克用一个精致的体系将明确界定的处境之下的反抗合法化，但他对此一直惴惴不安。在黑格尔看来，借助“自明的真理”是取得革命胜利一方的欺骗行为：昔日的造反者披着篡夺来的合法外衣行进。

但在另一种意义上，历史“伟人”确实为时代发声，道出

❶ 《实在哲学Ⅱ》，页 246 – 247。［中译者按］中译参考黑格尔，《全集》（历史考证版），卷 8，页 259 – 260。黑格尔同样解释了罗伯斯庇尔的倒台，黑格尔说这是因为“因为必然性抛弃了他，所以权力抛弃了他，他就被推翻了”（同前，页 248。［中译者按］中译参考黑格尔，《全集》（历史考证版），卷 8，页 259 – 260）。思考下列问题是极为有趣的，即马克思的无产阶级专政以及国家的最终扬弃的思想具有类似的辩证结构。同时参考主奴辩证法（《精神现象学》，页 233 – 240）。

时代的意志，虽然这种意志可能并不总是很明显。如果他没有表达出当时社会秩序中的潜在力量，他就永远不能完成任何功业："谁道出了他那个时代的意志，把它告诉他那个时代并使之实现，他就是那个时代的伟大人物。他所做的是时代的内心东西和本质，他使［232］时代现实化。"[1]当黑格尔在《德国宪制》中写到黎塞留时，他同样指出，黎塞留的敌人"并不是败给了黎塞留个人，而是败给了他的天才。这种天才使他个人和国家统一的必然性的原则联结在一起……在个人和原则同一化的情况下，政治天才即在于此。"[2]因此，黑格尔能在历史个人的动机与他行动的后果之间拉开一段距离；理性通过主观因素的工具性而在历史中发挥作用。这就是理性的狡计，*List der Vernunft*。一方面，作为变化、革新与剧变的行动者，世界历史个人在历史发展中居于核心地位；另一方面，他是更高力量手中的一个单纯工具，他自己的想法或观念都无足轻重。在历史中得到实现的，并不是这些主观的观念；相反，它是某种超越这种历史个人本身的东西。[3]事实上，恺撒或拿破仑的动机可能是卑污的野心，而非全面的历史命运观。然而理性的看不见的手甚至能使这些野心合乎一种更加广泛的视角。因此激情、野心、嫉妒、贪婪等都被视为在历史中发挥作用的理性的婢女。结果，与比如说卡莱尔（Carlyle）对历史英雄的崇敬相比，黑格尔看待历史英雄的方式完全不同。依黑格尔之见，这些历史个人：

> 是世界精神的实体性事业的活的工具，所以是直接跟这

---

❶ 《法哲学》，§ 318，"补充"。［中译者按］中译参见黑格尔，《法哲学原理》，页 334。

❷ 《政治著作选》，页 216。［中译者按］中译参见黑格尔，《黑格尔政治著作选》，页 88。

❸ Sidney Hook，《历史中的英雄》（*The Hero in History*，London，1955），页59－66。他一直没有考虑这种辩证关系。

种事业同一的；但是这种事业又躲避着他们，所以它不可能是他们的客体和目的。因此他们虽然完成了这种事业，但是他们既得不到同时代人的崇敬和爱戴、也得不到后世舆论的崇敬和爱戴。相反地，他们在这种舆论中只是由于他们事业的主观形式而享受到一部分不朽光荣。❶

世界历史个人的命运也是次要的；从他们自己的目标来看，这些历史人物往往以失败告终。然而正是他们所完成的功业才是重要的：

当他们的目的达到以后，他们便凋谢零落，就像脱却果实的空壳一样。他们或则年纪轻轻的就死了，像亚历山大；或则被刺身死，像恺撒；或则流放而死，［233］像拿破仑在圣赫勒拿岛上……作为一种目的——这种目的构成普遍精神进程中的一步——的行动者，他们是幸运的。但作为个人……他们不拥有通常所称的幸福，他们也不想拥有这种幸福。❷

然而这种悲剧性的剧目包含了一种认识论的困境。这种困境指出了一些在黑格尔自己的心目中必定未曾解决的问题。当黑格尔把世界历史个人称为“代理人”或“工具”时，这不仅意味着，这些个人的动机要比历史的终极目的卑微得多，而且意味着他们可能完全没有意识到他们行动的历史意义。饶有兴味的是，对于世界历史个人到底在多大程度上认识到了他们所作所为的历

❶ 《法哲学》，§ 348。［中译者按］中译参见黑格尔，《法哲学原理》，页354－355。黑格尔由此出发看待伯利克里（Pericles）的有趣观点，参见黑格尔1817年4月29日写给多德尔林（Döderlein）的信（《黑格尔通信集》，卷Ⅱ，页157）。

❷ 《历史中的理性》，页41。［中译者按］中译参见黑格尔，《历史哲学》，页31页。译文有改动。

史意义，黑格尔自己也似乎不能确定。我们已经在前面引述了黑格尔的观点，即“谁道出了他那个时代的意志……他就是他那个时代的伟大人物”，我们还引述了他的下列言论，即世界精神的行动“躲藏着他们，而且不是他们的目的与对象”。在《历史哲学》讨论历史人物的段落中，我们至少可以进一步区分出三种情形：

> (1) 历史人物，即世界历史个人，他们理解……一种更高的普遍物，使之作为他们自己的目的，并依照精神的更高的规律实现这种目的……因此，必须承认世界历史个人，即他们时代的英雄，是这个时代的先知。❶
>
> (2) 恺撒不仅受到他自己的私利驱动，而且通过本能地行动来成功地完成时代所需要的东西。❷
>
> (3) 这些个人没有对理念自身的意识。他们是实践人物和政治人物。❸

因此我们发现，黑格尔将世界历史个人描述为以下三种可能性：(1) 完全意识到历史理念及其发展；(2) 只是本能地意识到历史理念；(3) 完全没有意识到历史理念。即便我们尽可能地考虑表述的变化与差异，也没办法对这些矛盾的陈述做出充分解释。尽管这一点是显而易见的，即在上面所引的不同表述中黑格尔的观点是明显的：历史的进步是以与历史的 *telos*（目的）毫不相关的主观动机为中介的，但［234］世界历史个人在多大程度上意识到他们的事迹的历史维度，这个关键问题仍是未解决的。

这里涉及另一个问题。对黑格尔而言，历史的各个时期代表着自我意识发展的一些前后相继的阶段。在黑格尔关于世界历史个人对他自己行动之意义的主观认识的论述中，最令人吃惊的事

---

❶ 《历史中的理性》，页39－40。

❷ 同上，页39。

❸ 同上，页40。

情是，尽管有刚才指出的那种含糊性，但是这种意识并没有随着时间的推移而发展。我们也许会希望，后面的代表了一种更高的、更加分化的历史阶段的历史个人也许更加能够意识到其在历史进步中的作用。然而黑格尔从未表明，历史行动者的历史意识具有这种发展。虽然与恺撒相比，拿破仑的行动代表了一个更高的阶段，但是拿破仑对他自己的作用的历史理解与恺撒的理解不相上下。因此，在黑格尔历史哲学的核心处，存在一种奇特的静止的、非历史的因素。

这也引起了另一个与历史与意识之间的关系有关的问题。如果历史人物不知道蕴含在历史进程中的理性，那么谁认识到这种理性呢？对黑格尔来说，答案再也明显不过：哲学家。哲学家的后思（*Nach - denken*）——通过把灰色绘成灰色——意味着，“这一生活形态就已变老了”。然而正如我们所看到的，哲学家不应当“教导世界应该怎样”，而且他也决不应当参与型塑即将到来的世界，或者想要扮演历史行动者的角色。因为哲学“总是来得太迟”，它“要直到现实结束其形成过程并完成其自身之后，才会出现”。❶

因此，黑格尔提出了一个饶有兴味的悖论：那些创造历史的人不理解历史，那些理解历史的人不（且不应）创造历史。在黑格尔漫漫长路的终点，意识与行动、主体与客体、行动者与认识者，都仍是分离的，它/他们之间的张力未被扬弃（*aufgehoben*）。

未来一瞥？

黑格尔坚持认为，作为后思（*Nach - denken*），哲学讨论的

❶ 《法哲学》，页 12 - 13。[中译者按] 中译参见黑格尔，《法哲学原理》，“序言”，页 13 - 14。

是那些已在现实世界中对象化了的东西，而不是进行［235］说教、预言与预告。《历史哲学》充分说明了这一点。黑格尔正是在现代的、1815 年之后的西欧世界里看到了历史发展的顶峰。正是在这里，“思想帝国现实地、具体地建立起来……自由已发现实现它的理想——它的真正现实性——的工具”❶。黑格尔承认，仍有“工作要做”；但他宣称，这种工作属于“经验方面”。❷因此，黑格尔极力强调当前时期在历史中的绝对化。

然而我们已经看到，黑格尔在讨论现代社会时意识到，现代社会的机制造成了它似乎还不能充分解决的问题；根本而言，现代体系远远不像乍看之下那么封闭。同样，注意到这一点也是极为有趣的，即在黑格尔看似封闭的历史地平线的边缘出现了一些逾越——不管这种逾越是多么小心翼翼和勉为其难——他自己的体系设定的边界的例子。这些例子都与俄国和美国在世界历史中的未来角色有关。

在阐述欧洲历史时，黑格尔多次提到斯拉夫人。一方面，他认为，他们在基督教 - 日耳曼世界内长期保持“与亚洲的联系”；❸另一方面，他又说，“这整个因素尚未显现在精神的发展中，［在我们的讨论中］，我们不必在此耽搁”❹。或许不应将太重的分量归之于“尚未”；但在其他地方，黑格尔在最广泛地评论斯拉夫人时说道：

> 再有在欧罗巴东部，我们又发现了那个巨大的斯拉夫民族，他们的殖民地从易北河向西扩展到多瑙河……这些人民固然也曾经创立过若干王国，并且曾经和当地的各民族有过激烈的斗争而能支持下去。有些时候，他们又在基

❶ 《历史哲学》，页 110。

❷ 《历史中的理性》，页 257。

❸ 《历史哲学》，页 102。

❹ 《世界历史哲学讲演录》，页 758。

> 督教的欧罗巴和非基督教的亚细亚战争当中，担任一种前卫——一种居间的民族。波兰人更解救过被土耳其人所包围的维也纳；斯拉夫人曾经多少沾染了“西方理性”的影响。然而这全部民族在“理性”的世界历程的各阶段中，一向没有出现为独立的因素，所以始终不在我们考虑的范围内。至于它今后是否将成为独立的因素，乃是和我们现在不相干的一个问题，历史所关涉的，只是过去而不是未来。❶

[236] 同样，我们也许不应当把这些题外话看得过于重要；然而我们手上也有黑格尔所作的更加有力的论述，它出现在黑格尔的一封写给一位具有爱沙尼亚血统的俄罗斯波罗的海沿岸贵族的私人书信中，此人听过黑格尔的海德堡大学讲座。黑格尔鼓励这位以前的学生进入俄帝国政府部门，他说：

> 先生，你多么幸运！你的祖国在世界历史领域占据着引人注目的位置，毫无疑问甚至具有一种更高的使命。其他的现代国家似乎已经日过正午，它们的位置已是静止的了。另一方面，俄国可能是所有国家中最有实力的，它身上孕育着发展其能量的巨大可能性。❷

关于美国，黑格尔也作了一系列类似的评论：一种新的文化正在那里出现，它是由欧洲元素、美洲 - 印第安元素与非洲的元

---

❶ 《历史哲学》，页 350。[中译者按] 中译参见黑格尔，《历史哲学》，页 346 – 347。

❷ “黑格尔给 Boris von Uexküll 的信”，1821 年 11 月 28 日（《黑格尔通信集》，卷Ⅱ，页 297 – 298）。黑格尔主义哲学的一支——马克思主义——是推动俄国成为这样一个世界强国的力量。从我们当代视角来看，这一事实仅仅增加了上述言论的辩证的讽刺性。

素混合而成的。[1]在为 1826 ~ 1827 年历史哲学讲座所作的一个脚注中，黑格尔说，“美国显然是未来的国度，它仍在生成的过程中。”[2]然而，这个关于美国未来角色的最直率的陈述却与反对预测未来的警告连在一起——这非常类似于黑格尔在论及斯拉夫人时所加的题外话：

> 这样看来，美国乃是明日的国土，那里，在未来的时代中，世界历史将启示它的使命——或许在北美和南美之间的抗争中。对于古老的欧罗巴这个历史的杂物库感到厌倦的一切人们，美国正是他们憧憬的国土。据称拿破仑曾经说过：“这个衰老的欧罗巴使我无聊。”美国应当放弃以往“世界历史”发展所根据的地盘。到现在为止，新世界里发生的种种，只是旧世界的一种回声，——一种外来生活的表现而已；同时它既然是“明日的国土”，我们这儿便不提它，因为讲到历史，我们必须研究以往存在的和现在存在的东西。讲到哲学，我们所应当从事研究的（严格地说），既然无所谓过去，也就无所谓未来，而是［237］现在存在并且永恒地存在——我们应该研究的便是“理性”；这个已经够我们研究的了。[3]

---

[1] 《历史哲学》，页 82。黑格尔补充到，黑人“易受欧洲文化的影响”。他提到一些黑人成为能干的牧师、医生等例子。他认为，这些例子表明，美国未来可能向黑人人口开放。不用说，这与当时欧美盛行的舆论相反。但是黑格尔坚持认为黑人能吸收欧洲的文化的观点是与他对非洲文化本身的极低评价连在一起的；这里也没有任何的理想化。

[2] 参见《历史中的理性》，“附录”，页 265。

[3] 《历史哲学》，页 86－87。［中译者按］中译参见黑格尔，《历史哲学》，页 89。译文稍改动。对于北美社会的构想，黑格尔也描绘了一幅极富教益的图景。因为劳动是一切关注的中心，所以“对安宁的需要，市民权利、安全和自由的确立”就构成了美国作为统一体的生存的基础。因此在美国出现的共同体就是“个人作为原子式的选民的集合”；因此，国家就“仅仅是某种外在的东西，专事保护人民的财产”（页 84。［中译者按］中译参见同前，页 87。译文据英文稍加改动）。黑格尔继续解释说，在北美，“国家生存的普遍目的还没有固定和确定……因为在一个现实的国家和一个现实的政府成立以前，必须先有阶级区别的发生，必须贫富两阶级成为极端悬殊……但美国向来没有这种压迫”（页 85－86。［中译者按］中译参见同前，页 88。译文据英文稍加改动）。

当然，对黑格尔而言，这是一种引人注目的言论，而且他结尾的评论显示，他意识到他可能远远地偏离了界线。但这些在托克维尔的著名论断[1]之前几年做出的关于俄国与美国的评论清楚地表明，一方面，黑格尔认为，在他自己的时代，历史作为通向人的自我意识的进步已经达到了顶点；另一方面，他也清楚意识到，就新文化的出现而论，未来仍然是开放的。当然，如此一来，黑格尔给予他的哲学以及他的时代的绝对位置，将不得不在一定程度上被相对化了。无法摆脱这种显然与黑格尔自己的哲学相左的结论。然而，仍旧悬而未决的是，俄国与美国未来的发展是将代表世界历史的新“原则”呢，还仅仅是已实现的原则的一种扩展呢？对此，文本本身是含糊其辞的。

因此，我们应当认识到，与一些对黑格尔的公认的观点相反，在黑格尔把他的时代完全绝对化的背后，一直留下了一个问号。这样，隐含在黑格尔对历史所作的系统论述之中的辩证性的反讽现在就出现了。我们已看到，在历史哲学讲座中，他对预测与规划做出了多少次警告。他一而再、再而三地表示，作为一个个人，每一个哲学家都是他那个时代的产儿，而且“妄想一种哲学可以超出它那个时代，这与妄想个人可以跳出他的时代，跳出罗陀斯岛，是同样愚蠢的”[2]。然而考虑下列这点是饶有趣味的，即恰恰是哲学家总是寻求理性在现实中的实现，恰恰是哲学家在体系上避免预测事情［238］将会怎样的任何努力，而且也正是哲学家才能对超出他自己的罗陀斯岛之外的世界投出惊鸿一瞥。

不要对这些关于未来的片言只语给予太多的重要性，这一点是确凿证明的。毕竟，它们最多不过是那种给人深刻印象且包罗万象的哲学思考大全的脚注而已；应当根据体系的内容，而不是

[1] Alexis de Tocqueville，《论美国的民主》（*Democracy in America*，New York，1954），卷Ⅰ，P. Bradley 编，页452。

[2] 《法哲学》，页11。［中译者按］中译参见黑格尔，《法哲学原理》，“序言”，页12。

少数边注，对它进行判断。这是容易接受的。然而这些脚注表明，在这个问题上——就像在理性的东西与现实的东西之间的辩证关系上一样，以及在另一个层次上，则像在讨论现代市民社会的社会架构时一样——，与体系的结构给我们造成的看法相比，黑格尔的体系要远为开放得多。不管表面怎样，辩证法的动力本性并没有被排除。因此，当赫斯在 1841 年追随切什考夫斯基（August von Czieskowski）询问“如果理性能够理解上帝、自由与不朽的本质，那为什么要从中排除掉未来的本质呢?”[1]时，他问的是一个已经隐含在黑格尔的体系之中的问题。

[1] Moses Hess，“欧洲三头政治”（Die europäische Triarchie），载 *Philosophische und Sozialistische Schriften*，Berlin，1961，A. Cornu 与 W. Mönke 编，页 83。

跋

[239] *罗素*（Bertrand Russell）的下列言论最好不过地表达了英语世界对黑格尔政治哲学的偏见与无知：

> 从黑格尔的形而上学可以推出：真正的自由在于服从一个专断的权威；言论自由是恶；绝对君主制是善；普鲁士国家在黑格尔写作时是最好的；战争是好的；为和平解决纷争而建立的国际组织是种灾难……他所赞颂的是……秩序、制度、管制和高度的政府控制。❶

在这种巨大的偏见之下，要更加公平地看待黑格尔的政治思想，并非易事。我们的讨论不仅想要说明，像罗素表达的这种观点是多么错误，而且还想表

❶ Bertrand Russell，《无名文集》（*Unpopular Essays*，London，1950），页22。

明，黑格尔必须作为试图直面现代的各种现实问题的第一位大现代政治哲学家来看待。毋庸置疑，很多18世纪哲学家帮助塑造了现代世界的出现，但他们根本上采用的非历史的方法使他们不能面对新社会的挑战。卢梭深感启蒙哲人（*philosophes*）的这种不足，并注意到时代的新颖性，他满心厌恶地逃离新世界提供给人类的东西。雅各宾派的一些更为极端古怪的做法，也证明了这种对现代以及时下生活现实的背离：他们恢复古代城邦德性共和政体的朴素性，这不是单纯的修辞策略——它表现了对现代社会复杂性的极度厌恶。很多德国浪漫主义者大量回应了这个同样的主题，尽管其直接政治含义是反革命的，而非赞成雅各宾派。英国功利主义可以看作是一种抛弃自然法和历史经验的全部遗产的大胆——虽然是头脑简单的——尝试，并把 *qua homo economicus*［作为经济人的］现代人看作是［240］万物的尺度。法国雅各宾主义以宣称恐怖主义为政治德性告终；英国功利主义则把现代生活的恐怖变成了新的自然法。

正是在这种语境下，黑格尔试图构建一种新的政治理论，其意义自不待言。这种政治理论的主题可能最好地表现在黑格尔对市民社会的矛盾态度上：一方面，市民社会是现代社会的重大成就；另一方面，那种允许市民社会的力量进行畅通无阻的统治的人类社会，是有祸了。不应容许这个表现了人的创造性与主观自由的假人（Golem）自由活动。

因此，黑格尔坚持用制度的手段来约束市民社会；他甚至提出让人难以忍受的战争观：战争是否定的力量，即使“需要领域”最顽梗的力量都不得不向它屈服。在像《德国宪制》与《实在哲学》这样的彼此各异的作品中，现代国家模型出现了，这种国家尽可能地摆脱旧专制主义的束缚，它以代议制为基础，有一套以理性为导向的官僚制度，为自愿结社留出足够空间，试图在 *homo economicus*［经济人］与 *zoon politikon*［政治动物］之间实现一种——可能达不到的——平衡。正是在这个意义上，虽然由于他的有时费解的语言而可能显得非常过时，但是黑格尔努力达到的却是如此地切合于当代。

同样切合于当代的是我们在黑格尔那里看到的那种不时流露出来的感觉：自己提供的解决可能不够好，自己为了调和人的追求无限自我表现的渴望与他对共同约束因素的需要而设想的现代社会架构可能要崩解掉。

恩格斯有一次评论道，没有谁比黑格尔自己的学生对他的伤害更大。❶恩格斯可能是对的。但这也可能适用于每一个伟大的思想家。然而，黑格尔的主要过错可能在其他地方，而且依照黑格尔自己的标准——哲学是“被把握在思想中的它的时代”——来看，这是一个失败。虽然黑格尔令人惊异地正确理解到并且破译了现代存在的一些非常恼火的问题，但他也抱有他自己时代的一些共同幻想。其中的一个很大的幻想就是他确信民族主义没有前途：我们已看到黑格尔如何猛烈地反对［241］德国新生的民族主义的表现，他认为种族纽带只不过是过去的一个尾巴而已。然而，在这点上，他误解了时代的信号。黑格尔没有看到民族主义会成为19世纪与20世纪的重要力量之一，这可能是在主张黑格尔哲学充分表达了它的时代精神时所面临的主要缺陷。在20世纪，黑格尔被错误地、无知地谴责为现代（尤其是德国）民族主义的先驱，这是命运对黑格尔哲学的嘲弄。但随着种族的、浪漫主义的民族主义的兴起，黑格尔描述的现代国家的很多特征就变成不合时宜的了，因此我们也就容易理解，他的国家理论会遭到怎样的误解。同样，黑格尔的下述愿景最终也只是他的一厢情愿：在现代世界，战争终将得到限制并降至最低程度。民族主义意识形态与总体战的结合埋葬了维多利亚时代所取得的有关成就，也使黑格尔哲学成为主要受害者之一。

---

❶ “恩格斯给 Friedrich Graeber 的信”，1839 年 12 月 21 日（Marx/Engels, *Werke*, Berlin, 1967, Engänzungsband/2. Teil, 页 440）。

不应认为前述所有言论包含了这种意思：黑格尔对他自己提出的其他问题所作的回答均应视为满意的或充分的回答。但是黑格尔正确追问 1789 年之后的社会本质、并将这些追问整合到一个普遍的哲学体系之中的能力，以及对于古典政治理论因此而需要改正与复兴的认识，所有这一切都使黑格尔不仅仅是观念史上的一章而已。他的问题——如果他的答案并不总是如此的话——指向理解存在的东西，就此而言，今天与他的时代并无二致。

参 考 文 献

黑格尔的著作

德文版

Werke, vols. Ⅰ－ⅩⅧ. Berlin, 1832－45.

Sämtliche Werke, vols. Ⅰ－ⅩⅩ, ed. H. Glockner. Stuttgart, 1927－30.

Werke, vols. Ⅰ－ⅩⅩ, eds. E. Moldenhauer and K. M. Michel. Frankfurt/Main, 1970－1.

Theologische Jugendschriften, ed. H. Nohl. Tübingen, 1907.

Schriften zur Politik und Rechtphilosophie, ed. G. Lasson. Leipzig, 1913.

Politische Schriften, Nachwort von Jürgen Habermas. Frankfurt/Main, 1966.

Jenaer Realphilosophie Ⅰ: *Die Vorlesungen von* 1803/4, ed. J. Hoffmeister. Leipzig, 1932.

Jenaer Realphilosophie Ⅱ: *Die Vorlesungen von* 1805/6, ed. J. Hoffmeister. Republished under the title *Jenaer Realphilosophie*. Hamburg, 1967.

Jenaer Kritische Schriften (*Gesammelte Werke*, Bd. Ⅳ), eds. H. Buchner and O. Pöggeler. Hamburg, 1968.

Phänomenologie des Geistes, ed. J. Hoffmeister. Hamburg, 1952.

Nürnberger Schriften, ed. J. Hoffmeister. Leipzig, 1938.

Wissenschaft der Logik, ed. G. Lasson, 2 vols. new edition. Hamburg, 1966 – 7.

Grundlinien der Philosophie des Rechts, ed. J. Hoffmeister. Hamburg, 1955.

Vernunft in der Geschichte, ed. J. Hoffmeister. Hamburg, 1955.

Vorlesungen über die Philosophie der Weltgeschichte, ed. G. Lasson, new edition, 4 vols. Hamburg, 1968.

Enzyklopädie der philosophischen Wissenschaften (1830), ed. F. Nicolin and O. Pöggeler. Hamburg, 1959.

Berliner Schriften 1818 – 1831, ed. J. Hoffmeister. Hamburg, 1956.

Briefe von und an Hegel, ed. J. Hoffmeister, 4 vols. Hamburg, 1952 – 60.

Dokumente zu Hegels Entwicklung, ed. J. Hoffmeister. Stuttgart, 1936.

Hegel – Archiv, ed. G. Lasson, 3 vols. 1912 – 17.

英文版

Early Theological Writings, trans. T. M. Knox, introduction by Richard Kroner. Chicago, 1948.

Political Writings, trans. T. M. Knox, with an introductory essay by Z. A. Pelczynski. Oxford, 1964.

The Phenomenology of Mind, trans. J. B. Baillie, with a new introduction by G. Lichtheim. New York, 1967.

Science of Logic, trans. W. H. Johnston and L. G. Struthers, 2 vols. London and New York, 1929.

Philosophy of Right, trans. T. M. Knox. Oxford, 1942.

Reason in History, trans. R. S. Hartman. New York, 1953.

The Philosophy of History, trans. J. B. Sibree, with a new introduction by C. J. Friedrich. New York, 1956.

Lectures on the History of Philosophy, trans. E. S. Haldane and F. H. Simson, 3 vols. London, 1892.

Philosophy of Nature, trans. A. V. Mülller, foreword by J. N. Findlay. Oxford, 1970.

Philosophy of Mind, trans. W. Wallace and A. V. Müller. Oxford, 1971.

The Philosophy of Hegel, ed. by C. J. Friedrich. New York, 1953.

Hegel: *Selections*, ed. J. Loewenberg. New York, 1929.

其他著作

Absolutulus von Hegelingen [O. H. Gruppe], *Die Winde*, *oder ganz absolute Konstruktion der Weltgeschichte durch Oberons Horn.* Leipzig, 1831.

Adams, G. P., 'The Mystical Element in Hegel's Early Theological Writings', *University of California Publications in Philosophy*, 1910, vol. Ⅱ, No. 4.

Anon., *Der verderbliche Einfluss der Hegelschen Philosophie.* Leipzig, 1852.

Asveld, Paul, *La pensée religieuse du jeune Hegel*: *Liberté et aliénation.* Louvain/Paris, 1953.

Bachman, Carl Friedrich, Anti – Hegel. Jena, 1835.

Bahnsen, Julius F. A., *Zur Philosophie der Geschichte.* Berlin, 1872.

Barth, Paul, *Die Geschichtphilosophie Hegels und der Hegelianer*, *bis auf Marx und Hartmann.* Leipzig, 1890.

Bense, Max, Hegel und Kierkegaard. Köln and Krefeld, 1948.

Beyer, Wilhelm Raimund, *Zwischen Phänomenologie und Logik.* Frankfurt/Main, 1955.

'Hegels Mitarbeit am Würtembergischen Volksfreund', *Deutsche Zeitschrift für Philosophie* XIV (1966), 709 – 25.

Bloch, Ernst, *Subjekt – Objekt*: *Erläuterungen zu Hegel.* Berlin, 1951.

Bockelmann, Paul, *Hegels Notstandslehre.* Berlin and Leipzig, 1935.

Buchner, Hartmut, 'Ein unbekannter politischer Text Hegels?' *Hegel – Studien* IV (1967), 205 – 14.

von Buggenheim, Erich Arnold, *Die Stellung zur Wirklichkeit bei Hegel und Marx.* Rodofzell a. Bodensee, 1933.

ten Bruggencate, H. G., 'Hegel's Views on War', *The Philosophical Quarterly*, October 1950, 58 – 60.

Bülow, Friedrich, *Die Entwicklung der Hegelschen Sozialphilosophie.* Leipzig, 1920.

Busse, M., *Hegels Phänomenologie des Geistes und der Staat.* Berlin, 1931.

Caird, Edward, *Hegel.* Edinburgh and London, 1883.

Carritt, E. F., 'Hegel and Prussianism', *Philosophy*, April 1940 (190 – 6), July 1940 (315 – 17).

Chamley, Paul, *Economie politique et philosophie chez Stewart et Hegel.* Paris, 1963.

Creuzinger, P., *Hegels Einfluss auf Clausewitz.* Berlin, 1911.

Croce, Benedetto, *What is Living and What is Dead of the Philosophy of Hegel*, trans. Douglas Ainslie. London, 1915.

Čyževskyj, Dmitrij, *Hegel bei den Slawen.* Reichenberg, 1934.

Dilthey, Wilhelm, *Die Jugendgeschichte Hegels.* Berlin, 1905.

Dittmann, Friedrich, *Der Begriff des Volksgeistes bei Hegel.* Leipzig, 1909.

Dulckheit, G., *Rechtsbegriff und Rechtgestalt: Untersuchungen zu Hegels Philosophie des Rechts und ihrer Gegenwartsbedeutung.* Berlin, 1936.

Engel, Otto, *Der Einfluss Hegels auf die Bildung der Gedankenwelt Hippolyte Taines.* Stuttgart, 1920.

Fackenheim, Emil L., *The Religious Dimension in Hegel's Thought.* Bloomington and London, 1967.

'On the Actuality of the Rational and the Rationality of the Actual', *Review of Metaphysics* XIII (June 1970), 690 - 8.

Fahrenhorst, Eberhard, *Geist und Freiheit im System Hegels.* Leipzig and Berlin, 1934.

Falkenheim, Hugo, 'Eine unbekannte politische Druckschrift Hegels', *Preussische Jahrbücher* CXXXVIII (1909).

Findlay, J. N., *Hegel: A Re - Examination.* New York, 1958.

Fischer, Kuno, *Hegels Leben, Werke und Lehre*, 2 vols. Heidelberg, 1901.

Fleischmann, Eugène, *La philosophie politique de Hegel.* Paris, 1964.

Foster, Michael B., *The Political Philosophies of Plato and Hegel.* Oxford, 1935.

Friedrich, Carl J., 'The Power of Negation: Hegel's Dialectic and Totalitarian Ideology', *Hegel Symposium*, ed. D. C. Travis (Austin, 1962), 13 - 35.

Gabler, Georg Andreas, *Die Hegelsche Philosophie.* Berlin, 1843.

Germino, Dante, 'Hegel as a Political Theorist', *Journal of Politics* XXXI (1969), 885 - 912.

'Hegel's Theory of the State: Humanist or Totalitarian?', *Statsvetenskaplig Tidskrift* XIX (1970), 293 - 313.

Giese, G. , *Hegels Staatsidee und der Begriff der Staatserzichung.* Halle, 1926.

Goldstein, Leon J. , 'The Meaning of "State" in Hegel's Philosophy of History', *The Philosophical Quarterly* XII (1962), 60 – 72.

Göschel, Karl Friedrich, *Hegel und seine Zeit.* Berlin, 1932.

Gropp, R. O. , 'Die marxistische dialektische Methode und ihr Gegensatz zur idealistischen Dialektik Hegels', *Deutsche Zeitschrift für Philosophie* II (1954), 344 – 83.

Haering, Theodor, *Hegel: Sein Wollen und sein Werk*, 2 vols. Leipzig and Berlin, 1929.

Haldar, Hiralal, *Hegelianism and Human Personality.* Calcutta, 1910.

Harms, Ernst, *Hegel und das zwanzigste Jahrhundert.* Heidelberg, 1933.

Harris, William T. , *Hegel's Logic.* Chicago, 1890.

Haym, Rudolf, *Hegel und seine Zeit*, Berlin, 1857 (reprint, Hildesheim, 1962).

Heidegger, Martin, *Hegel's Concept of Experience.* New York, 1970.

Heimsoeth, Heinz, *Hegel: Ein Wort der Erinnerung.* Erfurt, 1920.

Heller, Hermann, *Hegel und der nationale Machtstaatsgedanke in Deutschland.* Leipzig and Berlin, 1921.

Hoffmeister, Johannes, *Die Problematik des Völkerbundes bei Hegel und Kant.* Tübingen, 1934.

Hyppolite, Jean, *Genèse et structure de la Phénoménologie de l'Esprit de Hegel*, 2 vols. Paris, 1946.

Studies on Marx and Hegel, trans. J. O'Neill. London, 1969.

Jakovenko, Boris, *Untersuchungen zur Geschichte des Hegelianismus in Russland.* Prag, 1938.

Kahle, Karl Moritz, *Darstellungen und Kritik der Hegelschen Rechtsphilosophie.* Berlin, 1845.

Kaufmann, Walter, *Hegel*, Garden City, 1965.

(ed.) *Hegel's Political Philosophy.* New York, 1970.

'The Hegel Myth and Its Method', *Philosophical Review* LX (1951), 459 – 86.

'Hegel's Early Anti – theological Phase', *Philosophical Review* LXIII

(1954), 3 – 18.

Kedney, J. S., *Hegel's Aesthetics — A Critical Examination.* Chicago, 1885.

Kelly, George A., *Idealism, Politics and History: Sources of Hegelian Thought.* Cambridge, 1969.

Kelly, M., *Hegel's Charlatanism Exposed.* London, 1911.

Kimmerle, Heinz, 'Dokumente zu Hegels Jenaer Dozententätigkeit 1801 – 07', *Hegel – Studien* IV (1967), 22 – 99.

Kline, George L., 'Some Recent Interpretations of Hegel's Philosophy', *The Monist* XLVXIII (1964), 34 – 75.

Knoop, Bernhard, *Victor Cousin, Hegel und die französische Romantik.* Oberviechtach, 1932.

Knox, T. M., 'Hegel and Prussianism', *Philosophy*, January 1940 (51 – 63), July 1940 (313 – 14).

Kojève, Alexandre, *Introduction to the Reading of Hegel*, ed. Allan Bloom. New York, 1969.

Köstlin, Karl, *Hegel in philosophischer, politischer und nationaler Beziehung.* Tübingen, 1870.

Leo, Heinrich, *Die Hegelingen.* Halle, 1839.

Lim, Sok – Zin, *Der Begriff der Arbeit bei Hegel.* Bonn, 1966.

Litt, Theodor, Hegel: *Versuch einer kritischen Erneuerrung.* Heidelberg, 1953.

Lobkowicz, Nicholas, *Theory and Practice.* Notre Dame and London, 1967.

Löwith, Karl, *From Hegel to Nietzsche*, trans. David F. Green. New York, 1964.

Meaning in History. Chicago, 1949.

Lukàcs, Georg, *Der junge Hegel.* Zürich and Wien, 1948.

Mackenzie, Millicent, *Hegel's Educational Theory and Practice.* London, 1909.

Mager, Karl W. E., *Brief an eine Dame über die Hegelsche Philosophie.* Berlin, 1837.

Maihofer, Werner, 'Hegels Prinzip des modernen Staates', *Festschrift für Gerhart Husserl* (Frankfurt, 1968), pp. 234 – 73.

Marcuse, Herbert, *Reason and Revolution*, new edition. Boston, 1960.

Marković, Mihailo, 'Economism or the Humanization of Economics', *Praxis* v

(1969), 451 – 75.

Mehta, V. R., *Hegel and the Modern State*. New Delhi, 1968.

Mewes, Erika. *Hegel und das deutsche Richterideal: Versuch einer Fortführung rechtsphilosophischer Gedanken Hegels*. Urach, 1937.

Morris, George S., *Hegel's Philosophy of State and of History*. Chicago, 1887.

Müller, Emil Gustav, *Hegel: Denkgeschichte eines Lebendigen*. Berlin and München, 1959.

Müller, Emil Gustav, 'The Legend of "Thesis – Antithesis – Synthesis"', *Journal of the History of Ideas* XIX (June, 1958).

Mure, G. R. G., *An Introduction to Hegel*. Oxford, 1940.

Myers, Henry Alonzo, *The Spinoza – Hegel Paradox*. Ithaca, 1944.

Ogienski, Immanuel, *Hegel, Schubart und die Idee der Presönlichkeit in ihrem Verhältnis zur preussischen Monarchie*. Trzemessno, 1840.

Peperzak, Adrien, *Le jeune Hegel et la vision morale du monde*. La Haye, 1960.

Plenge, Johann, *Hegel und Marx*. Tübingen, 1911.

Popper, Karl R., *The Open Society and Its Enemies*. Princeton, 1950.

Pringle – Pattison, A. Seth, *The Philosophical Radicals and Other Essays*. Edinburgh and London, 1907.

Rehm, F., *Goethe und Hegel: Eine historische Parallele*. Oels, 1849.

Reyburn, Hugh A., *The Ethical Theory of Hegel: A Study of the Philosophy of Right*. Oxford, 1921.

Riedel, Manfred, *Theorie und Praxis im Denken Hegels*. Stuttgart, 1965.

Ritchie, David G., *Darwin and Hegel and Other Philosophical Studies*. London, 1893.

Ritter, Joachim, *Hegel und die französische Revolution*. Köln and Opladen, 1957.

Rohovsky, J. J., *Unvereinbarkeit der Hegelschen Wissenschaft mit dem Christentum und der christlichen Theologie*. Breslau, 1842.

Rosenkranz, Karl, *Georg Wilhelm Friedrich Hegels Leben*. Berlin, 1844 (reprint, Darmstadt, 1963). Excerpts translated into English were published in the *Journal of Speculative Philosophy* VI (1872), 258 – 79, 340 – 50.

Apologie Hegels gegen Dr R. Haym. Berlin, 1858.

Hegel als deutscher Nationalphilosoph. Leipzig, 1870.

Rosenzweig, Franz, *Hegel und der Staat*. Berlin and München, 1920.

'Das älteste Systemprogram des deutschen Idealismus', Sitzungsbericht der Heidelberger Akademie der Wissenschaften, Phil. – hist. – Klasse, Jahrgang 1917, 5. Abhandlung.

Rubinstein, M., 'Die logischen Grundlagen des Hegelschen Systems und das Ende der Geschichte', *Kant – Studien* Ⅲ (1906), 40 – 108.

Sandkühler, Hans Jörg, 'Hegel —Theoretiker der bürgerlichen Gesellschaft', *Politik und Zeitgeschichte*, Beilage zur Wochenzeitung *Das Parlament*, 22 August 1970, 11 – 23.

Schmidt, Werner, *Hegel und die Idee der Volksordnung.* Leipzig, 1944.

Schubart, K. E., *Über die Unvereinbarkeit der Hegelschen Staatslehre mit dem obersten Lebens-und Entwicklungsprinzip des preussischen Staats.* Breslau, 1839.

Sedlak, Francis, *A Holiday with a Hegelian.* London, 1911.

Shastri, Prabhu Dutt, *The Conception of Freedom in Hegel, Bergson and Indian Philosophy.* Calcutta, 1914.

Sigwart, H. C. W., *Die Propädeutik der Geschichte der Philosophie.* Tübingen, 1840.

Simon, Ernst, *Ranke und Hegel.* München, 1928.

von Sommer, Ferdinand, *Hegels Philosophie widerlegt aus dem Standpunkte des Systems selbst, dem anderer Philosophen und der gesunden Vernunft.* Berlin, 1842.

Soll, Ivan, *An Introduction to Hegel's Metaphysics.* Chicago and London, 1969.

'Hegels Rechtfertigung der Geschichte', *Hegel – Jahrbuch* (1968/69), pp. 81 – 8.

Stace, W. T., *Hegel*, new edition. New York, 1955.

Staudenmaier, Franz Anton, *Darstellung und Kritik des Hegelschen System aus dem Standpunkte der christlichen Philosophie.* Mainz, 1844.

Stirling, James Hutchinson, *The Secret of Hegel.* 2 vols. London, 1865.

Trahndorf, K. F. E., *Wie kann der Supernaturalismus sein Recht gegen Hegels Philosophie behaupten.* Berlin, 1840.

Trescher, H., 'Montesquieu und Hegel', *Schmollers Jahrbuch* XLII (1918).

von Trott zu Solz, Adam, *Hegels Staatsphilosophie und das internationale Recht.* Göttingen, 1932.

Weil, Eric, *Hegel et l'État.* Paris, 1950.

Wendel, J. A., *Beurteilung der Hegelschen Philosophie.* Coburg and Leipzig, 1839.

Wenke, Hans, *Hegels Theorie des objektiven Geistes.* Halle/Saale, 1927.

Verhandlungen des Ersten Hegelkongresses (Haag), ed. B. Wigersma, Tübingen and Haarlem, 1931.

Verhandlungen des Zweiten Hegelkongresses (Berlin), ed. B. Wigersma, Tübingen and Haarlem, 1932.

Verhandlungen des Tritten Hegelkongresses (Rom), ed. B. Wigersma, Tübingen and Haarlem, 1934.

Hegel – Studien, vols. Ⅰ – Ⅳ.

Studies in Hegel (Tulane Studies in Philosophy Ⅸ), New Orleans, 1960.

Studien zur Hegels Rechtsphilosophie in der UdSSR. Moskau, 1966 (in mimeograph).

索　引

（页码均按原版书标出）

C

D

E

F

G

H

I

J

K

L

M

O

P

R

S

译　后　记

在西方政治哲学史上，很少有人像黑格尔那样，身后具有如此判若云泥的评价。诋之者，从黑格尔同时代的弗里斯（J. Fries），到其后的海谋（R. Haym），一直到20世纪波普尔（K. Popper）、波比奥（N. Bobbio）等人，将黑格尔视为自由主义的大敌，斥之为“保守主义者”“国家主义者”“极权主义者”，甚至是纳粹主义和法西斯主义的先驱，如此等等，不一而足；反之，从19世纪的罗森克兰茨（K. Rosenkranz），到20世纪的一大批学者，如英美学界的诺克斯（T. M. Knox）和佩尔岑斯基（Z. A. Pelczynski）和德国的里特尔（J. Ritter）和伊尔廷（K. - H. Ilting）、意大利的洛苏尔多（D. Losurdo）等，都试图为黑格尔正名，力主黑格尔并非自由主义的对手和敌人，其政治思想合乎西方自由主义的主流意识形态，在某些方面甚至比自由主义还要自由主义（如较近的洛苏尔多《黑格尔与现代人的自由》一书对黑格尔的辩护）。由此，在现代政治哲学发展史上，随着时代的变迁，围绕黑格尔的政治哲学，也就出现了一幕幕不停地控诉和辩护的奇观。迄今为止，这一过程还在不断地上演。可以预料，随着历史的发展，这桩公案必定还会继续演绎下去。

在一定程度上，阿维纳瑞的《黑格尔的现代国家理论》一书也可以视为一部辩护之作。此书首次出版于1972年，此前，诺克斯和佩尔岑斯基已经于1964年出版了《黑格尔的政治著作集》一书，开始为黑格尔的自由主义者的身份张目；而在此书出版后不久，德国学者伊尔廷则开始出版黑格尔在海德堡和柏林的法哲学讲座，以试图还原黑格尔政治哲学的真面目。阿维纳瑞此著正是出现在这一背景之下。同时，此著更是一部“澄清”之作。作者在“序言”和“跋”中明确指出，一方面，面对学界的争论；另一方面，面对英美世界对黑格尔政治思想存在的普遍误解，都需要对黑格尔政治哲学的本来面目进行揭示和澄清。为此，作者指出，要揭示黑格尔政治思想的“庐山真面目”，就不能仅仅限于黑格尔的《法哲学原理》一书，而要对与之相关的黑格尔的所有著作进行一个全面的清理和考察。为此，诚如作者本人所言，他广泛利用了公开出版的黑格尔本人的理论著作、讲座笔记、政治论文和阅读摘录，以及私人通信。因此，阿维纳瑞此著也就不像其他的同类著作，仅仅限于黑格尔某一部或者几部著作的论述或研究，而是利用了当时可资利用的所有相关材料，论述了黑格尔从1788年高中毕业到1831年去世四十多年的时间内社会政治思想的发展和演变，从而使读者得以对黑格尔的社会政治思想一窥全豹。另外，值得一提的是，尽管此著作于四十多年以前，但是迄今为止它仍然是英语世界难得一见的一部全面、系统地梳理黑格尔社会和政治哲学的著作。这是此著最有价值、也是最值得肯定的地方。

此著的第二大优点是，作者对黑格尔的政治哲学具有相当准确、到位的理解和把握。黑格尔政治哲学的伟大、卓越之处在于，他能够直面18世纪末以来欧洲社会爆发的形塑了现代世界